TANTALOS·
KÖNIG
IN PHRYGIEN·RAUBT
DIE SPEISE DER GÖTTER·SCHLACHTET
PELOPS·SEINEN SOHN·SETZT IHN DEN GÖTTERN
VOR·DIE GÖTTER ERKENNEN DIE MAHLZEIT·NUR
DEMETER ISST VON EINER SCHULTER·SO BESTRAFEN SIE DEN
RAUB: TANTALOS HÄNGT AN EINEM OBSTBAUM·
DER UNTER EINEM SCHWEBENDEN FELSEN IN DER
DREIFACH UMMAUERTEN MITTE DES HADES AUS EINEM TEICH
WÄCHST·IN EWIGEM HUNGER ZWISCHEN DEN FRÜCHTEN·DURST
ÜBER DEM WASSER·ANGST UNTER DEM STEIN··DIE GÖTTER
VERFLUCHEN SEIN GESCHLECHT·NIOBE·TOCHTER DES TANTALOS·HAT
ZWÖLF KINDER·SIE PRAHLT VOR DEN GÖTTERN MIT IHRER FRUCHTBARKEIT·
APOLLON UND ARTEMIS TÖTEN DIE ZWÖLF KINDER MIT ZWÖLF PFEILEN·ZEUS
VERWANDELT DIE SCHREIENDE MUTTER IN IHR EIGENES STANDBILD·IM
FRÜHSOMMER WEINT DER STEIN·THYESTES·SOHN DES PELOPS·BRICHT
DIE EHE SEINES BRUDERS ATREUS·ATREUS ERSCHLÄGT DIE SÖHNE SEINES
BRUDERS UND BEWIRTET IHN MIT IHREM BLUT UND
FLEISCH·THYESTES TUT SEINER EIGENEN TOCHTER GEWALT AN·IHR SOHN
AIGISTHOS TÖTET ATREUS·AGAMEMNON·SOHN DES ATREUS·NIMMT
KLYTAIMNESTRA ZUR FRAU·SEIN BRUDER MENELAOS IHRE SCHWESTER HELENA·
HELENA WIRD VON PARIS VERFÜHRT·FOLGT IHM NACH TROJA·DER TROJANISCHE
KRIEG BEGINNT·ZUM ERSTEN KRIEGSOPFER BESTIMMT EIN SEHERSPRUCH
IPHIGENIE·TOCHTER AGAMEMNONS UND DER KLYTAIMNESTRA·KLYTAIMNESTRA
WIDERSETZT SICH·AGAMEMNON GEHORCHT·IPHIGENIE LEGT IHREN HALS
UNTER DAS BEIL·KLYTAIMNESTRA TEILT MIT AIGISTHOS·DEM SOHN DES THYESTE
UND MÖRDER DES ATREUS·MACHT UND BETT·KLYTAIMNESTRA UND AIGISTHOS
TÖTEN AGAMEMNON·NACH SEINER HEIMKEHR AUS ZEHN JAHREN KRIEG·IM
BAD MIT NETZ·SCHWERT·BEIL·ELEKTRA·ZWEITE TOCHTER AGAMEMNONS·RETTET
ORESTES·IHREN BRUDER·VOR DEM SCHWERT DES AIGISTHOS UND SCHICKT IHN NACH
PHOKIS·ZWANZIG JAHRE LANG·MAGD UNTER MÄGDEN IM PALAST DER MUTTER·
WARTET SIE AUF SEINE HEIMKEHR·ZWANZIG JAHRE LANG TRÄUMT KLYTAIMN...
DEN GLEICHEN TRAUM·EINE SCHLANGE SAUGT MILCH UND BLUT AUS IHREN BRÜ-
STEN·IM ZWANZIGSTEN JAHR KEHRT ORESTES HEIM NACH MYKENE·ERSCHLÄGT
AIGISTOS MIT DEM OPFERBEIL·NACH IHM SEINE MUTTER·DIE MIT ENTBLÖSSTEN BRÜ-
STEN VOR IHM STEHT UND UM IHR LEBEN SCHREIT

Wolfgang Amadeus Mozart
La Clemenza di Tito
Dramma per musica
Deutsche Staatsoper Berlin

# Inhalt

Es ist eine Arbeit aus der Bewegung und Veränderung des Theaters heraus und für diese geschrieben.

Prägende Szenen werden erinnert, in Wort und Bild (einander ergänzend oder auch selbständig erzählend): Der rituelle Kampf zweier Professionals auf Tod und Verderben, Coriolan und Aufidius 1964; Puntilas Tanz auf dem Aquavit 1966, die unterm Purpurmantel der Macht zusammenbrechende Elektra 1967, die weiße Fürstentafel, die im »Freischütz« den blau-romantischen Wald schneidet, 1970; der im Eiseshauch der Macht vergehende Parsifal 1982 oder die leere Tafel des zur Hölle gefahrenen Don Giovanni, an der sich die bleichen Überlebenden zur Totenfeier finden, 1985 – es gibt hier Beziehungen mannigfacher Art, es sind Spuren zu finden.

Diese zeigen sich erst im Überblick, denn Kontraste liegen offen, Analogien aber sind versteckt, wollen gefunden sein.

Das Buch ist ein Vorschlag. Andere werden andere Szenen erinnern.

Ausgewählte Inszenierungen werden dargestellt.

Vollständigkeit war unmöglich, auch nicht angestrebt.

Es geht vor allem um den Zusammenhang von Gedanklichem und Sinnlichem, dazu sind Bild und Wort nötig. Fabellesart und Figurenführung werden skizziert, die Struktur kenntlich gemacht.

Gret Palucca, Hermann Henselmann, Theo Adam, Hans Werner Henze, Heiner Müller und Michael Gielen melden sich mit speziell für diesen Anlaß geschriebenen Beiträgen zu Wort; sie alle sind Künstler, die für dieses Jahrhundert wie für Theater wichtig sind: Tänzerin, Architekt, Sänger, Komponist, Dichter und Dirigent.

Das Buch ist voller Zeugnisse. Vor allem wird Ruth Berghaus selbst in ihrem Denken vorgestellt. Aber es ist kein Dokumentenband, Objektivität wird nicht vorgetäuscht.

Berlin, Dezember 1987
Sigrid Neef

# Im richtigen Augenblick den richtigen Lehrer finden

Eine Kindheit in Dresden. Geboren am 2. Juli 1927. Das bedeutet, in die Widersprüche deutscher Geschichte verstrickt zu werden: Die Barockstadt vor Augen, mit zehn Jahren den »Parsifal« in der Semperoper erleben, von Reichtum, Fülle und Schönheit in der Architektur umgeben, mit der barbarischen Theorie und Praxis des Nationalsozialismus konfrontiert spüren, daß im Alltag wie in den Künsten etwas abgeschnitten, versteckt, verleugnet, getötet wird. Der Hunger nach dem anderen wächst.

1945 kommt die Lösung. Das Entbehrte kehrt nach Dresden zurück. Um nur ein für Ruth Berghaus erinnerungswertes Ereignis zu nennen: Der Komponist Johannes Paul Thilmann schart Musiker um sich, die Werke der musikalischen Moderne aufzuführen.

Eine der großen Interpreten des Neuen Künstlerischen Tanzes baute ihre 1936 von den Nationalsozialisten verbotene und in der Februarnacht 1945 zerstörte Schule wieder auf: Gret Palucca.

Ruth Berghaus war unter ihren ersten Schülern. Am 1. April 1947 trat sie in die Palucca-Schule ein, lernte hier Tanz, Tanzregie und Choreographie bis 1951.

Die Meisterin des Tanzes unterrichtete ihre Schüler nicht nur in der Tanzkunst, sie lenkte sie auf alles Neue und Bedeutende und vor allem Zeitgenössische in Musik, Literatur und bildnerischer Kunst hin. Auch den Architekten Hermann Henselmann zog sie an ihre Schule. Er war damals Professor und Direktor der Staatlichen Hochschule für Architektur Weimar. An der Palucca-Schule wurde er zum Vermittler der revolutionären Kunstentwürfe der zwanziger Jahre. Sein Programm war: in der jungen Generation das »Verlangen nach der Revolutionierung der Form als reflektierendem Ausdruck der großen politischen und wissenschaftlich-technischen Umwälzungen« zu entzünden.

Es ist für jeden Menschen wichtig, im richtigen Augenblick den richtigen Lehrer oder Freund zu finden. Aber bei mir hat das eine Besonderheit, daß ich an die Palucca-Schule gekommen bin, direkt nach dem Krieg, nach dem Zusammenbruch des Faschismus in Deutschland. Die neue Zeit, die anbrach, erfüllte uns mit neuen Gedanken, mit neuen Wegen, mit neuen Schritten, neuer Hoffnung.

Und ich als Person, und das war das Faszinierende, wurde so gefordert und gefördert, daß ich annahm, wenn ich das nicht leiste, absolut, daß ich gebraucht werde für den Schritt in der Schule, für jede Stunde, wenn ich das nicht erbringe, bricht diese Welt wieder zusammen.

Und das Gebraucht-Werden, das total Angenommen-Werden von einem Lehrer mit allen Fehlern und allen Möglichkeiten, die man hat, das war, glaube ich, das Entscheidende für mich.

Das fing schon mit der Sprache an. Ein ganz bestimmtes Vokabular, was in der Nazizeit benutzt wurde, durften wir nicht benutzen. Das ging weiter in den musikalischen Bereich. Musik, die in der Nazizeit gespielt wurde, mied sie. Sie führte uns an die neue Musik heran, damit führte sie uns natürlich auch indirekt an Persönlichkeiten heran, die gegen die Nazizeit waren.

Der gesamte Unterricht hat mich so beeinflußt, so gefangengenommen auch, es war die Umwälzung. Es war eben eine richtige Umwälzung.

Ruth Berghaus
im Film »Palucca« von Maxim Dessau, 1986

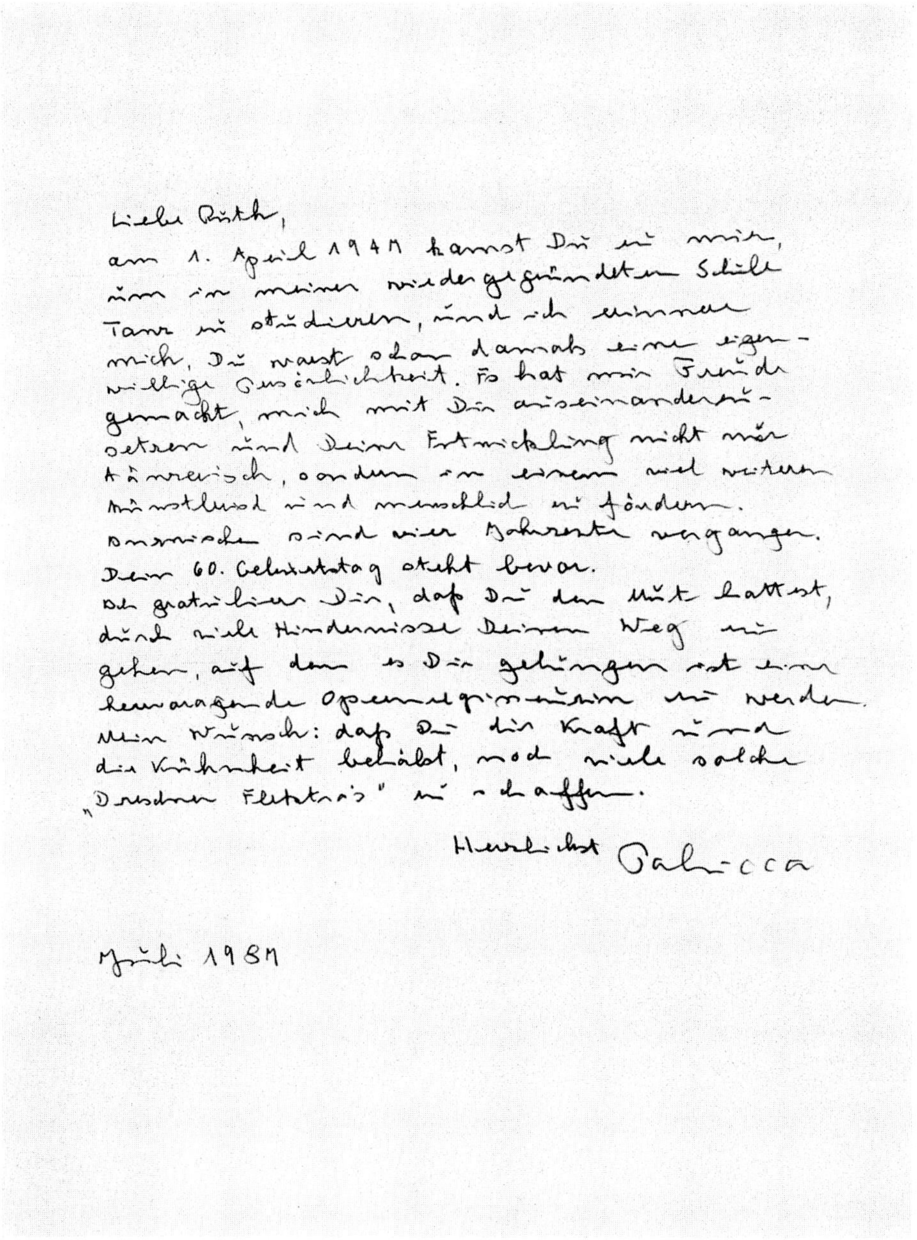
Liebe Ruth,
am 1. April 1947 kamst Du zu mir, um in meiner wiedergegründeten Schule Tanz zu studieren, und ich erinnere mich, Du warst schon damals eine eigenwillige Persönlichkeit. Es hat mir Freude gemacht, mich mit Dir auseinanderzusetzen und Deine Entwicklung nicht nur tänzerisch, sondern in einem viel weiteren künstlerisch und menschlich zu fördern.
Inzwischen sind vier Jahrzehnte vergangen.
Dein 60. Geburtstag steht bevor.
Ich gratuliere Dir, daß Du den Mut hattest, durch viele Hindernisse Deinen Weg zu gehen, auf dem es Dir gelungen ist, eine herausragende Opernregisseurin zu werden. Mein Wunsch: daß Du die Kraft und die Kühnheit behälst, noch viele solche „Dresdner Elektras" zu schaffen.
Herzlichst Palucca
Juli 1987

Abb. 1
Grußschreiben Gret Paluccas zu Ruth Berghaus' 60. Geburtstag

Liebe Ruth,
am 1. April 1947 kamst Du zu mir, um in meiner wiedergegründeten Schule Tanz zu studieren, und ich erinnere mich, Du warst schon damals eine eigenwillige Persönlichkeit. Es hat mir Freude gemacht, mich mit Dir auseinanderzusetzen und Deine Entwicklung nicht nur tänzerisch, sondern in einem viel weiteren Sinne künstlerisch und menschlich zu fördern.

Inzwischen sind vier Jahrzehnte vergangen.

Dein 60. Geburtstag steht bevor.

Ich gratuliere Dir, daß Du den Mut hattest, durch viele Hindernisse Deinen Weg zu gehen, auf dem es Dir gelungen ist, eine herausragende Opernregisseurin zu werden. Mein Wunsch: daß Du die Kraft und Kühnheit behältst, noch viele solche »Dresdner Elektras« zu schaffen.

Herzlichst Palucca

Juli 1987

Ruth Berghaus
Gret Palucca zum 80. Geburtstag

Liebe Palucca! Es lebe Deine Lust am Produzieren! Du hast unsere sozialistische Tanzkunst mit Deinen Ideen wesentlich zu prägen gesucht: Dein Vorbild lebt in uns allen, die das Glück haben, von Deiner Kunst zu lernen — zu tanzen und zu leben. Ich denke an meine Studienzeit; an Dein Ausbildungsprogramm, das einen großen Entwurf hatte: die Bereicherung des Lebens durch den Neuen Künstlerischen Tanz.

Und wie großartig die Kämpfe für unser besseres Leben werden sollten, spürten wir, buchstäblich Schritt für Schritt durch Deine Härte und Ehrlichkeit. Der alte Mief faschistischer Verblödung blieb vor der Tür: Klar und einleuchtend war alles in dem neuen großen Raum: Erschreckend und widerspruchsvoll neu. Ich spürte den Hunger in meinem Bauch nicht mehr, die Kälte wich dem Tanz, die Traurigkeit floh, und eine große Hoffnung stieß das Herz auf. Arbeit und Leben — wo ist da der Unterschied!

Du wußtest, daß unsere Parteilichkeit ohne Wissen wertlos war. Auf dem Gebiet der Kunst hieß das: Kennst Du Otto Dix? – Ich bring Dich hin; kennst Du Heinrich Mann? – Hier sind seine Bücher! Kennst Du neue Musik? – Hier, studier sie! Kennst Du Barlach? – Fahr nach Güstrow! Kennst Du Brecht? – Fahr nach Berlin.

Deine Kraft, Niederlagen zu überwinden, wahrhaftig Dir selbst gegenüber zu bleiben, hast Du bis heute erhalten: Jugend als ewiger Lebensanspruch. Die Erfahrung, wie verwundbar man ist im freien Flug, hast Du spürbar gemacht: die Angst, zu fallen, zerdrückt zu werden, in Netze zu fliegen; die Glückhaftigkeit, aufgefangen zu werden. Und in Deinen Tänzen sah ich Sprung ohne Ankunft; lautloses Fallen, Kämpfen mit Angst; Sinken mit Kraft. Gruß im Sprung, Palucca, wie Du uns in deinem Tanz lehrtest: im Wirklichen selbst die Idee zu suchen.

*Neues Deutschland*, 8. 1. 1982

Hermann Henselmann
Über Ruth Berghaus

In den ersten Jahren nach dem zweiten Weltkrieg begegnete mir Ruth Berghaus, die kaum zwanzigjährige Elevin des künstlerischen Tanzes, als eine unter vielen. Ihre Lehrerin, die Palucca, war allerdings eine Einzige von Wenigen. Sie war uns, die sich der modernen Kunst zurechneten, ein Begriff. Gleichgültig, ob wir uns dem Anschauungsbild Le Corbusiers zurechneten wie ich, dem des Bauhauses oder jenem, welches die Nazifaschisten in den Sammelbegriff »entartete Kunst« zusammengefaßt und verfolgt hatten.

Paluccas expressive und raumausgreifende Gestaltungskraft mobilisierte ihre Zuschauer, »die versteinten Verhältnisse zum Tanzen zu bringen«, um dieses schöne Wort von Karl Marx zu gebrauchen. Uns einte in den zwanziger Jahren das Verlangen nach der Revolutionierung der Form als reflektierendem Ausdruck der großen politischen und wissenschaftlich-technischen Umwälzungen. Das Erlebnis der Schöpfungen Paluccas zum Beispiel distanzierte für unser Gefühl das klassische Ballett zu einer anmutig-porzellanhaften Rückerinnerung an jene Zeit, als noch die Sonne um die Erde kreiste. Jetzt aber – 1945 – war der gestirnte Himmel über uns als ein expandierendes Universum entdeckt worden. Den Makrokosmos und den Mikrokosmos erkannte die Wissenschaft als nutzbare Einheit gewaltiger Kräfte. Allerdings – nach der Explosion von Hiroshima – wurden die Tatsachen zu einer essentiellen Herausforderung ihrer Beherrschung durch die menschliche Vernunft.

Daß sich in diesem schicksalhaften Augenblick besonders diejenigen zusammenfanden, deren Aufgabe darin bestand, jungen Menschen aus den Trümmern ihrer Umgebung und dem ordinären Lügengestrüpp der Nazifaschisten herauszuhelfen, um sie mit jenem melioristischem Ehrgeiz und Wagemut zu erfüllen, der zur Wagniswelt eines fundamentalen Neubeginns gehört, ist verständlich.

So entschieden sich auch Palucca und ich, uns gegenseitig durch die Begegnung mit unserer geistig-künstlerischen Erlebniswelt zu unterstützen und anregend auf die jungen Menschen einzuwirken. Als Palucca 1947 ihre Unterrichtsräume in Dresdens Wiener Straße erhalten hatte, hielt ich dort Vorlesungen. Umgekehrt besuchten und studierten die Tanzschülerinnen und -schüler unsere Hochschule für Baukunst und bildende Künste und deren Studenten in Weimar und lernten sich gegenseitig kennen.

So wie die gesamte deutsche Bevölkerung waren auch die uns anvertrauten Jugendlichen Kriegsteilnehmer gewesen. Es hatte für keinen irgendeine Form des Entrinnens gegeben. Weder für die Gegner noch die Anhänger oder die Gleichgültigen. Unsere etwa 200 Studenten waren zum größten Teil mit der in jeder Weise verschmutzten Uniform in die ruinierten Städte und Dörfer zurückgekehrt. Die Dresdner Jugendlichen gehörten zu den Überlebenden der vielen Toten ihrer Stadt, deren Verwesungsgestank ich noch einatmete, als ich das erste Mal nach Dresden fuhr, um nach meinem Vater zu fahnden, der zu den Opfern gehörte. Unter diesen Bedingungen, sollte man annehmen, bestand wenig Hoffnung, die vielen Menschen, von denen nicht wenige ihre gesamte Habe verloren hatten – wie auch ich und Palucca – für eine erneuerte Zukunft zu gewinnen. Wir erlebten das Gegenteil.

Wir trafen auf eine ungeduldig-erkenntnishungrige und im guten Sinne tatendurstige Jugend. Mit ermatteten Schlagworten war ihr nicht mehr beizukommen. Jedoch auch die orgiastische Auflösung der Lebenswirklichkeit und der Konsumtionstaumel wurden erst einige Jahre später zu Inszenierungsformen des kalten Krieges in den westlichen Besatzungszonen. Unsere pädagogische Maxime in dieser Zeit bestand vor allem darin, jedem einzelnen von ihnen sich seiner Anlagen und Fähigkeiten bewußt zu machen, um ihn für das gemeinsame schöpferische Handeln zu befreien.

Wenn ich einen befähigten jungen Arbeiter für unsere Hochschule zum Studium gewinnen wollte, erhielt ich fast immer die Antwort: »Aber das kann ich doch gar nicht.« Er konnte es aber doch. Es ist mein Stolz, daß dank der Arbeit des gesamten Lehrkörpers eine ganze Anzahl bedeutender Architekten und bildender Künstler von heute zu der Jugend von damals gehörte. Vom selben Prinzip ging die Palucca aus.

Es ist hier nicht möglich, auf die interessanten Beziehungen zwischen Tanz und Architektur einzugehen. Es genügt vielleicht, auf das Wort des hervorragenden modernen französischen Architekten August Perret hinzuweisen: »Beweglich oder unbeweglich, alles, was in den Raum ausgreift, gehört dem Bereich der Architektur an.« Diese Definition allein macht verständlich, wie sehr die veränderten Bewegungsformen, das Mobilitätsbedürfnis des modernen Menschen, die Erweiterung der visuellen Wahrnehmungsformen in Verbindung mit den automatisierten Kommunikationsprozessen die zehntausendjährige Besiedlungsgeschichte unseres Planeten beeinflussen. Der Tanz, den das Christentum, nach Heinrich Heines richtiger Feststellung, als einzige Religion aus den Tempeln vertrieben hat, wird sich im Laufe dieses Prozesses seinen Spielraum in den Städten zurückerobern, wie er ihn in den Dörfern besaß. Denn Demokratisierung bedeutet, auch den städtischen Zuschauer wieder zum aktiven Teilnehmer zu machen. Eine ganze Fülle solcher Gedanken warf ich als Vermutungen den Palucca-Studenten vor, leicht eingekleidet in das Tü-Tü des spielerischen Einfalls. Als ich meinem Auditorium vorschlug, mir zu schreiben, falls es Fragen gäbe, erhielt ich eine Fülle kluger und sehr berührender Briefe. Voller Leben inmitten der zerstörten Gemäuer. Der Genius loci Dresdens mit dem Gleichmut der strömenden Elbe hatte seine bergende Wirkung selbst noch in diesen dunklen Stunden.

Sei es wie es sei – in jenen allerersten Jahren, die dem kalten Krieg vorausgingen, liegen die Denkanstöße für die Wegentscheidungen dieser Generation. Sie alle begannen aus diesen Anfängen, und Ruth Berghaus war eine unter ihnen.

Vierzig Jahre später – an ihrem sechzigsten Geburtstage – erlebte ich die öffentlichen Ehrungen ihrer herausragenden Leistungen und die Zuneigungsbekundungen ihrer Freunde, zu denen ich auch gehöre. Eine solche Freundschaft schließt auch die Mitwisserschaft mit dem Unerreichten ein. Diese verschwiegene Solidarität ist eine feste Bindung.

# Meisterschülerin und erste Choreographien

Meisterschülerin an der Akademie der Künste, erste Choreographien in Dresden, Kenntnis von Felsenstein und Brecht 1951–1964

An der Palucca-Schule hatte Ruth Berghaus Tanz und Tanzregie studiert.

Ihre praktische Theaterarbeit begann mit der deutschen Erstaufführung von Richard Mohaupts »Die Bremer Stadtmusikanten«: Premiere 6. Dezember 1950. Studenten der damaligen »Staatlichen Akademie für Musik und Theater« studierten das Werk am Kleinen Haus der Staatstheater Dresden ein. Die musikalische Leitung hatte Siegfried Kurz (später langjähriger Generalmusikdirektor in Dresden, dann an der Deutschen Staatsoper Berlin), für die Inszenierung war Joachim Herz verantwortlich (er wurde 1976 Nachfolger von Walter Felsenstein als Intendant an der Komischen Oper Berlin, seit 1981 Chefregisseur der Semperoper Dresden), die Choreographie hatte Ruth Berghaus übernommen. Mit dem Regisseur Joachim Herz arbeitete die Choreographin Ruth Berghaus kurz darauf an vier weiteren Inszenierungen zusammen, so 1953 an der Komischen Oper Berlin bei der Einstudierung von Joseph Haas' »Die Hochzeit des Jobs«.

Mit der Gründung eines neuen deutschen Staates, der DDR, waren auch Institutionen neu entstanden, so die Akademie der Künste 1949. Bertolt Brecht machte als einer der ersten und nachdrücklich den Vorschlag, daß in diese Akademie Meisterschüler aufgenommen werden: »Ich wäre seinerzeit froh gewesen, mit meinen Entwürfen zu Hauptmann oder Kaiser oder Wedekind gehen zu können und vor allem: ein Stipendium zu erhalten«, argumentierte der Dichter im Dezember 1949 gegenüber dem Minister für Volksbildung Paul Wandel.

Ruth Berghaus wurde 1951 Meisterschülerin dieser Akademie. Gret Palucca und der Schauspieler, Regisseur und Intendant des Deutschen Theaters Wolfgang Langhoff waren ihre Meister. Die Schüler sollten die Möglichkeit haben, ihren eigenen Weg zu suchen, selbständig zu arbeiten, ohne sich in der Kühnheit ihrer Gedanken und Entwürfe beeinflussen zu lassen. Das Stipendium gab für ein bis zwei Jahre relative Sicherheit und damit Freiheit, wenn man es so nutzte. Ruth Berghaus tat dies. Wolfgang Langhoff war großzügig, das heißt, er kümmerte sich kaum um sie, ließ sie gewähren, ermöglichte der Lernenden den Zutritt zu Proben und Aufführungen des Deutschen Theaters, das durch seine Schauspieler und Klassiker-Aufführungen ein vielbeachtetes und erfolgreiches Theater war.

Ruth Berghaus suchte in dieser Zeit des Aufbruchs nach dem neuen zeitgenössischen Theater und fand es mit dem Berliner Ensemble in den ersten Inszenierungen Brechts an diesem Haus. Die Aufführung von »Mutter Courage und ihre Kinder« wurde zum großen prägenden Theatererlebnis. Sie empfand, was hier geschah, als etwas Außerordentliches und zugleich ganz Normales, als das der Zeit und auch ihr Gemäße. Sie suchte den Kontakt, fand ihn und lernte.

Peter Palitzsch interessierte sich für die junge Tänzerin und Choreographin, Manfred Wekwerth setzte durch, daß sie am Berliner Ensemble ständig hospitieren konnte.

1983 hat Ruth Berghaus den alten Brauch der Meisterschülerschaft an der Akademie der Künste der DDR erneuert und begann, sich ihre Schüler zu wählen, begabte junge Absolventen. Diese erhielten die Möglichkeit, bei ihr zu lernen: Martin Schüler und Ingolf Huhn, Studenten der Hochschule für Musik »Hanns Eisler« Berlin, und Frank Schleinstein, Regisseur beim Fernsehen der DDR. Eine Meisterschülerschaft bei Ruth Berghaus wurde eine Empfehlung, die jungen Regisseure mußten um ein Engagement nicht bangen. Anders war die Situation 1953. Da hatten die Vertreter des Neuen Tanzes um

Abb. 2
Ruth Berghaus
und Gret Palucca, 1957
Foto: Archiv Berghaus

ihre Existenz zu kämpfen. Als nach zwei Jahren die Meisterschülerzeit für Ruth Berghaus endete, fand sie kein Engagement, arbeitete als Choreographin und Regieassistentin am Theater der Freundschaft, dem Kinder- und Jugendtheater Berlins, und am Deutschen Theater, insgesamt in neun Inszenierungen. Sie verdiente ihr Geld auch im Kabarett und beim Film, arbeitete mit Laienkünstlern am Berliner Arbeitertheater.

Mit der 5. Tagung des ZK der SED zum Thema »Der Kampf gegen den Formalismus in Kunst und Literatur, für eine fortschrittliche deutsche Kultur« 1951 hatte die Orientierung auf bestimmte Formen der Künste begonnen, so auf das Theatermodell Stanislawskis, auf das Klassische Ballett und den Volkstanz. Diese Einengung und Festlegung erschwerte allmählich die Existenz anderer, abweichender Konzepte von Theater und Tanz. »Im Oktober 1952 legte Palucca wegen administrativer Eingriffe der Staatlichen Kommission für Kunstangelegenheiten die Leitung der Schule nieder.« (Werner Schmidt: »Zur Biographie Paluccas«) Ende 1952 initiierte die Zeitschrift *Die Weltbühne* eine Diskussion über Realismus in der Tanzkunst. Die Auseinandersetzung mündete in einer kurz darauf, im März 1953, einberufenen Theoretischen Konferenz. Hier wurden dem Neuen Künstlerischen Tanz entscheidende entwicklungsfördernde Kräfte abgesprochen und lediglich eine Existenz am Rande der Entwicklung zugebilligt. »Am 1. Juni 1953 besuchen auf Einladung Paluccas die Mitglieder der Sektion Darstellende Kunst der Akademie der Künste, darunter Helene Weigel, Brecht, Dessau, Felsenstein, Langhoff, Wagner-Régeny und Friedrich Wolf die Palucca-Schule in Dresden und bestätigen den hohen Wert ihrer methodischen Ausbildung im Neuen Künstlerischen Tanz. Trotzdem beharren der Hauptabteilungsleiter Seidel von der Staatlichen Kommission für Kunstangelegenheiten und der kommissarische Leiter der Palucca-Schule Otto Kießling auf ihrer ablehnenden Haltung.« (Werner Schmidt, a. a. O.) Mitten in diesen Auseinandersetzungen engagierte sich auf Seiten der Meisterin die junge Ruth Berghaus für den Neuen Künstlerischen Tanz, unnachgiebig in der Sache und kompromißlos. Der Kampf war existentiell. Die I. Tanzkonferenz der DDR im Dezember 1954 brachte die aufgebrochenen Widersprüche auf den kleinsten Nenner. In diesem Jahr berief auch Johannes R. Becher als Minister für Kultur Gret Palucca erneut zur Künstlerischen Leiterin ihrer Schule.

So erhielt Ruth Berghaus zwischen 1958 und 1963 die Möglichkeit, sich an der Palucca-Schule Dresden mit vier größeren eigenständigen Choreographien vorzustellen: »Die den Himmel verdunkeln, sind unsere Feinde« 1958, »Flug zur Sonne« 1959, »Hände weg!« 1962 und »Das Katzenhaus« 1963.

Ruth Berghaus schrieb die Szenarien selbst, von denen der Komponist Paul Dessau drei vertonte und Reiner Bredemeyer »Das Katzenhaus«. Der Maler Achim Freyer begann hier seinen Weg an die Bühne.

Charakteristisch für Werke und Inszenierungen waren eine epische Erzählstruktur und Darstellungsweise bei einer gleichzeitig streng gebauten, politisch-philosophisch orientierten Fabel. Als Tanz-Szenen oder auch Tanz-Essay bezeichnet, standen sie weder in der Tradition des Klassischen Balletts noch in der des Volkstanzes, auch mit dem Begriff des Neuen Künstlerischen Tanzes waren sie nicht völlig zu erfassen.

Das sich hier ankündigende Neue erregte Aufmerksamkeit, zog aber auch sofort Ablehnung auf sich, und es erhielt keine Zeit, sich durchzusetzen. Ruth Berghaus' Tätigkeit als Choreographin brach damit ab.

Der große Erfolg 1964 mit der Einstudierung der Schlacht-Szenen in der »Coriolan«-Inszenierung am Berliner Ensemble war bereits eine Arbeit mit Schauspielern und markiert den Übergang zu ihrem zweiten Beruf: Regisseurin.

In diese Zeit fällt auch ihre Begegnung mit Walter Felsensteins ersten Nachkriegsinszenierungen an der Komischen Oper Berlin. Sie war beeindruckt, entdeckte sie doch, daß Oper Kunst sein kann. Den deutlichen Unterschied zwischen der Ästhetik Brechts und der Felsensteins begreifend, entschied sie sich für Brechts Methode, in Form und Inhalt das Widersprüchliche in den Menschen und Dingen bemerkenswert zu machen, es herauszuarbeiten, es nicht zu verschleifen. Dieses Prinzip durchzieht leitmotivisch ihr Schaffen. Früh schon hat sie es formuliert und sich dabei auf Brecht berufen, auf die »Trennung der Künste« oder das »Kollektiv selbständiger Künste« (Brecht in den Anmerkungen zur »Kreidekreis«-Inszenierung).

Hinweise, Überlegungen und Fragen, warum das Prinzip der Trennung der Elemente für sie so wichtig ist, begleiten sie die Jahre hindurch. Anfänglich mußte sie sich dagegen verteidigen, daß damit Emotionsarmut, Beschränkung auf den Intellekt verbunden sei. Sehr schnell aber ging sie von der Verteidigung zur Herausarbeitung des ihr dabei Wesentlichen über: wie mit Hilfe dieses Prinzips vielschichtige Vorgänge komplex und mehrschichtig darzustellen sind, wie man damit vom Gestus So-ist-es-und-so-bleibt-Es zur Haltung Es-könnte-auch-anders-Sein gelangt; wie man Interpret und Zuschauer in die Vorgänge einbezieht und zugleich konfrontiert.

1983 hat sie es auf den lapidaren Satz gebracht: »Ich will keine geschlossene Aufführung, kein So-ist-es-und-so-bleibt-Es, keine Verhärtung, keine Versteinerung, keine Stagnation.« Immer in Bewegung und Veränderung bekannte sie sich wiederholt zu Brecht, der für ihre Arbeit wichtig und anregend geworden war. So trat sie seit 1971 auch international für den Dichter ein, als es bereits Mode geworden war, ihn als Theaterautor und Theatermacher aus der europäischen Moderne herauszunehmen, um ihm nur noch eine Rolle bei der Herausbildung einer Theaterkultur der jungen Nationalstaaten zuzubilligen. Ruth Berghaus' Hauptthese war, Brechts Methode bedeute keine Einengung, sondern Erweiterung der Möglichkeiten des zeitgenössischen Theaters.

Abb. 3–4
»Zugvögel«
(»Die den Himmel verdunkeln, sind unsere Feinde«)
Choreographie von 1958 mit Schülern der Palucca-Schule Dresden
Fotos: Walter Höhne-Pohl

Abb. 5
»Zugvögel«
(»Die den Himmel verdunkeln, sind unsere Feinde«)
Choreographie von 1958 mit Schülern der Palucca-Schule Dresden
Foto: Walter Höhne-Pohl

Wie die Tanzszenen »Zugvögel« entstanden

Ich las in der Zeitung, daß Zugvögel ihren gewohnten, jahrtausendelang benutzten Weg in den Süden ändern, wenn sie auf Landschaften stoßen, die von Atomstaubregen verseucht sind. Dieser für eine Tanzgestaltung geradezu prädestinierte Vorgang schien mir geeignet, zu zeigen, wie notwendig es ist, daß die Menschen endlich eine neue Bahn ihres gemeinsamen Lebens finden: ohne Kriegsleiden, den Weg des Sozialismus. Das Festprogramm des Zentralrates der FDJ anläßlich der Verleihung des Erich-Weinert-Preises gab mir Gelegenheit, dieses Thema (unter Mitarbeit von Reiner Bredemeyer als Komponist) zunächst sehr gerafft, in loser, aber eindringlicher Beziehung zu den anderen künstlerischen Aussagen (Chor, Rezitation, politisches Kabarett) zu entwickeln. Es war ein willkommener Anlaß, zu beweisen, welche wirkungsvollen Mittel der Neue Künstlerische Tanz besitzt, zur Agit-Prop-Arbeit beizutragen.

Wegen der kurzen Vorbereitungszeit beschränkte ich mich auf drei Phasen des Vorganges: Die Zugvögel ziehen ungestört und vertrauensvoll ihre bekannte Straße; sie geraten in ein atomverseuchtes Gebiet, dem einige zum Opfer fallen; entschlossen finden sich die Übriggebliebenen zusammen und bahnen sich einen neuen Weg. Vor dem ersten Tanz der Zugvögel wird auf eine Leinwand ein Atompilz projiziert. Musik deutet das Inferno an, das er heraufbeschwört. Die gleiche Musik wird dem zweiten Tanz (Verwirrung und Katastrophe) vorausgeschickt. Nach Beendigung des dritten Tanzes singt ein Chor auf der Bühne Hanns Eislers »Arbeiter, Bauern, nehmt die Gewehre!«

Als ich im Auftrag des Zentralrates der FDJ eine Tänzergruppe für die Gestaltung dieses zeitnahen Themas suchte, fand ich bei der Leitung der Palucca-Schule, Dresden, sofort vorbildliche Unterstützung. Darüber freute ich mich deshalb besonders, weil die in diesem Institut heranwachsenden Tänzerinnen – auf Grund ihrer intensiven Beschäftigung mit der Ausdrucksweise des Neuen Künstlerischen Tanzes, die idealen Voraussetzungen mitbrachten.

Ich hoffe, dieses Thema bald einmal als völlig für sich stehende Choreographie ausführen zu können, etwa im Umfang einer einstündigen Szenenfolge. Dabei wäre erforderlich, daß der Kampf gegen das Alte und der Wille zum Neuen noch stärker unterstrichen werden. Das ist mit den Ausdrucksmitteln des Tanzes durchaus möglich.

Ruth Berghaus in: *Sonntag*, 9/1958

Die Auseinandersetzung mit Brecht ist ein Prozeß, in den ich als junge Studentin einbezogen wurde und dessen Ende ich nicht absehe. Mein erster Eindruck war, wie bei vielen anderen, eine Aufführung der »Mutter Courage«: ich wollte unbedingt wissen, wie so etwas Außerordentliches und zugleich ganz und gar Normales gemacht wird. Ich glaube, daß ich für Brechts Arbeitsmethode von Anfang an das hatte, was man heute eine Antenne nennt; deshalb suchte ich absichtlich und andauernd von ihm zu lernen. Brecht hat große Achtung vor Tatsachen, er ordnet Realität nie der Kunst unter, aber die Resultate seiner Arbeit sind immer Kunstformen, große und deutliche. Ein solches Prinzip kann ich natürlich nicht vergessen; wenn ich andere Autoren inszeniere, prüfe ich, ob Achtung vor Tatsachen, ob große Kunstform herrscht.«

1973 von *Theater der Zeit* befragt nach ihrem Verhältnis zu Brecht

Ruth Berghaus: Überzeugt, daß Oper eine Kunst ist, haben mich die ersten Arbeiten von Felsenstein an der Komischen Oper Berlin. »Die verkaufte Braut« zum Beispiel. Paul Dessau und Hans Löwlein, die ich zufällig auf Hiddensee kennenlernte, sagten mir, ich müsse mir das unbedingt ansehen. Da meinte ich noch, Oper gehe mich nichts an. In Dresden hatte ich Arnolds »Antigonae« von Orff gesehen. Ich war enttäuscht. Dann aber, bei Felsenstein in der »Verkauften Braut«, als der Vorhang aufging: Die Bühne war voller Heu, man konnte meinen, es sei echt, und der Chor stapelte es auf den Wagen – war ich fasziniert: Da waren nicht Sänger, sondern Menschen auf der Bühne. Das hatte ich vorher nicht gesehen. Es fiel mir wie Schuppen von den Augen, diese Kunst hatte etwas mitzuteilen, sie konnte wundervolles Theater sein. Es kamen die großen Eindrücke mit Felsensteins Inszenierungen der »Zauberflöte«, »Eine Nacht in Venedig«, der Klassiker »Hoffmanns Erzählungen«, »La Traviata« und nochmals große Faszination bei »Ritter Blaubart«.

Sigrid Neef: Kannst du beschreiben, was das Faszinierende an Felsensteins Arbeit war, was da an Impulsen vermittelt wurde?

Ruth Berghaus: Für mich war es dies: Die Leute auf der Bühne waren nicht Sänger im herkömmlichen Sinne. Unvergessen Elfride Trötschel, Irmgard Arnold und Hanns Nocker, deren Stimmen sich mit der Rolle verwandelten. Und es war auch die Perfektion, das Handwerk, die Professionalität! Ich hatte meine erste Oper »Parsifal« mit zehn Jahren in der Semperoper gesehen. Ich war gefangen. Als Klingsors Schloß zusammenbrach – ich saß im fünften Rang Seite –, sah ich zwei Wände zur Mitte hin kippen: Pappe, Stangen, die Beschriftungen usw. Da dachte ich mir: Das könnte man besser machen. Dann sah ich die »Verkaufte Braut«, und da wurde es besser gemacht. [...]

Sigrid Neef: Haben die Brecht-Aufführungen stärker als die von Felsenstein auf dich gewirkt?

Ruth Berghaus: Ganz anders. Bei Felsenstein war es schön. Da war eine angenehme Situation, da war Hochstimmung. Ich genoß. Schon der Vorhang der »Traviata«-Aufführung! Bei Brecht war ich überwach oder deprimiert.

Michael Gielen: Das heißt, er sagte dir mehr Wahrheiten.

Ruth Berghaus: So ist es.

Michael Gielen: Also war es das bessere Theater.

Ruth Berghaus: Ich glaube schon, für mich. [...]

Auszug aus dem Gespräch vom November 1986

Abb. 6
»Flug zur Sonne«
Choreographie von 1959 mit Schülern der Palucca-Schule Dresden
Foto: Walter Höhne-Pohl

Abb. 7, 8
»Hände weg!«
Choreographie von 1962 mit Schülern der Palucca-Schule Dresden
Fotos: Walter Höhne-Pohl

# Auf verlorenem Posten und doch siegreich

Die Choreographie der Schlacht-Szenen im »Coriolan« 1964
am Berliner Ensemble

Seit ihrer Meisterschülerzeit war Ruth Berghaus am Berliner Ensemble keine Unbekannte. Bertolt Brecht selbst hatte sich für den Neuen Tanz interessiert, hoffte er doch, ihn für sich und sein Theater nutzbar machen zu können. Er setzte sich als Akademiemitglied wiederholt und nachdrücklich für den Bestand der Palucca-Schule ein. Die Palucca wiederum sandte ihre Meisterschülerin Berghaus nach Berlin, in der Akademie die Prinzipien der Schule und des Neuen Tanzes darzustellen. Von der Formalismus-Realismus-Debatte waren manche Künstler, so auch die des Neuen Tanzes, betroffen.

In dieser Situation beauftragte Helene Weigel, die Intendantin des Berliner Ensembles, Ruth Berghaus mit der Einstudierung der Schlacht-Szenen in der »Coriolan«-Inszenierung von Manfred Wekwerth und Joachim Tenschert. Ruth Berghaus war zu diesem Zeitpunkt ohne Engagement. Das Angebot war Chance und Risiko zugleich, die Alternative teuflisch: sich selbst und der Sache treu zu bleiben, dabei die Möglichkeit eines Engagements vertun oder durch Anpassung an herrschende Praxis die sichere Gunst der Stunde gewinnen. Für sie war es keine Entscheidung, sie blieb ihrer Sache treu.

Und es geschah das so Seltene, daß das Kühne, das kompromißlos Neue angenommen, begriffen wurde und die Begeisterung sich international mitteilte.

Was war geschehen, daß die Schlacht-Szenen in den Mittelpunkt des Interesses rückten und zu einem Höhepunkt der Inszenierung wurden, obgleich gerade sie bis dahin in Aufführungen von Shakespeares »Coriolan« kaum, noch weniger als das Stück selbst, gespielt worden waren. Auch bei der Uraufführung der Brechtschen Bearbeitung in Frankfurt am Main fanden sie nicht statt. Brecht wollte sie aus der Probenarbeit heraus erfinden. Dazu war es nicht mehr gekommen. So mußte nun die Choreographin, gemeinsam mit dem Komponisten Paul Dessau und dem Bühnenbildner Andreas Reinhardt, diese Szenen erfinden, und erst mit ihnen konnte sich Wert oder Unwert der Brechtschen Bearbeitung erweisen.

Shakespeare erzählt, wie ein römischer Kriegsheld vom Verteidiger zum Angreifer seiner Heimatstadt wird, weil er sich lieber mit dem Feind verbündet als sich mit dem römischen Plebs gemein zu machen. So zieht er mit den Volskern gegen Rom und verschont es nur, weil die Mutter darum bittet. Dafür wird er von seinen neuen Freunden, den alten Feinden Roms, erschlagen.

Brecht verschärfte in seiner Bearbeitung die Auseinandersetzung zwischen den Plebejern und dem Adel und gab der Fabel eine neue Deutung: Coriolan hält sich für einen Spezialisten des Krieges und daher für unersetzbar, Rom für erpreßbar. Nicht die Bitten der Mutter rühren ihn, sondern die Nachricht, in Rom habe sich der Adel mit den Plebejern vereint.

Indem Brecht diesen Zusammenhang zwischen Kriegsführung und Kriegsspezialisten mit ihrer Lust am Töten herstellte, erinnerte er an den Leninschen Satz: Man müsse den Massen erklären, wie tief das Geheimnis ist, in dem Kriege geboren werden. Es war also eine »Ästhetik des Krieges« zu erfinden, die dem Spezialistentum, der Könnerschaft, dem Hineingezogenwerden in eine Lust des Tötens ebenso entsprach wie der Distanz dazu, der Konfrontation damit: Kriegshandwerk, Fairnis, Rituale. Die Choreographie stellte diese Einheit der Gegensätze her. Für die internationale Kritik waren vor allem die im Ensemble geweckten »akrobatischen Fertigkeiten« (Klaus Rifberg im *Politikon* Kopenhagen) auffallend. Man sprach von einem »Ballett für Schauspieler«, Kenneth Tynan im Londoner *Observer* von

Abb. 9–11
Schlacht I zwischen Volskern und Römern (Schauspieler des Berliner Ensembles)
Fotos: Vera Tenschert

einem »Gipfel der Kühnheit«. Der Kritiker der *Stuttgarter Zeitung* und spätere Ballettdirektor der Wiener Staatsoper Gerhard Brunner meinte, daß hier im Schauspiel ein hoffnungsvolles Zeichen für die Zukunft und Entwicklung des Neuen Tanzes gegeben wurde. Ernst Schumacher hingegen akzentuierte in der *Berliner Zeitung* stärker das theatergeschichtlich Bedeutende: »In der Regie massenhafter Vorgänge hat diese Inszenierung neue Maßstäbe gesetzt.«

Die Schlacht-Szenen wurden zu einem exemplarischen Beispiel, wie einzelne Künste auf selbständige Weise an der Fabelerzählung zu beteiligen sind, um ein vielschichtiges Thema mehrschichtig zu erzählen.

Dies war auch ein Thema des Brecht-Dialoges 1968 »Politik auf dem Theater«, und in diesem Zusammenhang bekamen die Schlacht-Szenen vier Jahre nach der Premiere ihren besonderen Akzent auch in der Theorie des modernen Theaters.

Während dieses Brecht-Dialoges entwickelte der Philosoph Wolfgang Heise sein Verständnis von einem »Theater als Laboratorium sozialer Phantasie« und entwarf einen Kunstbegriff, der sogleich angenommen wurde und eine große Rolle in den Diskussionen um die Zukunft des Theaters spielte. Er meinte damit eine Kunst, die Vorgänge so darstellt, daß alternative Möglichkeiten, Varianten mitgedacht werden können. Der Linguist Manfred Bierwisch hielt Brechts Stück »Der Jasager und Der Neinsager« für ein Beispiel solcher »alternativen« Dramatik, und er plädierte dafür, das von den Linguisten am Wort und dessen verschiedenen Bedeutungen studierte »Phänomen der Doppeldeutigkeit« auf Gesten und Vorgänge, auf Theater überhaupt anzuwenden, und fragte die Theaterleute, wie sie auf dieses Phänomen reagierten und damit umgingen. An diesem »Dialog der Theaterleute mit Philosophen, Politikern und Naturwissenschaftlern« beteiligte sich auch Ruth Berghaus, nun Regisseurin am Berliner Ensemble, an diesem Punkt war sie mit ihrer Choreographie angesprochen.

Abb. 12, 13
Schlacht I zwischen Volskern und Römern (Schauspieler des Berliner Ensembles)
Fotos: Vera Tenschert

Ich meine, die Doppeldeutigkeit kann das Theater heute darstellen – selbst wenn es nicht wie im »Jasager und Neinsager« eine Variante oder zwei verschiedene Schlüsse gibt –, wenn man die einzelnen Künste, die im Theater mitwirken, selbständig macht [...]

So erzählt zum Beispiel im »Coriolan« die Musik die Schlacht auf eine ganz andere Weise als die Szene. Die Musik erzählt die Kampfbesessenheit der Leute, den Spaß am Kampf und die Emotionen, die bei einem solchen Kampf entstehen und da sind. Die Szene erzählt ein Zeremoniell und den logischen Vorgang einer Schlacht in einzelnen Geschichten, wenn das vielleicht auch nicht so schnell ablesbar ist.

Das dritte wäre das Bühnenbild, das natürlich auf selbständige Weise die Geschichte erzählen sollte, sogar den Text unter Umständen kontern kann, um eine Mehrschichtigkeit am Abend zu liefern. Brecht nannte das die »Trennung der Elemente«, und er hat das schon sehr früh formuliert. Ich glaube, daß wir das an unserem Theater praktizieren.

Ruth Berghaus während des Brecht-Dialoges 1968
»Politik auf dem Theater« im »Dialog der Theaterleute mit Philosophen, Politikern und Naturwissenschaftlern«

Im Berliner Ensemble stehen die Schlacht-Szenen im Zentrum der Inszenierung und werden zum eigentlichen Höhepunkt der Aufführung.

Vor dem befestigten Stadttor der Volskerstadt Corioli – das Stadttor bietet in einer anderen Sicht den Bühnenbau für die Szenen in Rom – formieren sich die Römer zum Angriff. Ein grandioses, auf der Bühne noch nicht gesehenes Schauspiel beginnt. Leitern werden angelegt und umgestoßen. Die Schauspieler fallen mit artistischem Können aus drei, vier Metern Höhe auf den Bühnenboden. Dann formieren sich die Schlachtreihen zum Kampf, stehen sich gegenüber, stoßen ihre Schlachtrufe aus, stürzen aufeinander, fluten zurück, verbeißen sich aufs neue ineinander. Vom Tonband schrillen die Schlachtrufe verstärkt ins Publikum. Eine von Paul Dessau eigens komponierte Musik akzentuiert das Geschehen. Ein genialer Einfall, die Drehbühne regelrecht in das Spiel einzubeziehen. Sie dreht sich mit dem Stadttor, leicht wie eine Feder, hin und her, die Kämpfenden immer wieder von einer anderen Seite her zeigend. Bis sich dann die beiden Helden, Coriolan und Aufidius, gegenüberstehen: Der ersehnte Zweikampf beginnt. Zwei menschliche Kampfmaschinen prallen aufeinander, aber das Zeremoniell wird gewahrt: Der eine Kämpfer verliert sein Schild, aber der andere wartet, bis sein Gegner ihm wieder ebenbürtig ist. Das sind Feinheiten, die nur große Theaterkunst zu bieten vermag. Die asiatische Schauspielkunst, mit ihrer Mischung von Akrobatik, Pantomime und Symbolik, ist hier – jedoch weniger abstrakt – als Anregung genutzt worden.

Der romantischen Darstellung von Kampfszenen auf der deutschen Bühne wird der Todesstoß versetzt. Aber das Publikum wird nicht in das Geschehen hineingerissen, es kann seine Distanz zum Geschehen behalten. Gleichzeitig entsteht ein barbarischer Eindruck als Resultat eines hochstilisierten Spiels. Dieser Eindruck wird noch verstärkt, da die Drehbühne es gestattet, die ruhigen Szenen, mit der Frau und der Mutter Coriolans in Rom, fast filmisch einzublenden. Im Film ist es auch, wo man solche Kampfszenen bisher realisieren konnte, auf einer Bühne sah man so etwas zum erstenmal.

André Müller
*Deutsche Volkszeitung*, Düsseldorf, 16. 10. 1964

Abb. 14
Schlacht II zwischen Volskern und Römern (Schauspieler des Berliner Ensembles)
Foto: Vera Tenschert

Notat zu den Schlacht-Szenen
Musik und Choreographie

Die Musik erzählt in großen Komplexen die Schlacht: »Die Römer beginnen den Sturm«, »Die Volsker machen einen Ausfall« usw.

Sie erzählt die Wildheit der Schlacht, das Barbarische, die Furcht vor und den Spaß an dem Kampf. Die Musik hält sich streng an die oben erwähnten Überschriften der einzelnen Komplexe und gibt ihnen dadurch großen Zusammenhang, Eindeutigkeit und Einheitlichkeit. Sie gibt kein Detail, weil sie nicht illustriert. Sie komponiert Rufe, Rhythmen, Abläufe der Schlacht nach ihren Gesetzen, ohne Rücksicht auf die Rhythmen und Bewegungsabläufe der Choreographie, und sie verfolgt im einzelnen auch nicht die verschiedenen Haltungen der Krieger. Sie ist keine Begleitung, sondern sie hat Eigenständigkeit. Die Fabel der Schlacht muß also erzählt werden durch die Musik *und* die Choreographie.

Die Choreographie ist an das Zeitmaß der Musik gebunden. Aber sie muß es nicht deuten! Sie kann z. B. kontrapunktisch damit umgehen. Sie muß nur Musik und Bewegung zusammensetzen, zusammenfügen. So haben wir bei dem Komplex »Die Römer beginnen den Sturm« sehr unregelmäßige musikalische Rhythmen und verhältnismäßig regelmäßige choreographische Rhythmen. Beim Zuhören und Zuschauen erfährt der Zuschauer u. a. die Wildheit und Aufregung des Angriffs durch die Musik und zum anderen den geübten sturen Ablauf taktischer militärischer Bewegungen durch die Choreographie. Wollte nun aber die Choreographie die Musik deuten oder würde die Musik die Choreographie begleiten, könnte immer nur eine Sache erzählt werden, und zwar doppelt. Das wäre langweilig und uninteressant. Ganz abgesehen davon, daß beide »Schwesterkünste« auf die eine oder andere Weise um ihr Mitteilungsvermögen gebracht würden.

Wenn die Musik die Fabel in deutlich voneinander getrennten Phasen oder sogar Komplexen erzählt, haben wir eine Nummernmusik. Wie verhält sich die Choreographie zu dieser Einteilung? Sie sollte sie nicht leugnen, sondern nutzen. Die Komplexe geben die Themen. Zwischen jeder Nummer entsteht notgedrungen

Abb. 15, 16
Schlacht II zwischen Volskern und Römern (Schauspieler des Berliner Ensembles)
Fotos: Vera Tenschert

eine Zäsur. Die Choreographie nützt diese, und zwar in verschiedener Weise: Einmal als Bewegungslosigkeit, ein andermal geht die Bewegung ohne Musik weiter: Eine besondere Situation wird durch die Stille ungewöhnlich hervorgehoben (Einkreisung Coriolans durch die Volsker).

Die Choreographie muß aber auch durch die Art und Weise, wie sie die Fabel der Schlacht erzählt, den Zusammenhang der einzelnen Komplexe schaffen und auf der anderen Seite innerhalb der einzelnen Komplexe die Vielschichtigkeit der Schlacht zeigen. Das heißt: Anreicherung durch Details, verschiedene Haltungen der Krieger, kleine Geschichten. Brauchbar aber sind nur die Details, die die Fabel dieser bestimmten Schlacht erzählen. Wenn also in der Phase »Die Volsker machen einen Ausfall« die Musik anfangs den Ausfall der Volsker durch die wiederholten »Aufidius«-Rufe betont, gibt es choreographisch dazu ein Sammeln der Römer und einen neuen Angriff (Schildkröte). Im zweiten Teil der musikalischen Phase werden die Römer mehr durch die Musik unterstützt, aber choreographisch wird schon gezeigt, daß die Kampfkraft der Römer nachläßt. Coriolans Alleingang wird vorbereitet! – Oder Coriolans Alleingang selbst »Die ganze Pest Arabiens ...« gehört akustisch total Coriolan, aber durch die Choreographie wird gezeigt, daß er zähe Feinde hat, kampffähige Gegner stehen sich in gleicher Zahl gegenüber, die Volsker nehmen den Kampf auf, die Römer drücken sich. Und die Zahl der kämpfenden Volsker bröckelt ab wie bei einem Abzählreim.

Diese Vorgänge bauen sich auf aus den verschiedenen Haltungen der einzelnen Krieger. Jeder Schauspieler erzählt die Verhaltensweise seiner Figur. Die Choreographie fügt die vielen einzelnen Vorgänge zusammen. Teils geschehen sie gleichzeitig – polyrhythmisch – teils werden sie nacheinander gezeigt. So daß, was da als Choreographie erscheint, wiederum ein Komponieren, Zusammensetzen ist, aber nicht von allgemeinen Vorgängen, sondern von besonderen.

Abb. 17–20
Das Duell zwischen Coriolan (Ekkehard Schall) und Aufidius (Hilmar Thate)
Fotos: Vera Tenschert

# Die Obertöne der Zeit vernehmen

Paul Dessau und die Uraufführungen seiner Opern an der Deutschen Staatsoper Berlin 1960–1979

Es ist keinem Komponisten gleichgültig, wer seine Werke aufführt, besonders wenn es sich um Uraufführungen handelt. Wenn er die Möglichkeit hat, wählt er sich Institution und Interpreten selbst. Paul Dessau erhielt diese Möglichkeit und nahm sie in Anspruch.

Die Uraufführungsinszenierungen aller seiner Opern – bis auf »Die Verurteilung des Lukullus« – realisierte an der Deutschen Staatsoper Berlin Ruth Berghaus.

Mit Paul Dessau, der die Musik für die sie so stark beeindruckende Aufführung von »Mutter Courage und ihre Kinder« am Berliner Ensemble geschrieben, der ihre Tanzszenarien vertont hatte, war Ruth Berghaus durch künstlerische Übereinstimmung und gemeinsame Arbeiten verbunden.

1954 wurde der Sohn Maxim geboren, heirateten sie. Ihr Zeuthener Heim wurde zu einem Treffpunkt der Freunde aus aller Welt; hier fanden sich die Komponisten René Leibowitz, Luigi Nono, Hans Werner Henze, Rudolf Wagner-Régeny, Alfred Schnittke ein, kamen Schauspieler und Freunde aus der Emigrationszeit wie Curt Bois und Senek Korngold, die Dichter Anna Seghers, Volker Braun, Heiner Müller, Inge Müller und Karl Mickel regelmäßig zusammen; der Kreis erweiterte sich ständig um interessierte Komponisten und Dirigenten, so Paul-Heinz Dittrich, Herbert Kegel, Otmar Suitner, um Jüngere und Schü-

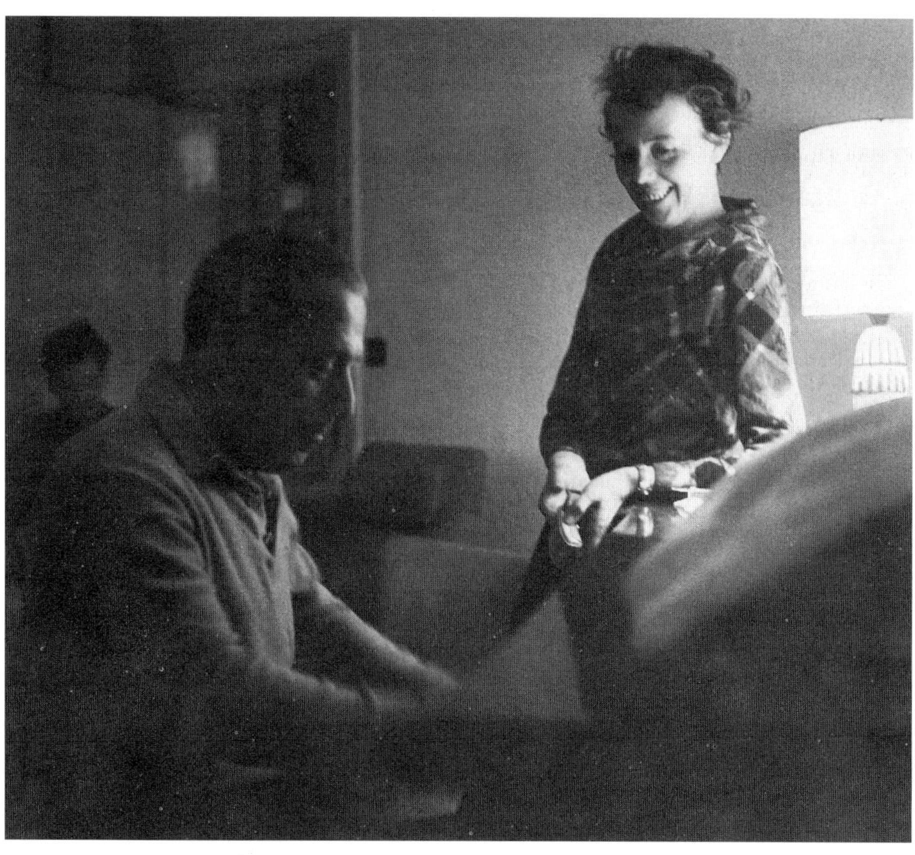

ler, unter ihnen Friedrich Goldmann, Friedrich Schenker, Jörg Herchet, Luca Lombardi. Musikwissenschaftler fanden sich ein, Fritz Hennenberg, Günter Mayer, Luigi Pestalozza; interessierte Freunde, Nuria Schönberg-Nono, Lotte Klemperer. Sänger, Repetitoren, Regieassistenten und Schauspieler holen sich Rat und Anregung, Eberhard Büchner, Carola Nossek, Edda Schaller, Roswitha Trexler, Wolfgang Hafermalz, Margit Steger, Christine Gloger und viele andere. Mitarbeiter gehören dazu, Maler und Bühnenbildner, wie Achim Freyer, Andreas Reinhardt, Axel Manthey, Erich Wonder, der Architekt Hans-Dieter Schaal. Es war und ist ein Haus der Produktivität, der Arbeit und des Spaßes an der Arbeit. Heiner Müller und Karl Mickel schrieben für Paul Dessau Texte für Opern; und wenn Ruth Berghaus ihre Inszenierungen in Berlin vorbereitet, findet sich oft das gesamte Produktionsteam in Zeuthen zusammen, um dort zu arbeiten, konzentriert und tagelang. Auch die Mitarbeiter vom Rundfunk kommen gern in dieses Haus, hier ihre Gespräche für den Radio-DDR-Musikklub aufzunehmen. Oft verrät dann während der Sendung ein Vogelzwitschern oder ein leises Klirren von Tassen, wo und wie die Aufzeichnungen entstanden, wie Arbeit und Leben in diesem Haus zu einer Sache geworden, nicht voneinander zu trennen sind und daß die Künstlerin ihren Gästen auch leibliche Genüsse zu bereiten weiß.

Übereinstimmung im Grundsätzlichen bedeutete für den Komponisten Paul Dessau und die Regisseurin Ruth Berghaus keinesfalls Uniformität der Ansichten. Im Gegenteil, es gab in beider opernästhetischen Auffassungen Unterschiede, es kam zu Überraschungen und zu Entdeckungen.

Paul Dessau, der durch Bertolt Brecht das Prinzip der Trennung der Elemente kennengelernt hatte, für dessen Anwendung stritt und es auch in der Zusammenarbeit mit ihm und anderen Dichtern praktizierte, war doch ursprünglich ganz von Felsensteins Prinzip fasziniert, die Elemente in Übereinstimmung zu bringen. Er hat sich dazu 1954 in einem Walter Felsenstein gewidmeten und sich auf dessen »Falstaff«-Inszenierung beziehendes Essay »Die Kunst der schöpferischen Ausdeutung der Musik« bekannt. Felsenstein hatte er auch seine zweite zwischen 1957 und 1959 komponierte Oper »Puntila« anvertraut. Doch der Regisseur spürte, daß dieses Werk seiner Spielweise nicht entgegenkam, und so verschob er die Inszenierung von Jahr zu Jahr, ohne auf das Recht zur Uraufführung zu verzichten. Erst nachdem die biblischen sieben Jahre verstrichen waren, konnte der »Puntila« an der Deutschen Staatsoper Berlin in der Regie von Ruth Berghaus uraufgeführt werden.

Zwanzig Jahre später, »Lanzelot« und »Einstein« waren ebenfalls erfolgreich uraufgeführt, bemerkte Paul Dessau rückblickend, daß sich im Umgang mit seinen Opern eine Veränderung vollzogen hatte, die ihn selbst überraschte und beeindruckte.

Abb. 21, 22
Ständchen: »Puppchen, du bist mein Augenstern ...«
Ruth Berghaus und Paul Dessau, 1962
(Paul Dessau war der Neffe von Jean Gilbert.)
Fotos: Vera Tenschert

Abb. 23
Das Haus am Zeuthener See, 1954
Foto: Archiv Berghaus

Abb. 24
Ruth Berghaus und Paul Dessau, Staatsoper Berlin, 1974
Foto: Maria Steinfeldt

Meine Frau sieht die Kompositionen, mit denen sie arbeiten muß, die Opern, schon während meiner Arbeit, da lernt sie sie richtig kennen. Ich staune über meine Frau, was sie herausliest und nimmt und wie sie's macht. Nicht nur aus meinen Werken!

Paul Dessau im Gespräch, 1974

Als die Opern Paul Dessaus entstanden, war seine Sprache für mich die einzig mögliche Sprache in diesem Land.

Ruth Berghaus im Gespräch, 1983

Ich denke, daß der gegenwärtige Mensch nur an »Gegenwartsstücken« schreiben kann, wenn ihm alles gegenwärtig ist.

Paul Dessau, 1972

Sie haben alle Opern Paul Dessaus inszeniert. Sie sind mit ihm verheiratet. Wie ist die Zusammenarbeit zwischen Komponist und Regisseur?

Ruth Berghaus: Mein Mann liefert die Komposition, ich muß mich mit ihm als Regisseur auseinandersetzen. So, wie ich ihm in seine Arbeit nicht reinrede, tut er es nicht in meine. Das schließt natürlich nicht aus, daß wir uns streiten.

*Sonntag*-Gespräch
geführt von Karsten Bartels, 4.3.1979

Die erste Oper Dessaus in der DDR ließ erkennen, daß die Gattung den großen Gegenstand braucht und ihn glaubwürdig meistern kann.

Lukullus, hier das Einzelwesen, das seine Möglichkeiten entschieden realisiert, also auch durch Kriege, wird konfrontiert mit der Sphäre der Unterwelt, mit einem Kollektivum von Wesen, die nicht mehr oder noch nicht existieren; eine Metapher für ungelebtes Leben, unausgeschöpfte, abgebrochene Möglichkeiten, einen Zustand voll Resignation, Trauer und Zorn. Die »schwache messianische Kraft« (Walter Benjamin) im Erlöschen. Das war ein reicher aber auch ein sperriger Stoff, voller Nischen, Schluchten, Öffnungen, durchdrungen von den Gedanken, Hoffnungen und Ängsten der langen Entstehungsphase: den Jahren der antifaschistischen Emigration, als Brecht das Radiostück »Das Verhör des Lukullus« schrieb, und der Zeit nach dem zweiten Weltkrieg, als aus dem Hörspiel das Libretto geformt wurde und Paul Dessau es komponierte.

Die Oper traf den Nerv der Zeit und dies sofort und bereits mit ihrer ersten Schicht. Sie ließ sich in eine politisch aktuelle Fabel gradlinig auflösen, behielt dabei immer noch einen Überschuß, ein Mehr an Gehalt. Das sofort Offenbare, die Parallele zum Nürnberger Kriegsverbrecherprozeß – in der Opernhandlung wird, dem historischen Vorgang vergleichbar, über den römischen Feldherrn Lukullus zu Gericht gesessen – wurde sogleich angenommen und verstanden, das Mehr, der Sinnüberschuß des Werkes blieb 1951 vorerst unerschlossen. Am 17. März 1951 – es war der letzte Tag der Konferenz des ZK der SED zum Thema »Kampf gegen den Formalismus in Kunst und Literatur« – wurde die Oper »Das Verhör des Lukullus« unter der musikalischen Leitung von Hermann Scherchen an der Staatsoper Berlin erstmals gespielt.

Das Werk löste Diskussionen aus, die die Funktion von Kunst in der jungen Republik betrafen. Die Autoren begegneten der Kritik und verwerteten sie, ergänzten und änderten, damit zwischen den verschiedenen Arten von Kriegen, denen von Angreifern und von Angegriffenen, unterschieden werden könne.

Am 12. Oktober 1951 kam dann die Oper mit dem veränderten, den Schluß betonenden Titel »Die Verurteilung des Lukullus« an der Deutschen Staatsoper zur Uraufführung.

In diesem Ringen um Unmißverständlichkeit wurde ein erster Bereich des Werkes herausgearbeitet und betont: Abbau von Ruhm, der sich auf Zerstörung gründet, und Stärkung eines dem Alltag nützenden Denkens. Diese Fabellesart lag der Uraufführungsinszenierung von Wolf Völker zugrunde, und sie beeinflußte nachfolgende Einstudierungen.

Nach 1957 wurde die »Verurteilung des Lukullus« zu einer der meistgespielten zeitgenössischen Opern in der DDR. Ruth Berghaus selbst studierte das Werk fünfmal ein: 1960 an der Deutschen Staatsoper Berlin (in Co-Produktion mit Erhard Fischer), danach am Theater Mainz, 1961 am Volkstheater Rostock, 1965 und 1983 an der Deutschen Staatsoper Berlin.

13. September 1965
Deutsche Staatsoper Berlin

Die Konzeption zu dieser Inszenierung gibt ein Beispiel, wie Ruth Berghaus bereits mit ihrer Einstudierung von 1965 erstarrte Denkkonstellationen aufbrach. Sie filterte aus der traditionellen bekannten ersten Schicht des Werkes das Begriffspaar Ruhm und Nützlichkeit aus, brachte sie auf engstem Raum ins Verhältnis, erzielte dabei eine große Spannung und ließ dann diesen Kern – die Fabel in einem Satz erzählt – quasi explodieren. Das ermöglichte: Die Handlung mußte nicht wie ein vorgegebener Weg mit feststehendem Ausgang, nämlich der Verurteilung des Lukullus, ausgeschritten werden, vielmehr konnten einzelne Momente auf ihren Gehalt untersucht, bislang unbeleuchtete Gedankengänge im Werk aufgespürt werden.

Da seit der Uraufführung vierzehn Jahre vergangen waren, mißtraute sie dem damals sehr gebräuchlichen Begriff der »kleinen Leute«, mit dem seit 1951 die über Lukullus zu Gericht Sitzenden bezeichnet wurden. Sie brachte 1965 die Erfahrung ein, daß die kleinen Leute seither große Entscheidungen zu treffen hatten, weil sie sozialistische Staaten regierten. Sie mutete ihnen zu, große Fragen zu stellen, und von diesem politischen Stand-

## Die Verurteilung des Lukullus

Oper von Paul Dessau
Text von Bertolt Brecht

Deutsche Staatsoper Berlin
13. September 1965

Musikalische Leitung:
Herbert Kegel
Inszenierung: Ruth Berghaus
Mitarbeiter der Regie:
J. A. Weindich
Bühnenbild: Gustav Hoffmann
Kostüme: Christine Stromberg
Entwürfe des Maskenzuges:
Andreas Reinhardt
Anfertigung der Masken:
Eduard Fischer
Chöre: Siegfried Völkel

Lukullus, römischer Feldherr:
John Moulson
Tertullia, eine alte Frau:
Gertraud Prenzlow
Eine kommentierende Frauenstimme: Sylvia Pawlik
Der Totenrichter:
Gerhard Frei
Sprecher des Totengerichts:
Reiner Süß
Das Fischweib:
Annelies Burmeister
Die Kurtisane:
Celestina Casapietra
Der Lehrer: Martin Ritzmann
Der Bäcker: Joachim Arndt
Der Bauer: Peter Olesch
Der König: Rolf Kühne
Die Königin: Renate Krahmer
Zwei Kinder: Wolfgang Resener, Karin Vierhub
Zwei Legionäre: Günther Bochmann, Erich Siebenschuh
Lasus, Koch des Lukullus:
Horst Hiestermann
Der Kirschbaumträger:
Horst Lunow
Drei Frauenstimmen:
Renate Hoff, Erna Roscher, Ingeborg Wenglor
Lehrer der Schulklasse:
Horst Hiestermann

Abb. 25
Ruth Berghaus mit Heinz Lehmann, dem Sänger der Titelpartie
Foto: Marion Schöne

punkt aus stellte sie selbst ihre Fragen ans Werk, kommentierte zum Beispiel das Verhalten der kleinen Leute anders, als das bis dahin getan worden war. Durch solches Fragen wurde die Oper um verborgene Schichten reicher gemacht.

Für eine bestimmte Art methodischen Vorgehens gibt diese Konzeption noch heute ein Beispiel. Sie wurde in Auszügen 1965 in Vorbereitung der Premiere publiziert, wendet sich daher mit deutlich didaktischer Absicht an Publikum wie Interpreten.

Abb. 26
Lukullus (Heinz Lehmann) im Schattenreich, vor dem Totengericht, hinter ihm der Fries, steinernes Zeugnis seines Ruhms
Foto: Marion Schöne

Versuch, die Fabel in einem Satz zu erzählen:

Der ungeheure Ruhm eines großen Feldherrn wird abgebaut durch eine vernünftige Frage, die seine Nützlichkeit für die Menschen bezweifelt: Was hat Rom durch ihn gewonnen?

Notate zum Stück

Zur Figur des Lukullus:

[...] Durch Trauerzug, Begräbnis, Hinweise auf seine Taten wird Lukullus, bevor man ihn überhaupt zu Gesicht bekommt, zu einem idealen Helden aufgebaut. Die Heldenverehrung sollte so eindrucksvoll und überzeugend sein, daß die wenigen Einschränkungen, die von einigen Leuten während des Trauerzuges gemacht werden, nur wenig ins Gewicht fallen. Sie können des großen Mannes Ruhm, angesichts so großer, wirksamer Veranstaltungen nicht beschädigen. Ihre Argumente sind zu klein und alltäglich, um seine Nützlichkeit, die sich in Eroberungen von ganzen Ländern dokumentiert, in Frage zu stellen [...]

Aus der Einführung für den Chor:

[...] Wir erzählen, berichten etwas und lassen den Zuschauer zum Erzählten Stellung nehmen.

Brecht wünschte ein denkendes Publikum, das, selbständig urteilend, das Falsche vom Richtigen, das Gute vom Schlechten zu unterscheiden vermag. Er mißbilligt, daß der Zuschauer in ein sogenanntes Gesamtkunstwerk eingeschmolzen wird als dessen »passiver Teil«. »Alles, was Hypnotisierungsversuche darstellt, unwürdige Räusche erzeugen muß, benebelt, muß aufgegeben werden«, so fordert er. Er zerschlägt das Gesamtkunstwerk, indem er den einzelnen Künsten ihre Selbständigkeit wiedergibt, indem er sie nicht in synchronem Miteinander führt – nicht durch das eine Kunstmittel unterstreichen läßt, was das andere ohnehin aussagt, sondern indem er ihre Vielheit zu dialektischen, inhalterhellenden Kontrasten benützt. Die einzelnen Elemente haben autonomen Wert, jedes nimmt von eigener Warte Stellung zum Vorgang, interpretiert ihn auf seine Weise.

Aus der Regiekonzeption, 1965

## Die Verurteilung des Lukullus

Oper von Paul Dessau
Text von Bertolt Brecht

Deutsche Staatsoper Berlin
11. September 1983

Musikalische Leitung: Hartmut Haenchen
Inszenierung: Ruth Berghaus
Bühnenbild: Hans-Joachim Schlieker
Kostüme: Marie-Luise Strandt
Chöre: Christian Weber
Dramaturgie: Sigrid Neef

Lukullus: Reiner Goldberg
Der König: Fritz Hübner
Die Königin: Isabella Nawe
Zwei Legionäre: Bernd Riedel, Kurt Rothkamm
Lasus, Koch des Lukullus: Henno Garduhn
Der Kirschbaumträger: Frank-Peter Späthe
Zwei Kinder: Antje Winter, Beate Palubicki
Das Fischweib: Uta Priew
Die Kurtisane: Elvira Dreßen
Der Lehrer: Harald Neukirch
Der Bäcker: Peter Menzel
Der Bauer: Peter Olesch
Tertullia, eine alte Frau: Gertraud Prenzlow
Drei Frauenstimmen und drei Aufruferinnen:
1. Frauenstimme: Brigitte Eisenfeld
2. Frauenstimme: Carola Nossek
3. Frauenstimme: Magdalena Falewicz
Der Totenrichter: Konrad Rupf
Eine kommentierende Frauenstimme: Christine Gloger
Sprecher des Totengerichts: Kinderchor

11. September 1983
Deutsche Staatsoper Berlin

Diese Einstudierung des vertrauten Werkes wurde zur Überraschung, welche Geheimnisse ein scheinbar bekanntes, in den Schulen gelehrtes Werk birgt.

Das Prinzip Szenische Metapher entfaltete sich in dieser Inszenierung der Oper »Die Verurteilung des Lukullus« im Detail wie im Ganzen.

Szenische Metapher bedeutet, die Vorgänge werden so in den gebündelten Widerspruch hineingetrieben, daß in der Bewegung, im schnellen Verlauf der Ereignisse, ein Moment der Stille entsteht, in dem die Vertikale aufreißt, ein Bild erscheint und über das Unmittelbare hinausweisende Bedeutung erlangt. Dabei werden Verdoppelungen strikt vermieden, das Bild ist seiner Struktur nach nicht dramatisch, nicht den Widerspruch lösend, sondern ihn weiter auffächernd.

Ein Beispiel. Brecht und Dessau nannten das 4. Bild ihrer Oper »In den Lesebüchern«. Gemeint war, daß ein blutiger Krieg den Glanz des Mörders nicht verdunkelt, wenn Nicht-Wissen gelehrt wird. Man sieht: Aus einem Gemäuer, vom Krieg verschont, dringen Kinder, geführt von einem Lehrer, der sich von einem Buch vorm Kopf leiten läßt. Sie ziehen über die große Autobahn, auf der der letzte Krieg hinausging in die weite Welt und auf der er wieder zurückkehrte. Sie ziehen in loser Kolonne, müde, schleppenden Schrittes, einen Ruheplatz suchend. Man hört in der Sprache, wie der Lehrer den Schülern einpaukt, dem Beispiel großer Eroberer zu folgen, man hört in der Musik das Mechanische im Nachplappern, wie Kinder folgsam die Lehrerworte wiederholen, erkennt, wie sich eines der Kinder angstschlotternd verweigert, sieht die Kinder im Asphalt versinken und nur ihre Dinge – Schuhe, Spielzeug, Schulsachen – zurückbleiben, denkt an die Neutronenbombe, an Gegenwärtiges und Zukünftiges. Sprache, Musik und szenische Bewegung ergeben eine widersprüchliche Synchronität. Kinderkreuzzüge gab und gibt es in der Wirklichkeit. Sie wurden in Chroniken, so im Jahr 1212 beschrieben, durch Bertolt Brecht 1939 in einem Gedicht zum literarischen Objekt, durch Ruth Berghaus 1983 zur Szenischen Metapher; Vergangenheit, Gegenwart und Zukunft sind durch sie an einem Punkt zusammengefaßt: Kehrten 1212 einige der Kinder nach Hause zurück, erreichte in Brechts Version von 1939 eine Botschaft der zu Tode Gekommenen die Nachwelt, so zeigen 1983 nur noch Schuhe und Gewänder an, daß da einst Kinder ausgezogen waren. Das Besondere der Szenischen Metapher und für 1983 so Bestürzende: Hier wurde um die Anschaulichkeit des Denkbaren gerungen.

Die Inszenierung von 1983 war eine Arbeit des Umbruchs. Es wurde noch einmal zur vollen Entfaltung gebracht, was Brechts Theaterästhetik für die Gattung Oper bedeutete, zugleich gab es einen Umschlag in eine neue Qualität. Hatte Brecht noch konstatiert, daß es in jedem Werk mehrere Fabeln gebe, dem Theater aber die Aufgabe gestellt, nur *eine* Fabel zu finden, wurde dieses Prinzip nun verabschiedet, kamen mehrere Fabeln gleichzeitig zur Darstellung, parallel, einander überschneidend. Das war wesentlich von der musikalischen Struktur veranlaßt.

In der »Lukullus«-Komposition konstituierte Paul Dessau durch Auswahlinstrumentarium und Instrumentengruppierungen verschiedene Musizierweisen, assoziierte dazu auch unterschiedliche, verschiedene Räume. Es gibt Musik auf Straßen und Plätzen zu spielen, zu offiziellen Feierlichkeiten und in der Gosse, Musik im kleinen Raum, Kammermusik. Dessau mischte bisher scheinbar Unvereinbares, wie den Klang von Konzertinstrumenten mit dem Akkordeon, und er hat in seinem Instrumentarium die Violinen ausgespart, dafür aber werden Ketten und ein Stein als Klangerzeuger verwendet. Eine Musik also, die verschiedene, auch sozial unterschiedliche Gesichtspunkte geltend macht, die sich einmischt. Entsprechend wurde das Orchester auf der Bühne plaziert, die Szenerie von Hans-Joachim Schlieker selbst zur Metapher: Gegen Trümmer und Versinkendes spielt ein Orchester an, Musik behauptet sich: Das Messing der Instrumente gegen die Tristesse von Verfallendem.

In der Oper sind reich angelegte Motive des Erinnerns und Vergessens. Diesen folgend wird der Fries, an des toten Feldherrn Taten erinnernd, dessen Grab verschließend und schmückend, zur stückbestimmenden Metapher, steingewordene Frage nach bewahrter Geschichte, nach dem Verhältnis

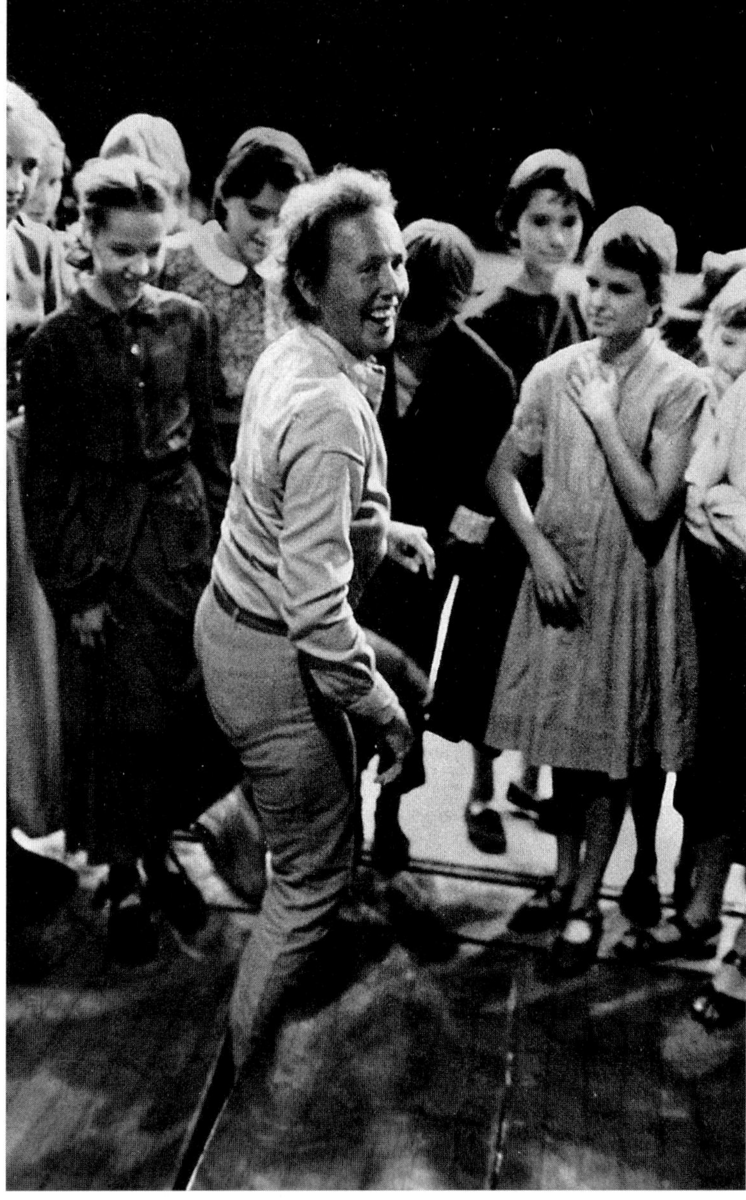

von Abbild und Abgebildeten. Das Ruhmespfand des toten Generals verändert seine Gestalt. Wenn der Fries auf Befehl und Veranlassung des Totenrichters in die Unterwelt hinabgerissen wird, hängen an ihm Fetzen und Schuhe der mit ihm herabstürzenden Sklaven, der Träger. Der Fries wird so zum Dokument: der Kultur *und* Barbarei. An dieser Ruhmespforte klopfen nun in der Unterwelt Kinder an, reißen die schmückende Hülle herab, schälen die Gestalten heraus: Anstelle der Abbildungen erscheinen die Abgebildeten. Der Totenfries des Siegers wird zur Auferstehungspforte der Besiegten. Die Erschlagenen, Verbrannten und Ertränkten verlassen ihre Pose in Stein. Das Material arbeitet an seiner Gestalt.

Lukullus wird in dieser Inszenierung der Weggang, wird das Nichts sogar verweigert. Eine große weiße Wand sperrt seinen Weg, sein Schatten wächst darauf, Zeichen dafür, daß nicht mehr nach Siegern und Besiegten zu unterscheiden ist, die Welt hat nunmehr einen gleichen Ausgang für alle. Unterscheidbar werden nur noch sein: Schon-Betroffene und Noch-nicht-Betroffene.

Abb. 27, 28
Probe: Wie man im Asphalt versinken kann. Ruth Berghaus mit dem Kinderchor der Deutschen Staatsoper Berlin
Fotos: Barbara Köppe

Abb. 29
Ruth Berghaus und Otmar Suitner, Dirigent der Uraufführungen von Paul Dessaus »Puntila«, »Einstein« sowie »Leonce und Lena«
Foto: Maria Steinfeldt

Am 2. Mai 1984 lud die Akademie der Künste der DDR zu einem Werkstattgespräch mit Ruth Berghaus zu ihrer »Lukullus«-Inszenierung ein.

Dem außergewöhnlich starken Interesse an Oper und dieser Inszenierung nachsinnend, fragte der Philosoph Wolfgang Heise Ruth Berghaus nach der Perspektive von Oper als Theater, und sie gab folgendes zu bedenken:

»Oper vereinigt unterschiedliche Künste. Das gibt Materialwiderstand, bringt die Elemente zur Reibung, und die vielfältigen Gestalten, Motive, Seiten, die in den Menschen und Dingen sind, können sich hervorkehren. Oper bedeutet, mit allen Sinnen und Gedanken dabeizusein, sich fortwährend auswählend, kombinierend zu verhalten. Schon Kinder sind mit hohem Wissen und großer Bildung ausgerüstet. Sollen sie ihre Fähigkeiten für unsere Sache anwenden, sind Entscheidungs- und Urteilsvermögen zu fördern. Oper als Theater kann das. Daher auch die Vielschichtigkeit der Inszenierung, die der Vielschichtigkeit von Text, Musik und Wirklichkeit entspricht. Das zu entdecken hat geholfen, den Dualismus der Handlung und den Glauben, mit einer bloßen Umkehr der Verhältnisse sei es getan, aufzuheben. Das war eine der Voraussetzungen, um diese Oper in dieser Zeit, in der Kriege sind auf der Welt und die Verurteilung eines Lukullus allein nicht ausreicht, zu inszenieren. Verschiedene, durch die Musik entdeckte – gleichzeitig, parallel und aufeinander bezogen erzählte – Fabeln geben eine Fülle von Zeichen und Angeboten, die man kombinieren kann.«

Im »Dialog am Abend«
Akademie der Künste der DDR, 2. Mai 1984

Abb. 30
Ruth Berghaus, die Haltung des Kirschbaumträgers ausprobierend, mit dem Produktionsleiter der Werkstätten der Deutschen Staatsoper Berlin Heinz Becker, dem Bühnenbildner Hans-Joachim Schlieker und der Kostümbildnerin Marie-Luise Strandt
Foto: Barbara Köppe

Abb. 31
Die realisierte Lösung: der Kirschbaumträger als Friesgestalt
Kirschbaumträger: Frank-Dieter Späthe,
Koch: Henno Garduhn, v. r. n. l.
Foto: Maria Steinfeldt

Abb. 32
Lukullus: Reiner Goldberg, die Kommentierende Frauenstimme: Christine Gloger

Abb. 33
Lukullus (Reiner Goldberg) im Schattenreich, vor dem Totengericht
Lehrer: Harald Neukirch, Bauer: Peter Olesch, Bäcker: Peter Menzel, Fischweib: Uta Priew, Totenrichter: Konrad Rupf, v. l. n. r.
Fotos: Maria Steinfeldt

Mit der Uraufführung des »Puntila« am 15. November 1966 wurde die Brecht-Woche der Deutschen Staatsoper Berlin »Brecht und die Musikdramatik« eröffnet, mit einer zweiten Vorstellung des »Puntila« und einer Aufführung der Schuloper »Der Jasager und Der Neinsager« in der Inszenierung von Ruth Berghaus ging sie zu Ende.

Der Gegenstand von Werk und Inszenierung betraf das anarchische, Welt und Menschen bewegende Streben nach Genuß. Herrn Puntilas Gelüste werden im Suff – und er ist oft in diesem Zustand – enorm gesteigert. Er wünscht sich alles, was ihm gehört und nicht gehört: Mägde und Knechte, Gutsbesitzerinnen und Frühaufsteherinnen, Seen, Wälder und Berge. Sein Appetit ist ansteckend, er macht den andern Laune, sie laufen ihm nach. Im Zustand der Nüchternheit aber wünscht sich Puntila nichts als nur noch sich selbst. Er hebt seine eigene Täuschung und die seiner Umwelt auf. Die Oper zeigt die Sauftour des Herrn Puntila von drei Tagen und drei Nächten, auf der ihn sein Knecht Matti begleiten muß. Diese fortlaufenden Unternehmungen steigern Puntilas Genuß, aber auch die ununterbrochene Arbeitszeit seines Chauffeurs von drei Tagen und drei Nächten. Auch auf Gut Puntila sind die Unternehmungen des Herrn gewaltig und die Arbeit seines Knechtes gleichermaßen.

Ruth Berghaus' Ansatz war, die Stückidee, Steigerung von Genuß, mit der Steigerung von Produktivität bei den Interpreten zu verbinden. Sie forderte die Staatsoperntechnik (Leitung: Günter Oppel) zu voller Leistungsstärke und kühnen Aktionen heraus: Ein fahrbares Automobil auf rotierender Drehbühne und schnelle Verwandlungen auf offener Szene. Ein Auto galt in der Realität der 60er Jahre in der DDR als Inkarnation von Schnelligkeit, Beweglichkeit, Unabhängigkeit, also von Luxus, Genuß. Ganz in diesem Sinne zog nun der Puntila von Reiner Süß in einer Dunstwolke aus Benzin, Lust und Laune auf der Staatsopernbühne alles hinter sich drein: Telefonmaste, Häuser, Hühner wirbelten vorüber.

Ein anderer Aspekt der Inszenierung war: 1966 galt es zu zeigen, daß es weder auf dem Hof des finnischen Gutsbesitzers Puntila noch sonstwo auf der Welt im Herr-Knecht-Verhältnis eine bleibende »Harmonie« und »Versöhnung« geben kann. Das Zusammenleben des Puntila mit seinem Chauffeur Matti ist quasi die Koexistenz zweier Gegensätze, das war auch ganz unmittelbar politisch zu verstehen.

Doch Szenen wie der Tanz des Puntila auf dem Aquavit reichten darüber hinaus. Auch für die »Puntila«-Oper gilt: Die Formel für Theater ist Geburt und Tod. Ein Effekt von Theater ist, wie mit der Furcht vor der letzten Veränderung, dem Tod, umgegangen wird. Es geschieht auf zwei Weisen: in der Komödie, indem man die Angst lächerlich macht; oder in der Tragödie, indem man sie feiert. Der Tanz des Puntila auf dem Aquavit wurde zu einer Auferstehungsfeier nach einem Saufgelage von zwei Nächten. Der komische Bezug zum Mythos der Wiedergeburt, der Auferstehung im Geiste oder aus dem Feuer (= Branntwein) wird von Ruth Berghaus offengelegt. Sie ließ ihren Puntila, Reiner Süß, am Kronleuchter, dem Licht des Lebens, klammernd, über den Abgrund von Flaschen leergetrunkenen Branntweins wandeln: »Der Herr kommt mit sich selbst aus, er hängt und ist auferstanden, ihn hält der Himmel und der Aquavit stößt ihn ab.« (Ruth Berghaus)

Die Szene ging in die Theatergeschichte ein.

Die Uraufführung der »Puntila«-Oper wurde nicht nur in Berlin als Einzug modernen Theaters in den Opernbetrieb begrüßt.

Im Juni 1986 gastierte das Ensemble im Theater an der Wien und zu den Festwochen in Florenz. Die Kritiker hier wie dort fanden ähnliche Worte. Marcel Rubin in der *Österreichischen Volksstimme*: »Was Ruth Berghaus mit ihrer Regie und Andreas Reinhardt mit seinen Bühnenbildern und Kostümen hier vollbracht haben, ist der Traum moderner Operninszenierungen.« Und Erasmo Valente in der *L'Unita*: »Es war eine Lektion über die Möglichkeiten des modernen Theaters.«

## Puntila

Oper von Paul Dessau
nach dem Volksstück
von Bertolt Brecht
»Herr Puntila
und sein Knecht Matti«

Als Oper bearbeitet von Peter Palitzsch und Manfred Wekwerth

Deutsche Staatsoper Berlin
15. November 1966
Uraufführung

Musikalische Leitung:
Otmar Suitner
Regie: Ruth Berghaus
Bühnenbild und Kostüme:
Andreas Reinhardt
Chöre: Christian Weber

Johannes Puntila, Gutsbesitzer: Reiner Süß
Matti Altonen, sein Schofför:
Kurt Rehm
Eva Puntila, seine Tochter:
Irmgard Arnold
Fredrick, ein Advokat:
Erich Witte
Die Schmuggler-Emma:
Gertrud Stilo
Die Apothekerin: Edda Schaller
Lisu, das Kuhmädchen:
Sylvia Pawlik
Die Telefonistin Sandra:
Erna Roscher
Laina, die Köchin:
Annelies Burmeister
Fina, das Stubenmädchen:
Christine Gloger
Eino, ein Attaché:
Henno Garduhn
Bibelius, Gutsbesitzer:
Martin Ritzmann
1. Gutsbesitzer:
Erich Siebenschuh
2. Gutsbesitzer:
Peter Olesch
3. Gutsbesitzer:
Henno Garduhn
Der Propst: Horst Hiestermann
Die Pröpstin: Elisabeth Rose
Fotograf: Horst Hiestermann
Händler: Peter Bindszus
Der Kümmerliche: Joachim Arndt
Der müde Ober:
Markwardt Grundig

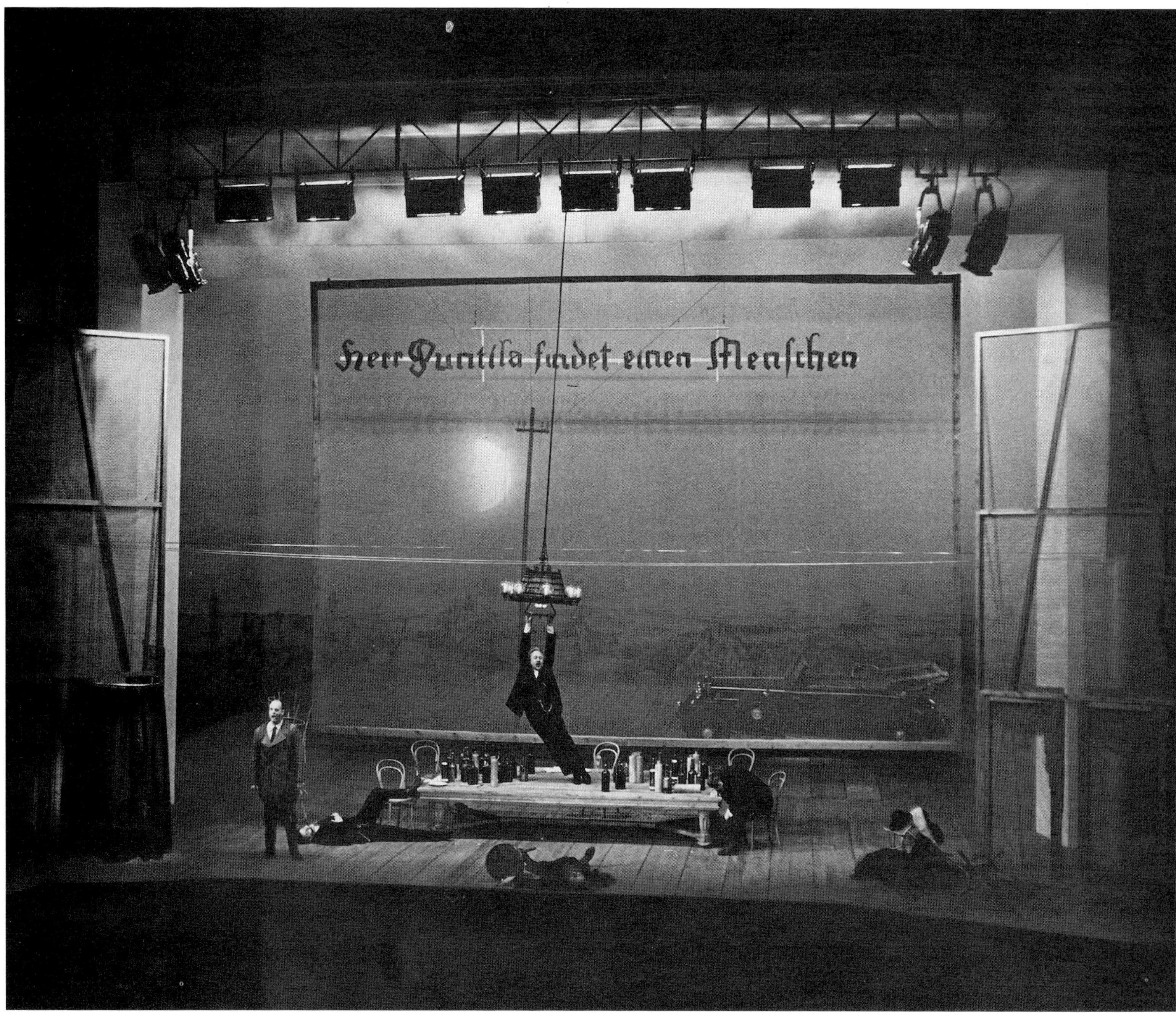


Abb. 34, 35
Eine Szene, die Theatergeschichte machte: Puntilas (Reiner Süß) Tanz auf dem Aquavit
Fotos: Marion Schöne

Abb. 36
Staatsoperntechnik in voller Aktion
Matti: Kurt Rehm,
Puntila: Reiner Süß,
Arbeiter: Chorsolisten
Foto: Marion Schöne

Abb. 37
Herr Puntila (Reiner Süß) verlobt sich mit den Frühaufsteherinnen.
Telefonistin: Erna Roscher,
Kuhmädchen Lisu: Sylvia Pawlik,
Apothekerin: Edda Schaller,
Schmuggler-Emma: Gertrud Stilo, v. r. n. l.
Foto: Maria Steinfeldt

Abb. 38
Während der Bühnenproben: Paul Dessau, Heiner Müller und Ruth Berghaus, v. l. n. r.
Foto: Maria Steinfeldt

Die »Lanzelot«-Oper nach einem Libretto von Heiner Müller signalisierte deutlich ein allgemeines Bedürfnis jener Zeit, den erreichten Gesellschaftszustand zu historisieren, sich klar zu werden, wie weit weg vom Alten und wie eng man noch mit ihm verbunden war. Erzählt wird von einer »versteinerten Zeit«, in der sich die Herrschaft eines Drachen auf der Ohnmacht vieler Menschen gründet, in der ein Heroe – Lanzelot – für die Freiheit der vielen kämpft, dabei in Bedrängnis gerät, weil die Unterdrückten ihre Ketten lieben. Er erfährt Solidarität und siegt als Individuum, wird aber als Idee vergessen, so daß neue Herrschaft weniger über viele entsteht. Lanzelot und seine Idee feiern Auferstehung, weil sich eine Frau ihrer erinnert. Frau und Mann bringen die Steine zum Tanzen.

Zur Diskussion standen Fragen von Belang: Empfindsamkeit für jedes Moment von Utopie im Alltag, die Macht des Menschen über den Menschen oder der Mensch als Schöpfer seiner selbst.

Elektronische Musik war an der Zeit. Dessau wußte das und kannte sie, doch musizierte er die Drachensphäre mit den Mitteln herkömmlicher Klangerzeugung, setzte einen gewaltigen Orchesterapparat ein, benutzte elektroakustische Verstärkung und Tonbandaufzeichnungen. Grenzt die Musik im orchestralen Bereich ans Chaotisch-Geräuschhafte, artikuliert sich der Drache vokal eher traditionell »altmodisch«. Es ging in dieser musikalischen Struktur um den Widerspruch zwischen technisch enorm gesteigerten Wirkungen und dem emotional und intellektuell unverändert gebliebenen Streben nach Macht. Das setzte die Szene ins Bild, das war eines ihrer Themen.

Ein anderes: Die neuen Machthaber errichten dem siegreichen Drachentöter ein Denkmal, gemeint als Kerker der rebellierenden Kraft, also Lanzelots und seiner Idee. Der andere rettet, muß sich nun selbst befrein. Lanzelot hatte den Stoff, aus dem Denkmale gemacht werden: Blut. Dieses floß im Drachenkampf, wurde seine zweite Haut. Als sie getrocknet war, stand das Denkmal. Wenn sich der Be-

## Lanzelot

Oper von Paul Dessau
Libretto Heiner Müller
nach der Märchenkomödie
»Der Drache«
von Jewgeni Schwarz

Deutsche Staatsoper Berlin
19. Dezember 1969
Uraufführung

Musikalische Leitung:
Herbert Kegel
Inszenierung: Ruth Berghaus
Bühnenbild und Kostüme:
Andreas Reinhardt
Chöre: Christian Weber

Lanzelot: Siegfried Vogel
Drache: Reiner Süß
Elsa: Renate Krahmer
Charlesmagne, ihr Vater:
Heinz Reeh
Bürgermeister:
Horst Hiestermann
Heinrich, sein Sohn:
Eberhard Büchner
1. Freundin: Sieglinde Jahn
2. Freundin: Renate Hoff
3. Freundin: Ingeborg Springer
Kater: Sylvia Pawlik
1. Arbeiter: Peter Bindszus
2. Arbeiter: Horst Lunow
3. Arbeiter:
Erich Siebenschuh
Medizinmann:
Erich Siebenschuh
Interpret: Harald Neukirch
Kunsthändler: Henno Garduhn
Esel/Sekretär: Joachim Arndt

Abb. 39
Büro
Drache: Reiner Süß,
Sekretär: Joachim Arndt,
Heinrich: Eberhard Büchner
Foto: Marion Schöne

freier selbst befreit, zerbricht seine alte Haut, das Denkmal: Dem Helden schneiden die eigenen Taten Wundmale ins Fleisch.

Lanzelot wurde zur Allegorie des Menschheitsbefreiers. Er und sein Denkmal krönten die terrassenförmige Siegestafel, die neue Gesellschaft im Jubel vereint, aber bereits in neuer Hierarchie erstarrt. Die Botschaft der Inszenierung: Der Kampf ist nicht zu Ende.

Abb. 40
Steinzeitsiedlung am See
Medizinmann: Erich Siebenschuh und Chor der Deutschen Staatsoper Berlin

Abb. 41
Fernsehraum
Der Drache (Reiner Süß) kontrolliert die Stadt
Lanzelot: Siegfried Vogel
Fotos: Marion Schöne

## Einstein

Oper in drei Akten, Prolog,
2 Intermezzi und einem Epilog
von Paul Dessau
Libretto: Karl Mickel

Deutsche Staatsoper Berlin
16. Februar 1974
Uraufführung

Musikalische Leitung:
Otmar Suitner
Inszenierung: Ruth Berghaus
Bühnenbild und Kostüme:
Andreas Reinhardt
Chöre: Ernst Stoy

Einstein: Theo Adam
Erster Physiker: Peter Schreier
Zweiter Physiker: Reiner Süß
Dicke: Jutta Vulpius
Dünne: Gertraud Prenzlow
Junger Mann: Harald Neukirch
Junge Frau: Ingeborg Springer
3 SA-Männer: Gerhard Frei
Günther Fröhlich, Ernst Gruber
Nasenlose Nutte:
Edda Schaller
SA-Mann: Heinz Reeh
Führorr: Kurt Rehm
Schwarze: Annelies Burmeister
Präsident: Henno Garduhn
3 Techniker: Günther Leib
Horst Lunow, Hasso Sieg
2 weiße GI's: Heinz Fricke,
Hellmut Jungs
3 schwarze GI's:
Peter Bindszus, Eberhard
Büchner, Harald Neukirch
4 Arbeiterinnen: Renate Hoff,
Hannelore Katterfeld,
Edda Schaller,
Ingeborg Springer
Der Chef (CIA-Mann):
Gerhard Schröter
Casanova: Eberhard Büchner
3 Richter: Gerhard Frei,
Ernst Gruber, Horst Lunow
Ein Kind: Nils Lunow
Hans Wurst: Horst Hiestermann
Büttel: Peter Olesch
Krokodil: Annelies Burmeister
und Olaf Mett
Galileo Galilei:
Günther Fröhlich
Giordano Bruno: Günther Leib
Leonardo da Vinci:
Martin Ritzmann

Dem Dichter und Librettisten Karl Mickel war an einer Auseinandersetzung mit Begriff und Wesen des bürgerlichen Humanismus gelegen. Er konstruierte klassische, modellhafte Situationen, in denen einsehbar wurde, wie Konflikte zwischen dem großen freien bürgerlichen Einzelwesen und seinem Staat entstehen, ausgetragen und gelöst werden: »Das Leben Einsteins von den dreißiger bis zu den vierziger Jahren ist der rote Faden der Handlung, ohne daß die Fabel der Biografie Zug um Zug folgte. Die menschliche Tragödie des Protagonisten besteht darin, daß er aus dem bürgerlichen Bewußtsein heraustritt, die imperialistische Welt nicht verläßt und innerhalb des bürgerlichen Bewußtseins, gegen die imperialistische Realität, den Humanismus zu bewahren trachtet – dazu ist dauernde, die Kraft des Einzelmenschen erschöpfende Anstrengung nötig. Trotz enormer Leistungen und besten Wollens kommt es zu Fehlhandlungen mit fürchterlichen Folgen. – Einstein gibt mit seinem Brief an Roosevelt (in der Oper der Gang zum Präsidenten) den Anstoß zur militärischen Nutzung der Kernenergie; dieser Schritt richtete sich gegen die faschistische Barbarei der deutschen und führte die amerikanischen Imperialisten zur Atombombe. Der Imperialismus gebiert den Faschismus; um Barbaren zu bekämpfen, wird die Mutter des Barbaren bewaffnet. Innerhalb des bürgerlichen Bewußtseins erzeugt das einen Konflikt, der die Seele des Humanisten zerreißen muß. Der alte Einstein zieht die, wieder bürgerliche Konsequenz: Er vernichtet seine neuen Forschungen ...« (Karl Mickel, Vorwort zu »Einstein«)

Eine Szene dieser Uraufführungsinszenierung wurde sofort als ein exemplarisches Beispiel begriffen und beschrieben. Einer von drei SA-Männern zerspellt zur Szenenanweisung »hacken das Zimmer klein« mit großer Sorgfalt und handwerklichem Geschick ein Holzbein bis auf den letzten Scheit, während die anderen zwei das Zimmer verwüsten. Spannung entstand, weil hier nicht nur blinde Wut tobte, sondern scharfen Auges und mit kaltem Verstand Zerstörung geübt wurde. Das erst gab den szenischen Kontrapunkt zur Musik. Dessau zitiert mit emotionsgeladener Gestik Bachs Dorische Toccata, kontrapunktiert sie mit den zerstörten Klängen des Chorals »Vom Himmel hoch, da komm ich her«, erinnert akustisch, was außer dem Mobiliar im Zimmer Einsteins noch zugrunde gerichtet wurde.

Buchstäblich groß in Szene gesetzt wurde der Wechsel der Optik. Um den Blick wach und frisch zu halten, durchschnitt Karl Mickel seine Szenenfolge mit Intermezzi (dazu Prolog und Epilog), in denen der alte, von Gottsched von der Bühne verbannte Hans Wurst Auferstehung feiert. Das wird auf der Szene ganz wörtlich genommen, die Hans-Wurst-Szenerie steigt aus der Unterbühne herauf, mit ihr diese Figur des nichtliterarischen Volkstheaters, die durch die Jahrtausende gegangen ist, vom Wilden Jäger bis zum Harlekin reicht: Totgesagt, totgeschwiegen, aber nicht totzukriegen. Das Besondere aber: Die Elemente des nichtliterarischen, des »anderen Theaters« wurden nicht auf die Szenen des Hans Wurst beschränkt, sondern mit der dem Jahrmarkttheater eigentümlichen lapidaren Zeichenhaftigkeit war auch die »hohe« Kunstebene, das »bürgerliche Trauerspiel«, behandelt.

Einstein in seinem Arbeitszimmer ist wie Hieronymus im Gehäuse, aber es liegt ihm kein Löwe bei, sondern er ist von den Blutopfern, den Leichen der Barbarei – zufällig liegengeblieben – umgeben. Ordnung im Kleinen, Gesetzlosigkeit im Großen. Der schwere Entschluß, die Entscheidung zur Emigration in »Nacht« und auf »Freiem Feld«, hat zum Ort einen Kilometerstein. Einstein darauf sitzend, wie ein Hausierer, die Geige neben sich. Mit einem Stab Formeln in den Staub malend: »Jetzt muß ich – – gehn«, er bricht den Stab. Wer spricht hier sein Urteil über wen, wessen Schicksal wird hier besiegelt?

Der Volkstheatertradition entsprechend wurden Wortspiele in Szene gesetzt. Das In-Blut-Waten hinterläßt Spuren, das Rot kriecht die Hosenbeine empor, das Blut, in dem man badet, hat man an den Händen.

Krokodilstränen: Krokodil und Hans Wurst Aug in Aug. Sich zu retten, erzählt der Kaspar Witze. Das Krokodil lacht Tränen. Sein Opfer läßt es trotzdem nicht aus. Dem Gestapokeller entkommt man nur als Leiche oder durch ein Wunder. Der Physiker, der vom Führorr für die Wunderwaffe abkommandiert wird, liegt bereits auf eigener Grabplatte, das Grabkreuz schon aufgerichtet, ein lebender Leichnam. Die Existenz des Hans Wurst wurde als Gang auf dem Ra-

siermesser groß in Szene gesetzt: »Ich lebe gern« – doch Aug in Auge mit dem Tod.

Andreas Reinhardts Bühnenbild war so lapidar wie kunstvoll, von zeichenhafter Strenge und fast organischer Empfindsamkeit, schwarze Tücher auf weißem Grund. Von Ruth Berghaus so genutzt: Sie pulsieren vor dem weißen Rundhorizont, umhüllen die Bühne bis hin zum Orchestergraben – Graben wie Grab –, schmeicheln, schützen, recken sich hoch, verschließen, sperren, reißen auf, reißen ein. Der Atombombenabwurf: Wellend und leckend fällt das schwarze Tuch körperhaft langsam zusammen, und die Sonne ist schwarz auf einem fürchterlichen Weiß. Das visuelle Äquivalent für die komponierte Stille.

Zur theaterhistorischen Leistung dieser Uraufführungsinszenierung gehört die Besetzung. Das Ensembleprinzip befand sich auf der Höhe der Zeit. 62 Rollen waren zu besetzen, darunter befanden sich Sänger wie Theo Adam, Eberhard Büchner, Annelies Burmeister, Horst Hiestermann, Peter Schreier und Reiner Süß.

Die Uraufführungsinszenierung hatte Wirkung, die Oper »Einstein« zählte jahrelang zu den erfolgreichsten Berliner Einstudierungen eines zeitgenössischen Werkes. Gastspieleinladungen, so 1976 nach Florenz zum XXXIX. Maggio Musicale Fiorentino und 1979 zu den Dresdner Musikfestspielen, machten sie darüber hinaus bekannt.

Abb. 42
Garderobengespräch Ruth Berghaus – Theo Adam vor einer Aufführung des »Einstein«
Foto: Barbara Köppe

Abb. 43
Einstein (Theo Adam):
»... Die schöne Sonne verglüht, totes Gestirn, weglos und ohne Strahl ...«
Foto: Marion Schöne

Abb. 44
Hans Wurst (Horst Hiestermann), vom Krokodil (Annelies Burmeister) gefressen

Abb. 45
Epilog: Büttel (Peter Olesch) und Krokodil in gutem Einvernehmen. Hans Wurst (Horst Hiestermann) verkündet seine Lehre aus Tod und Auferstehung:
»... ich lebe gern.«

Abb. 46
Im »Führorr-Hauptquartier«
Zweiter Bote: Joachim Arndt,
Führorr: Kurt Rehm,
Alter Physiker: Reiner Süß,
Junger Physiker: Peter Schreier,
v. l. n. r.

Abb. 47
Pausenvorhang: Blick auf Staatsoper von Humboldt-Universität aus
Fotos: Maria Steinfeldt

Abb. 48
Nach der Uraufführung im Apollo-Saal der Deutschen Staatsoper. Hans Pischner, Gret Palucca, Ruth Berghaus, Luigi Nono, Paul Dessau, v. l. n. r.
Foto: Marion Schöne

Abb. 49
»Leonce und Lena«
Deutsche Staatsoper Berlin, 1979
Lena: Carola Nossek, Gouvernante: Edda Schaller, Leonce: Eberhard Büchner, v. l. n. r.
Foto: Maria Steinfeldt

Paul Dessau setzte mit seiner letzten Oper ein neues Beginnen. Mit ihr begründete er seine Art eines philosophisch-diskursiven Operntheaters. Er ordnete sich in musikalischer und gedanklicher Struktur in einen durch die Jahrhunderte währenden Diskurs ein, der den Menschen als Teil einer universellen Entwicklung darstellt. Zwei Meister dieses Diskurses, Johann Sebastian Bach und Baruch Spinoza, sind ins musikalische Gewebe verstrickt. Die Protagonisten, Leonce und Lena, Valerio und Gouvernante sind in sich ruhende, mit sich selbst beschäftigte und sich selbst genügende Figuren, zugleich ist jede mit jeder in einem ständig wechselnden Prozeß des Annehmens und Abstoßens, gesellen sie sich einander in einer in Worten noch nicht oder nicht mehr, dafür in Musik aussprechender Weise.

Es ist eine leise Oper mit vielen komponierten Pausen und komponierter Stille.

Gegenstand der Uraufführungsinszenierung war das Unterwegs-Sein. Darstellbar war zu machen, wie, über räumliche und zeitliche Entfernungen hinweg, Menschen sich in bloßen Gedanken, in der Imagination begegnen und dabei Hoffnungen und Ängste ganz real erfahren; wie diese reiche innere Realität der Gefühle und Gedanken mit der sozialen Wirklichkeit sowie den Zwängen der eigenen und fremden Existenz zusammenstößt.

Auf die diskursiv-philosophische Struktur der Musik reagierte die Szene mit einer gestisch-gegenständlichen. Durch ein fein gesponnenes Beziehungsgefüge von gestisch-gegenständlichen Wiederholungen und Variationen wurden Analogien zwischen Vorgängen und Haltungen geschaffen, konnte die Gleichzeitigkeit des Ungleichzeitigen anschaulich gemacht werden.

## Leonce und Lena

Oper von Paul Dessau nach dem gleichnamigen Lustspiel von Georg Büchner
Text von Thomas Körner

Deutsche Staatsoper Berlin
24. November 1979
Uraufführung

Musikalische Leitung: Otmar Suitner
Inszenierung: Ruth Berghaus
Ausstattung: Marie-Luise Strandt
Chöre: Christian Weber
Dramaturgie: Sigrid Neef

König Peter vom Reiche Popo: Reiner Süß
Prinz Leonce, sein Sohn: Eberhard Büchner
Prinzessin Lena vom Reiche Pipi: Carola Nossek
Valerio: Peter Menzel
Die Gouvernante: Edda Schaller
Rosetta: Brigitte Eisenfeld
Der Schulmeister: Henno Garduhn
Der Landrath: Günther Leib
Der Hofprediger: Günter Kurth
Der Präsident des Staatsrathes: Peter Olesch
Der Ceremonienmeister: Günther Fröhlich
Kammerdiener, Hofmeister: Joachim Arndt
Bauern: Hasso Sieg, Klaus Koschutzky, Heinz Fricke, Rolf Krause, Kurt Rothkamm, Jürgen Freude, Reimund Nawroth, Horst Moye, Siegfried Hofmann, Reinhard Wochnik, Lutz Prockat, Manfred Gesell
Staatskapelle Berlin, Staatsopernchor

Abb. 50
... Oder Büchner, der in
Zürich starb
100 Jahre vor deiner Geburt
Alt 23, aus Mangel an Hoffnung.
Heiner Müller
(geschrieben für Ruth Berghaus' abgebrochene Inszenierung von Büchners »Dantons Tod« 1977 am Berliner Ensemble)

Büchners Motto
»E la fama? – E la fame?«
(»Und der Ruhm? – Und der Hunger?«)
Carola Nossek, Henno Garduhn, Peter Menzel, Eberhard Büchner, v. l. n. r., und Staatsopernchor
Foto: Marion Schöne

An die Mitglieder des Chores
der Deutschen Staatsoper Berlin
10. März 1986

Liebe Kolleginnen und Kollegen!

Daß Sie nun alle schon 165 Jahre alt werden, hätte ich nicht gedacht (der Chor feierte 1986 sein 165jähriges Bestehen, S.N.).

Aber es muß schon was dran sein, denn so lange ich an Opernarbeit denke, denke ich auch an Sie. Ob es nun »Lukullus« oder »Don Giovanni«, »Wozzeck«, »Barbier«, »Einstein«, »Leonce und Lena«, »Puntila«, »Lanzelot«, »Freischütz«, »Idomeneo«, »Titus« – die Gastspiele nicht zu vergessen! – ist, ich kann keine Zusammenarbeit besonders hervorheben oder zurückstellen. Und doch kann ich nicht umgehen, Ihnen für Ihre Arbeit an den Uraufführungen der Paul Dessau Opern meine ganz besondere Hochachtung zu zollen und meinen Dank zu sagen.

Die besten Traditionen der Deutschen Staatsoper Berlin haben Sie nicht nur verteidigt, Sie haben Neues geprägt. Das macht Sie zu einem der besten Opernchöre der Welt.

Ich bin stolz, daß auch meine Arbeit mit der Ihren zusammenfließt. Ich versuche, Ihnen zu sagen, worin die besondere Qualität unseres Zusammenwirkens beruht:

1. Ihr Können, Ihre Fantasie, Ihre Aufmerksamkeit
2. Ihre Geduld und Ungeduld bei der Lösung auch schwieriger szenischer Vorgänge
3. Ihre Fähigkeit zu aktiver Mitarbeit
4. Ihre unerbittlichen Fragen nach dem Realitätsgehalt jedes Taktes, der darzustellen ist, oder des Zusammenhanges des Details mit dem Stück
5. Ihr Humor
6. Ihre Disziplin
7. Unser gemeinsames Lachen!
   Es soll uns nicht vergehen.

Ruth Berghaus

# Oper im Diskurs

Trennung der Elemente und Szenische Metapher
»Elektra« 1967 und 1986, »Der Barbier von Sevilla« 1968 und 1974,
»Der Freischütz« 1970, »Die Fledermaus« 1975

Wenn individuell belangvolle und historisch bedeutsame Erfahrungen einen Künstler veranlassen, seine Ästhetik konsequent in einer bestimmten Richtung voranzutreiben und dies für die Gattung neue beziehungsweise vergessene Möglichkeiten eröffnet, entstehen Diskurse: über die Notwendigkeit von Veränderung. Diese sind wesentlich für die Entwicklung von Kunst. Für die Gattung Oper hat Ruth Berghaus Mitte der 60er Jahre diesen Diskurs eröffnet.

Das Prinzip der Trennung und Selbständigkeit der Elemente bildet den tragenden Gedanken.

Die Gattung Oper ist in besonderer Weise dazu geeignet, die widersprüchlichen Seiten in den Dingen, Menschen und Verhältnissen aufzuspüren, finden sich doch in ihr unter allen theatralischen Gattungen die meisten und verschiedenartigsten Künste zusammen. Jede von ihnen kann auf ihre Weise das Thema erzählen, so die Einheit der Gegensätze zur Anschauung bringen. Das war der Vorschlag, den Ruth Berghaus mit ihren Operninszenierungen machte. Für das Schauspiel hatte Bertolt Brecht bereits in den 20er Jahren auf solche Möglichkeiten aufmerksam gemacht. Der Theoretiker Brecht sprach zuerst von einer Trennung und Selbständigkeit der Elemente, später, in Auswertung der Arbeit am Berliner Ensemble, von einem Kollektiv selbständiger Künste.

Es ist eine grundsätzliche Entscheidung, ob die Künste und Elemente in ihrer Selbständigkeit belassen und zur Reibung gebracht werden oder nach dem Prinzip Walter Felsensteins etwa zur Übereinstimmung. Der Streit geht darum, wie und ob sich das Getrennte, in selbständige Teile Zerfallende zu einem prozessualen Ganzen formt und fügt.

Als Regisseurin der Opern Paul Dessaus war Ruth Berghaus unumstritten, schärfer noch: Ihre Arbeitsmethode hier blieb undiskutiert.

Daneben aber hatte sie bis 1971 an der Staatsoper Berlin »Elektra« 1967, »Der Barbier von Sevilla« 1969 und »Der Freischütz« 1970 inszeniert. So vorbehaltlos die Anwendung ihrer Prinzipien für die Interpretation von Dessaus Opern bejaht wurde, so strikt wurde deren Anwendung für die Aneignung der Werke des Erbes verneint.

Hauptpunkt der Kritik war und ist die Frage nach der Rolle und Funktion von Musik bei einer solchen Trennung und Selbständigkeit der Elemente. Unterstellt wird, daß der Musik dabei lediglich eine die Situation oder Figuren entlarvende oder kritisierende Rolle zugewiesen werde. In diesem Zusammenhang werden die Begriffe Verfremdung und Kommentarfunktion der Musik verwendet, beide Prinzipien darauf eingeschränkt, an der Entlarvung kritikwürdigen Verhaltens mitzuwirken. Pointiert gesagt, die Musik wird in ein Rollenschema gezwängt, mit dem sie dem Reichtum des klassischen Erbes tatsächlich nicht entspricht.

Daher – so die Argumentation – wären die Prinzipien von Ruth Berghaus zwar für Werke Dessaus und anderer an Brecht orientierter Komponisten anwendbar, nicht aber für solche, die diesem Umkreis nicht entstammten. Opern des 18. und 19. Jahrhunderts seien davon ausgeschlossen.

Die Zeit hat solches Urteilen außer Kraft gesetzt. Die Inszenierungen des »Barbier von Sevilla« und des »Freischütz« stehen seit Jahrzehnten erfolgreich im Repertoire, die Berliner »Elektra« war 1967 ein Skandalon, die nach den gleichen Prinzipien erarbeitete Dresdner Einstudierung 1986 wurde als »Elektrissima« angenommen.

Für die Aneignung des Erbes bedeutet das Prinzip der Trennung und Selbständigkeit zum Beispiel: Texte mehr oder minder bekannter Librettisten, hießen sie nun Metastasio oder da Ponte, Bretzner oder

Kind, Hofmannsthal oder Sterbini als Kunst zu behandeln, Worte und Wendungen nicht auszutauschen, wegzulassen oder zu verändern, wenn sie sich sperren, Schwierigkeiten bereiten. Das gilt sinngemäß auch für den musikalischen Text. Musik und Wort in ihrer jeweiligen Dimension unangetastet lassen, heißt, auftretende Spannungen und Widersprüche nicht zu nivellieren, sondern für die Darstellung und das Kenntlichmachen der vielen unterschiedlichen Schichten eines Werkes zu nutzen. So entsteht eine polyphone, diskontinuierliche Erzählstruktur, mit deren Hilfe der Reichtum des Werkes zur größtmöglichen Anschaulichkeit gelangen kann.

Das Wort Szenische Metapher wurde auf das Schaffen von Ruth Berghaus Mitte der 70er Jahre das erste Mal angewandt, entstand unmittelbar aus den Erfahrungen mit den Inszenierungen des Schauspiels »Die Mutter« und der Oper »Einstein«. Es wirkt sinnerhellend für das Gesamtschaffen, weil es am Ausgangspunkt ihres Arbeitens, an Brechts Trennung der Elemente, anschließt und zugleich die ästhetische Weiterentwicklung verdeutlicht. Ziel der Metaphernbildung ist das Vergleichen und Herstellen von Relationen und Analogien. Kontraste sind überall und offenbar. Es genügt, sie festzustellen. Analogien aber sind verborgen, man muß sie entdekken.

Das Wort Metapher ist alt. Es kommt aus der Rhetorik und Poetik. Bei Quintilian, in der klassischen Rhetorik, ist die Metapher ein verkürzter Vergleich, das alte Beispiel lautet: »Achill war ein Löwe in der Schlacht.« Das neuere, berühmt gewordene heißt: »Er läuft ja wie ein offenes Rasiermesser durch die Welt. Man schneidet sich an ihm!« Nach des Aristoteles Klassifikation sind Entsprechungen jeglicher Art Metaphern, als solches sind sie Formen des Vergleichens, der Relation- und Analogiebildung, und in diesem Sinne wurden sie durch Ruth Berghaus auf der Opernbühne des 20. Jahrhunderts eingeführt.

Ein Beispiel und Vorgriff auf ihre Inszenierung des Singspiels »Die Entführung aus dem Serail«. Konstanze, die ihren Belmonte liebt, gerät in Gefangenschaft, wird vom Verlobten getrennt und von einem türkischen Herrscher gekauft, der um sie wirbt und dessen Leidenschaft sie nicht kalt läßt. Ihr Konflikt: den neuen Mann zu lieben und den alten auch. Vor Ruth Berghaus haben schon andere Regisseure einen Stuhl in einen sonst leeren Raum gestellt und damit Wirkungen erzielt. Das allein erklärt noch nicht, warum der weiße Küchenstuhl in der Frankfurter »Entführung« so berühmt geworden ist. Der Stuhl wird Konstanze vom Bassa wie ein Thron angeboten, und sie nimmt diesen Platz an; setzt sich: ein Bein untergeschlagen, ein Bein auf dem Boden, halb Orientalin, halb Europäerin. Der Bassa zieht seine Kreise um diesen Ort. Wenn er dann seinen Kopf in ihren Schoß legt (»Kummer ruht in meinem Schoß«), verletzt er diesen der gefangenen Frau gewährten Frei-Raum, doch nähert sich der Usurpator kniend. Ihrer Besitznahme entzieht sich Konstanze durch die Flucht. Die der Frau gegenüber unterdrückte Gewalt trifft nun den Stuhl. Die komplexe erotische, Macht und Liebe verbindende Beziehung zwischen Konstanze und Bassa wird so zur Anschauung gebracht. Der Thron, das klassische Herrschaftssymbol und der Küchenstuhl, Zeichen für die Fesselung der Frau an Küche und Herd, substituieren sich. Der Küchenstuhl wird wie ein Thron behandelt, es bildet sich zwischen realem und erspieltem Objekt eine Entsprechung und somit im Sinne der klassischen Rhetorik eine Form der Metapher.

17. Februar 1967
Deutsche Staatsoper Berlin

Von Heiner Müller ließ sich Ruth Berghaus die von Kindes-, Vater- und Muttermord bewegte Geschichte des Atridengeschlechts aufschreiben. Als »Elektra«-Text ging er in die Literaturgeschichte ein. Schwarz auf weiß stand er 1967 auf dem Eisernen Vorhang, von Achim Freyer gemalt, dem Publikum vor Beginn des Spiels zur Ansicht freigegeben und sich ins Finale hinein senkend. Der Orchestergraben in gleißender Helle, der Blick frei auf Scheinwerfer und das Bühnenhaus bis hin zur Brandmauer. Die Szene war ein Podest, und auf dem Brettergeviert entfalteten sich im hellen Licht menschliche Beziehungen ohne jegliches illusionistisches Beiwerk: Kalkweiß geschminkte Gesichter, Masken, denen die Leidenschaften eingegraben waren; reiche, phantastische, erzählende Kostüme: Klytämnestra schwer tragend am blaß-grünen Schmuck auf reichem Ornat, Elektra in kostbarer Trauer unterm schäbigen Fellkleid, Orest im blau verhüllenden Umhang, Aegisth am roten Königsmantel tragend. Die Bewegungen verlangsamt, an den Stil fernöstlicher Theater erinnernd, zurückgehaltene Spannung, und dann der Kontakt ein Aufeinanderprallen. Elektra wie ein verwundetes Tier zwischen Haß, Ohnmacht und Zärtlichkeit. Die Musik konnte sich selbständig entfalten, bekam Raum, ein Gemälde seelischer Zustände zu geben, nichts wurde in Mimik oder Gestik übersetzt. Dafür ein ganzer Bewegungskanon erfunden: Treten, Schlagen, Ducken, Kriechen einerseits, Umarmungen, Berührungen, Streicheln andrerseits: Die hochstilisierten und formalisierten Bewegungen waren zugleich ganz elementar. Die eisige Distanz wurde erzählt, aber auch die Sehnsucht nach Nähe. Es gab die schützende Umarmung der von Ängsten geschüttelten Mutter durch die ihr mörderisch gesinnte Tochter. Und es gab keinen Triumph- oder Wahnsinnstanz am Schluß. Vielmehr: Aegisth liegt erschlagen. Unruhe und Umschwung unter den Dienern. Elektra ergreift die prächtige Hülle, trägt schwer am Königsmantel, schleppt sich ein paar Meter weit, bricht unter der Last des Mantels zusammen. Zu schwach für die Macht.

Ruth Berghaus war mit dieser Inszenierung für den kurz vor Probenbeginn verstorbenen Wieland Wagner eingesprungen. Es war ihre erste Einstudierung eines »Opernklassikers«. Der Zugriff kühn, gemessen am landläufigen Opernrepertoire.

Die Berliner Kritiker waren schockiert. Dies sei eine Inszenierung gegen ein ungeliebtes, daher denunziertes Werk. Die Überschriften waren von den Redaktionen entsprechend gewählt. Manfred Schubert in der *Berliner Zeitung* vom 20. 2. 1967 »Gegen die Musik inszeniert«, Hansjürgen Schaefer im *Neuen Deutschland* vom 24. 1. 1967 »Inszenierte Strauss-Kritik?«, Ernst Krause in *Musik und Gesellschaft*, Heft 5 von 1967 »Elektra mit Fragezeichen. Mißlungener Strauss-Abend in der Deutschen Staatsoper.«, Hans-Jochen Irmer in *Theater der Zeit*, Heft 9 von 1967 »Eine Konterinszenierung«.

Nach nur sechs Aufführungen verschwand die Inszenierung noch im selben Jahr aus dem Spielplan der Deutschen Staatsoper Berlin.

## Elektra

Oper in einem Aufzug
von Richard Strauss
nach dem Text
von Hugo von Hofmannsthal

Deutsche Staatsoper Berlin
17. Februar 1967

Musikalische Leitung: Otmar Suitner
Regie: Ruth Berghaus
Bühnenbild und Kostüme: Andreas Reinhardt
Choreinstudierung: Christian Weber

Klytämnestra: Martha Mödl
Elektra: Ingrid Steger
Chrysothemis: Ludmila Dvorakova
Aegisth: Ernst Gruber
Orest: Theo Adam
Der Pfleger des Orest: Hans-Joachim Lukat
Die Vertraute: Elisabeth Rose
Die Schleppenträgerin: Rosemarie Rönisch
Ein junger Diener: Horst Hiestermann
Ein alter Diener: Gerhard Frei
Die Aufseherin: Ilona Papenthin
Mägde: Gertraud Prenzlow, Annelies Burmeister, Edda Schaller, Jola Koziel, Ingeborg Wenglor
Dienerinnen: Eva Fischer-Suhr, Hanna Gellrich, Traute Mierke, Sigrid Schild, Thekla Pielert, Dörte Trausch

Abb. 51
Programmheftumschlag von Achim Freyer

Abb. 52
Die Geschichte der Atriden, von Heiner Müller für diese Inszenierung aufgeschrieben, von Achim Freyer auf den Eisernen Vorhang gemalt

Abb. 53
Klytämnestra: Martha Mödl, Elektra: Ingrid Steger
Fotos: Maria Steinfeldt

Abb. 54
Elektra: Ingrid Steger
Foto: Maria Steinfeldt

Abb. 55
Klytämnestra: Martha Mödl,
Elektra: Ingrid Steger
Foto: Maria Steinfeldt

## Elektra

Oper in einem Aufzug
von Richard Strauss
nach dem Text
von Hugo von Hofmannsthal

Staatsoper Dresden
Semperoper
15. Juli 1986

Musikalische Leitung: Hartmut Haenchen
Inszenierung: Ruth Berghaus
Bühnenbild: Hans-Dieter Schaal
Kostüme und Requisiten: Marie-Luise Strandt
Choreinstudierung: Hans-Dieter Pflüger
Dramaturgie: Sigrid Neef

15. Juli 1986
Staatsoper Dresden Semperoper

Lautete 1967 die günstigste Meinung über die Berliner »Elektra«-Inszenierung, daß es über den Ausgang des Experimentes keine einheitliche Meinung geben könne, hatte sich zur Inszenierung 1986 an der Semperoper Dresden die Situation grundlegend verändert. Wieder war die Meinung einhellig, nun aber ihrem Inhalt nach ganz anders. »Elektrissima« schrieb Peter Zacher nach der zweiten Aufführung am 30. 7. 1986 in der Dresdner Zeitung *Union* und brachte damit die bei Rezensenten wie Publikum herrschende Begeisterung auf den Punkt.

Wie war es zu dieser Veränderung gekommen, was machte den unumstrittenen und anhaltenden Erfolg dieser dritten »Elektra«-Inszenierung von Ruth Berghaus aus? (Der Berliner Einstudierung war 1980 noch eine weitere in Mannheim gefolgt.)

1967 stand Ruth Berghaus am Anfang ihrer konsequent und kompromißlos betriebenen Opernarbeit; 1986 war diese international anerkannt. Ihre Anfänge waren vom Vor-Urteil begleitet, wer einmal bei Brecht lernte, sei für immer fürs Emotionale verloren, übe sich lediglich im kalten Zergliedern. Erstaunt stellte nun 1986 der Strauss-Spezialist Ernst Krause in seiner Rezension im *Neuen Deutschland* vom 21. Juli fest: »Jede Figur wie gemeißelt, eindeutig. Stellte sich bei so strenger Lesart bei allen die große Erschütterung ein? Der nicht enden wollende Beifall am Premierenabend sprach dafür.«

Entscheidend war auch, daß Weltstars wie Ute Vinzig als Elektra und Theo Adam, der bereits 1967 den Orest gegeben hatte, respektvoll und wissend die konzeptionellen Gedanken realisierten, mit dem Reichtum ihres Könnens und ihrer Persönlichkeit den Reichtum der Konzeption ganz individuell und überzeugend entfalteten.

Das mußte das Dresdner Publikum besonders überzeugen. Dieses Publikum wurde mit seinem traditionell gewachsenen, bewahrten und gepflegten Kunstverständnis selbst zu einem entscheidenden Faktor dieses Erfolges. Es begann bereits damit, daß beim Neubau der Semperoper, dem einstigen Uraufführungstheater der »Elektra«, die Orchesterwanne zu klein geraten war und für 126 Musiker zu wenig Raum bot. Doch die Dresdner wollten 1986 endlich »ihre« »Elektra« wieder auf der Bühne sehen, nachdem seit 1945 ausschließlich konzertante Aufführungen stattgefunden hatten.

Ruth Berghaus schlug dem Intendanten Gerd Schönfelder vor, das Orchester auf der Bühne zu plazieren, die Sänger zwischen oder über den Musikern, gliederte die Szenenabläufe zusätzlich nach Gesichtspunkten der Instrumentation, und so traten die kammermusikalischen Strukturen dieses 126 Mann starken Orchesters hervor. In dem Dirigenten Hartmut Haenchen und den Musikern der Staatskapelle Dresden fand sie engagierte Mitstreiter für ihr ungewöhnliches Projekt.

Der Bühnenbildner und Architekt Hans Dieter Schaal fand eine Lösung. Er schuf ein Objekt, einen hochragenden Bau von drei Etagen mit Winkeln, Ekken, Nischen, Vorsprüngen – hart, kantig, heutig und geheimnisvoll. An dessen Fuß wurde das Orchester konzentriert, Teil des Objekts und zugleich abgehoben vom dramatischen Geschehen darüber, auf den Etagen. Der Turm war ein Zeichen: für einen Teil des großen, weitverzweigten Palastes in Mykene, eines Palastes in südlicher Landschaft, zugleich ein Zeichen für das Grundthema von Werk und Inszenierung: Warten, Unentfliehbarkeit, ein Ort, an dem Elektra ausgesetzt ist, festgemacht zwischen Himmel und Erde. Ausschau hält nach Orest, nach der Hilfe, der Rache von außen. Hat Elektra einen exponierten Sitz rechts vorn am Rande zum Abgrund, wie auf einem Sprungbrett, thront links oben, weit von ihr, auf einem unbesteigbaren Steg das Bild der Iphigenie, der von Agamemnon in Aulis geopferten Schwester. Hatten Journalisten fremder Städte ihre Schwierigkeiten mit diesem Frauenbildnis, die Dresdner kannten Anselm Feuerbachs Gemälde, und sie hatten auch gleich den Spruch parat: »Das Land der Griechen mit der Seele suchend.«

Im Volksmund wurde Hans Dieter Schaals Objekt, diese Architektur-Metapher, kurz »der Sprungturm« genannt; und auch damit bezeugten die Dresdner ihr Vermögen, solches zu entziffern, die zwischen Mensch und Erde waltende lebensgefährliche Spannung zu assoziieren und ins rechte Wortbild zu bringen.

Ruth Berghaus' Interesse an »Elektra« hatte 1986 einen neuen Akzent. Es interessierte sie 1986, was das für Menschen sind, die da warten, darauf warten, daß andere etwas machen, und was bei einem solchen Warten mit den Menschen geschieht, wie Warten und Rachsucht am Leben hält und zerstört. Zugleich rückte sie noch stärker als schon 1967 und 1980 das Familiendrama in den Blickpunkt, die allen Figuren eigene Sehnsucht nach Zärtlichkeit, nach Zusammenkommen und wie die Rachsucht das Aufeinanderzukommen zerschmettert, den Kontakt zerbricht. Die Frage nach Rache als tauglichem oder untauglichem Mittel wollte sie groß und ungelöst weitergeben ans Publikum. Mit Orests Mord kommt Bewegung in dem sonst so stummen Palast auf, aber welche: Elektra stirbt, auch hier unterm Mantel der Macht des Vaters zusammenbrechend, doch dafür haben die Überlebenden das Warten angenommen, der ganz Turm ein Warten jetzt, die Augen abschirmend blicken sie herab und hinaus. Orest steigt hernieder, durchquert das Orchester, wie ein Automat, auch er wartend, zum Morden erzogen. Was wird aus Menschen, aus einer Welt, die auf Rache festgelegt ist?

Eigenwillig wie die Architektur-Metapher Hans Dieter Schaals waren auch die Kostüme von Marie-Luise Strandt, erzählende Kostüme wie schon 1967 und doch ganz anders und anderes erzählend. Die Elektra in grauer Zwangsjacke, wie ein Hund am Sprungturm festgemacht, gefangengehalten, aber auch vor dem Sprung hinab in die Tiefe zurückgehalten. Klytämnestra ist ohne jedes antikisierende Beiwerk auf ihren tragischen Grundton gebracht: sich gegen Alter wie Ängste durch modische »Bräuche« schützen wollen. Die enge schwarze Hülle schreit gegen das aufquellende Fleisch der Arme, die rote Perücke gegen das alternde Gesicht an. Es sind Kostüme und zugleich Erfindungen, das Wesen der Figuren auszudrücken.

Klytämnestra: Gisela Schröter
Elektra: Ute Vinzing
Chrysothemis: Helga Thiede
Aegisth: Günter Neumann
Orest: Theo Adam
Der Pfleger des Orest: Hans Hamann
Die Vertraute: Hermi Ambros
Die Schleppenträgerin: Eleonore Elstermann
Ein junger Diener: Helmut Henschel
Ein alter Diener: Rolf Wollrad
Die Aufseherin: Helga Termer
1. Magd: Annette Jahns
2. Magd: Elvira Puschkarowa
3. Magd: Elisabeth Wilke
4. Magd: Gabriele Auenmüller
5. Magd: Birgit Fandrey

Abb. 56
»Elektra« an der Semperoper, die Mägdeszene
Elektra: Lia Frey-Rabine, oben
Foto: Maria Steinfeldt

Die hohe Musikalität der »Elektra«-Inszenierung war ein Verdienst der Staatskapelle Dresden und ihres Engagements für Werk und Inszenierung, zugleich aber auch ein Ergebnis der Methode, die einzelnen Elemente – Musik, Bild, Spiel – zu trennen, um sie selbständig erzählen zu lassen. Denn der Reichtum und die nervöse Schnelligkeit der Partitur von Richard Strauss konnte nur durch die Musik allein mitgeteilt werden, die von Strauss angelegte Gleichzeitigkeit und Widersprüchlichkeit von Gesagtem und Gedachtem, Erinnertem und Antizipiertem, Gefürchtetem und Gewünschtem, also die Widersprüche und die Spannungen in den Gefühlen und Gedanken der handelnden Personen.

Das 1967 mißtrauisch beobachtete Experiment stand 1986 nicht mehr in Zweifel.

Sie inszenieren das Werk nicht zum ersten Mal. Wie hat sich Ihre Sicht auf die Titelfigur verändert?

Ruth Berghaus: Es ist das dritte Mal, und mit jeder Inszenierung ergeben sich neue Aspekte. 1967 in Berlin war es mir wichtig, die sozialen Aspekte, die Hierarchie zu betonen. Und die Brutalität im Stück, die bis zum Blutrausch führt, zu dämmen. Wir müssen auch fragen, welchen Teil aus der großen, weitverzweigten Atridengeschichte Hofmannsthal und Strauss ausgewählt haben. Der Machtwechsel vom Matriarchat zum Patriarchat, ein wesentlicher Punkt im Bericht der Orestie, hat schon stattgefunden. Elektra will das nicht wahrhaben. Ich war 1967 sehr vorsichtig, habe bei meiner Arbeit sehr grelle Lichter gesetzt. Schnelle Identifikation des Publikums sollte nicht möglich sein – das ist geglückt.

Was ist nun heute anders?

Ruth Berghaus: Die Musik analysiert oder beschreibt nicht nur die Figuren in ihrer Feindseligkeit, sondern sie signalisiert gleichzeitig Wünsche und Hoffnungen nach Zusammengehörigkeit, Müdigkeit des Zwangs zur Rache. Die kammermusikalischen Teile – man muß die Musik durchsichtig bekommen – können bestimmte Akzente setzen, Hoffnung auf Versöhnung betonen.

Arbeiten Sie auch heute wieder gegen die Identifikation?

Ruth Berghaus: Wann habe ich das je getan? Überhaupt nicht. Aber es ist die Frage, welche Identifikation für uns heute wichtig ist, welche Emotionen das weckt, was wir machen, welche Gefühle berührt werden. Natürlich auch, welche Gefühle mit negativem Vorzeichen wach werden. Das ist ein Politikum, wissen Sie. Und das ist meine Haltung nicht nur auf dem Theater. Die eigene Erfahrung wird da eingebracht. Anders kann man es dem Sänger und Schauspieler gar nicht deutlich machen. Alltag, Geschichtsprozesse, mythische Begriffe und Überlieferungen, Tradition sind ineinander verwoben. Aber gelegentlich muß auch der Mythos wieder in den Alltag geholt werden, und darüber gibt es in der marxistischen Forschung leider nicht sonderlich viel Material.

Welcher Art ist die Sehnsucht der Elektra?

Ruth Berghaus: Da ist die Vaterbindung; er soll zurückgeholt werden vom Tod im Geiste. Das Kind hat sich noch nicht abgenabelt. Strauss hat das genau komponiert. Das Agamemnon-Motiv wird bei Elektra oft vom Orest-Motiv abgelöst. Das Agamemnon-Motiv zersplittert und das Orest-Motiv schiebt sich nach. Und das will heißen, daß nun alles auf den Bruder projiziert wird. Das tritt auch ein, wenn Chrysothemis die Nähe der Schwester sucht. Elektra ist das nicht bewußt.

Repräsentiert das Werk nicht eigentlich auch einen Wendepunkt in der Kompositionsgeschichte?

Ruth Berghaus: Doch, ja. In der Klytämnestra-Szene ist Schönberg drin. Aber da ist natürlich auch noch viel Tradition, aber keine starre. Eher eine, die lebendig weitergeht, zu den Gurre-Liedern etwa. Ein riesiges Orchester, alles verdoppelt, verdreifacht. Es platzt aus den Nähten, aber es ist nicht in Monumentalität umgeschlagen. Aber es drängt nach Umbruch.

Ist damit die Lesart heute eine andere?

Ruth Berghaus: Mich interessiert heute besonders das Warten der Elektra-Figur. Was ist das: sich ausschließen, ausgeschlossen sein, werden. Isolation: fixiert auf Schuld der anderen, Beharren auf dem Unänderbaren im Innern des Palastes. Und einziger Wunsch: Hilfe von außen. Zerstört werden und selbst zerstören: Macht und Ohnmacht der inneren Emigration. Die Figuren sind durch Sehnsucht zueinander verbunden. Trotz aller Überhöhung der großen Geschichte ist es auch ein Familiendrama, eine Alltagsgeschichte. Die Feindseligkeit an sich ist für alle tödlich.

Das läßt stärkere Individuation, mehr Privates vermuten?

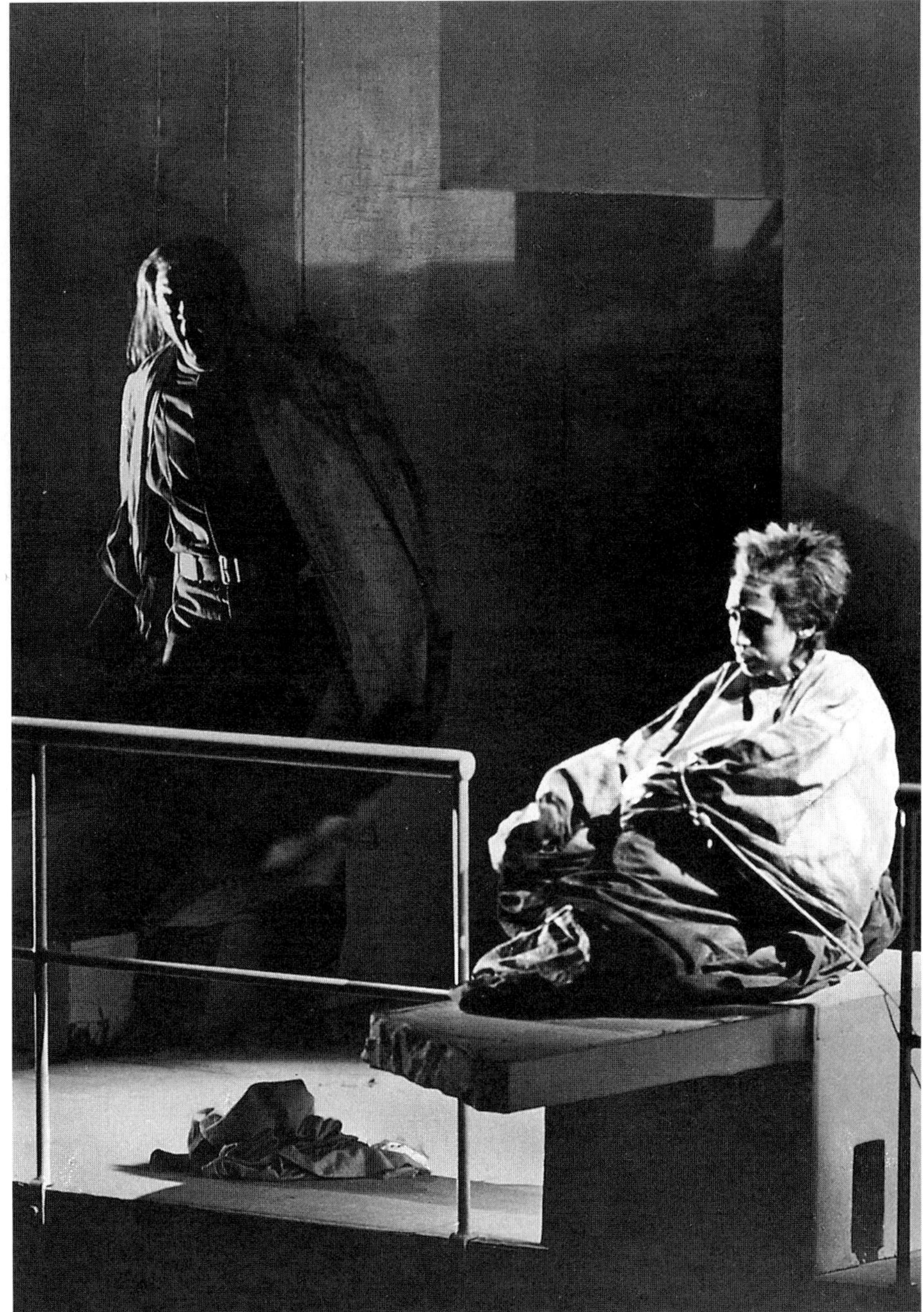

Abb. 57
Elektra: Lia Frey-Rabine,
Orest: Theo Adam
Foto: Erwin Döring

Ruth Berghaus: Das ist dem Stück immanent. Wir haben die große Legende. Hofmannsthal betont psychoanalytische Momente. Familie und große Geschichte stehen im Verhältnis zueinander, und deshalb trenne ich Privates und Politik nicht. Das sind große Vorgänge und Verflechtungen, aber was bringt die Tat zum Durchbruch? Racheakt als politisches Mittel? Das macht nachdenklich heute. »Elektra« ist eins der genialsten Werke unseres Jahrhunderts. Da steckt unwahrscheinlich viel drin. Auch in der Musik ist so vieles versteckt, und jetzt haben wir endlich die Kapelle und den Dirigenten dafür. Das ist für mich auch eine Motivation, es hier in Dresden wieder zu machen. Die Art des Musizierens gestattet, die Figuren anders zu führen, als wenn der Klang rauschhaft aus dem Graben kommt. Es klingt anders.

Nicht mehr das große dunkle Geheimnis eines Klanges aus der Tiefe des Grabens!

Ruth Berghaus: Ja, und dadurch überschaubarer, hörbar das Differenzierte.

Im Gespräch mit Peter Zacher, *Union Dresden*, 16. Juli 1986

Theo Adam
Bereicherung der eigenen Gestaltung

Meine persönlichen Erfahrungen aus der Zusammenarbeit mit Ruth Berghaus objektiv zu schildern, ist gar nicht so einfach. Ich könnte es mir leicht machen und eine einseitige Laudatio über meine große Regiekollegin schreiben. Aber damit würde ich der Persönlichkeit dieser außerordentlichen Theatermacherin wohl nicht gerecht.

Da kam in den 60er Jahren eine junge, beherzte Frau uns Opernleuten der Deutschen Staatsoper Berlin »ins Gehege« und blies mit frischem, beinahe zu stürmischem Wind den in Jahren angesetzten Staub gewisser Aufführungstraditionen von einigen uns wohlvertrauten Opern hinweg. Natürlich waren Publikum und Interpreten darüber schockiert, und es dauerte schon seine Zeit, bis wir uns den an Brecht orientierten Interpretationsstil und die in einer Oper neuartige Darstellungsweise zu eigen machen konnten. Ja, selbst heute noch, wo wir »Berghaus-geschult« durch manches Regie-Wechselbad gegangen sind, versteht es »Ruthchen«, unser emotional und traditionell dahinfließendes Opernblut in unseren Adern zeitweise erstarren zu lassen!

Aber welcher Unterschied besteht heute bezüglich der Rezeptionsbereitschaft des Publikums, wenn man die beiden Berghaus-Inszenierungen der »Elektra« aus dem Jahre 1967 in Berlin und 1986 an der Dresdner Semperoper vergleicht! Hier zeigt es sich, daß die jahrelange, konsequente Art, ihren progressiven Interpretationsstil unbeirrt zu vertreten, insofern Erfolg hat, daß das Publikum bereit ist, sich von festgefahrenen Opernkonventionen zu lösen. Natürlich gibt es dabei auch unterschiedliche Ergebnisse, die selbstkritische Regisseurin wird das sicher nicht bestreiten. Da gibt es Werke des Opernrepertoires des 20. Jahrhunderts, die ihrer analytischen Interpretationsweise mit manchen inszenatorischen Raffinements besonders entgegenkommen. Ihre Konsequenz, Klarheit und Einfachheit bis zum Äußersten zu erreichen, dabei in Gesten und choreographischen Aktionen bewußte szenische Kontrapunkte zur Musik zu setzen, hält andererseits nicht jedes »klassische« Werk aus. So erscheint uns dann manche vertraute Oper schon einmal »gegen den Strich gebürstet«. Ich glaube nicht, daß Ruth Berghaus provozieren will, dazu ist sie eine viel zu ernsthafte, integre Künstlerin. Aber es ist ihr Anliegen, das Publikum zum Nachdenken darüber zu zwingen, was das betreffende Werk uns heute noch zu sagen hat. Sie fordert wache Mitarbeit, versucht eine große Aussage mit einfachen Mitteln – und überfordert dabei hin und wieder auch unsere Fantasie!

Bei aller kritischen Distanz bedeutet die bisherige und künftige Zusammenarbeit mit Ruth Berghaus für mich immer eine Bereicherung meiner darstellerischen und regielichen Arbeit. So gründlich sie sich auf ihre jeweilige Inszenierung vorbereitet, so klar und kompromißlos sie ihre Auffassung vom vorliegenden Werk vertritt, interessiert sie sich doch stets für die Meinung des Interpreten und nimmt Vorschläge, die sängerischer Erfahrung entspringen, dankbar an und verarbeitet sie.

So empfand ich z. B. unsere »Einstein«-Premiere 1974 an der Deutschen Staatsoper Berlin als einen Glücksfall der produktiven Zusammenarbeit zwischen einem Regisseur und seinem Protagonisten. Wir suchten gemeinsam nach Lösungen, die unkonventionelle Rolle des Einstein, in der von mir als Darsteller ganz bestimmte – opernferne – Haltungen gefordert wurden, als eine Gestalt mit Widersprüchen durchschaubar zu machen, ohne ihr menschliches Format zu beschädigen. Das gelang in der Abschiedsszene von der Heimat mit einer bewegenden, großen Aussage durch Beschränkung auf das Wesentliche: Der große Gelehrte saß auf einem Kilometerstein hilflos wie ein Hausierer, neben sich seine geliebte Geige, und zerbrach ein Weidenstöckchen, mit dem er eben noch Formeln in den Sand geschrieben hatte. Dieser »Bruch« war ein endgültiger Abschied. Einstein sang: Jetzt muß ich gehn – – und blieb sitzen. Konnte man besser ausdrücken, wie schwer ihm ums Herz war?

Das sind für einen emotionsgeladenen Opernsänger beglückende Augenblicke kooperativer Zusammenarbeit mit dem Regisseur, deren es im »Einstein«, schon vom Charakter der Titelfigur her, viele gab. In einem Buch, das Auskunft über Ruth Berghaus geben soll, darf daher auch folgender Aspekt nicht fehlen: Alle Kollegen, die mit ihr in Ost und West zusammenarbeiten, loben bei aller anstrengenden Probenarbeit immer die angenehme Atmosphäre, ihre Lauterkeit und menschliche Ausstrahlung und Bescheidenheit – ihre Freude über eine kooperative Mitarbeit der Sänger. Und was das Wichtigste ist: Man kann die Erfahrungen, die man in einer Berghaus-Regie hie und da sammelt, immer in anderen – konventionellen – Aufführungen und Rollen als Bereicherung der eigenen Gestaltung einbringen. So war für mich die Arbeit am Einstein z. B. eine hilfreiche und notwendige Vorstufe zu so ungewöhnlichen Rollen des zeitgenössischen Musiktheaters wie Brechts Baal oder Berios Theaterprincipal Prospero in »Un Re in ascolto«.

So gesehen, freue ich mich auf meine nächste Arbeit mit Ruth Berghaus in »Moses und Aron« von Arnold Schönberg!

21. November 1968
Deutsche Staatsoper Berlin

Die Intendanz der Deutschen Staatsoper Berlin gedachte, den 100. Geburtstag des italienischen Komponisten Gioacchino Rossini am 13. November 1968 mit einer Inszenierung seines »Barbier von Sevilla« zu begehen. Einen Zweifel daran, ob man dieses Melodrama buffo in den Spielplan aufnehmen sollte, konnte es in diesem Falle nicht geben, denn der »Barbier« ist als musikalisch-technisches Meisterwerk beliebt, bei dem man sich daran gewöhnt hatte, eine Handlung nach der Schablone und Komik »aus der Retorte« hinzunehmen. Das Ensemble der Staatsoper war für seine hervorragenden Sänger berühmt, es hatte mit Otmar Suitner einen neuen ehrgeizigen Generalmusikdirektor, der Erfolg war mithin programmiert. Er stellte sich auch ein, wenn auch auf andere Weise als erwartet.

Ruth Berghaus nahm den Auftrag an, aber nicht, ohne nach dem Wert des Gegenstandes zu fragen, an dem sich eine so meisterhafte Musik entzündet. So entdeckte sie im »Barbier« eine Opera buffa, in der sich Volkstheater und Opernkunst verbinden.

## Der Barbier von Sevilla

oder »Die unnütze Vorsicht«

Komische Oper in zwei Akten
von Cesare Sterbini
Musik von Gioacchino Rossini

Deutsche Staatsoper Berlin
21. November 1968

Musikalische Leitung:
Otmar Suitner
Inszenierung: Ruth Berghaus
Gesamtausstattung:
Achim Freyer
Chöre: Siegfried Völkel

Graf Almaviva: Peter Schreier
Bartolo, Doktor und
Vormund Rosines: Reiner Süß
Rosine, sein Mündel: Sylvia Geszty
Figaro, Barbier:
Wolfgang Anheisser
Basilio, Musiklehrer:
Gerhard Frei
Marzelline, Haushälterin bei
Bartolo: Gertraud Prenzlow
Fiorillo, Diener Almavivas:
Horst Hiestermann
Ambrosio, Diener Bartolos:
Jürgen Dahms
Ein Offizier: Heinz Reeh
Ein Notar: Jürgen Dahms

Abb. 58
Titelpartie hier Horst Lunow
Foto: Maria Steinfeldt

Abb. 59–64
Barbier: Wolfgang Anheisser (61, 62),
Hermann Prey (64),
Graf Almaviva: Peter Schreier (59, 60, 63, 64),
Rosina: Sylvia Geszty (62, 63),
Doktor Bartolo:
Reiner Süß (60, 61),
Basilio: Siegfried Vogel (64),
Marzellina:
Gertrud Prenzlow (64),
Fotos: Marion Schöne (59–63),
Maria Steinfeldt (64)

Die Inszenierung wurde zu einer Wiedergeburt der streng gebauten Kunstform Oper aus dem Geist der italienischen Stegreifkomödie, der Commedia dell'arte. Das Komödiantische wurde gegen die Klamotte, die Tradition gegen die Konvention mobilisiert: In der Jagd nach Liebe, Glück und Geld werden Interessen verhüllt und enthüllt, dem Komödischen gemäß wird Sein gegen Schein ausgespielt.

Auf anmutige Art griff der Maler Achim Freyer, hier der Bühnenbildner, dieses Thema in seiner Weise auf. Weiße, zart grau und perspektivisch getuschte Flächen geben vor, Gegenstände zu sein. Vier Kronleuchter hängen an der Rampe aus einem barocken Wolkenhimmel mit stürzendem Amor herab, durchbrechen kräftig-gegenständlich dieses Prinzip, mit ihnen wird den Leuten ein Licht aufgesteckt, wenn das Lüftchen der Verleumdung auf der Bühne weht. Die illusionistische malende Gewittermusik Rossinis macht auf heitere Weise realen Effekt: Die Wände des Bartolo-Hauses heben sich und flattern als Tücher im Sturm der Musik: Die Wände tanzen. Das von Graf Almaviva für die angebetete Rossina bestellte und bezahlte Ständchen wird von Musikern auf der Szene hingebungsvoll ausgeführt, wenngleich deren Instrumente in keiner Weise mit den aus dem Orchestergraben tönenden übereinstimmen. Auch auf akustischer Ebene Irritation, was ist Schein, was ist Sein. Alles ist trügerisch, nur eins steht fest: Hier will sich jeder sein Stück vom großen Kuchen abschneiden: erotisch, sozial, finanziell.

Das ernste Thema – harter Existenzkampf, jeder für sich und gegen alle – wird komödiantisch gelöst, also entkrampft. Zu dieser Entkrampfung gehört auch, soziale Verstrickungen als gemachte, machbare und lösbare aufzuhellen. Almaviva zum Beispiel löst sich aus jeder Schlinge. Wenn es dem Grafen an den Kragen geht, gibt er sich als Aristokrat zu erkennen, und schon liegt ihm a tempo das Militär zu Füßen, das ausgeschickt war, ihn festzunehmen. Vor allem aber: Figaro ist nicht a priori der Spielmeister, er muß sich immer wieder selbst dazu machen. Das »Faktotum der großen Welt« ist er nur, solange man ihm das glaubt. Mit seiner großen Auftrittsarie muß er sich beglaubigen, vor allem vor dem Publikum. Das ist vom Komponisten so gemeint und wird von jedem Sänger entsprechend begriffen, gesungen und gespielt. Wer als Figaro mit der Auftrittsarie versungen hat, hat den Abend über vertan. Entsprechend mußte 1968 in der Staatsoper Figaro dieses Sich-produzieren-Müssen ohne jedes ablenkende oder beschönigende Beiwerk Aug in Auge mit der »Bestie«, dem Publikum ausmachen, vorn auf dem Souffleurkasten, nichts zwischen sich und dem Orchestergraben.

Die Stärke des ersungenen Beifalls bestimmt Figaros Wert – in der Realität wie auf der Bühne, denn in seinem Rücken wird er belauscht. Die Höhe seines Soldes hängt von der Gunst der Stunde, vom eigenen Vermögen, aber auch vom Zufall ab. Singen selbst wird zum Abenteuer, dessen Ausgang nicht nur vom Verlauf des Stückes, sondern ebenso von der Tagesdisposition des Sängers und der jeweiligen Gestimmtheit des am Abend versammelten Publikums entschieden wird.

Ein jeweils typischer Bewegungsduktus gab den Figuren starke Charakteristika: Trippelschrittchen und gespreizter Hahnengang für den lüstern-geilen Bartolo (Dottore) und raumgreifende, beutegierige Sprünge für den von seiner Behendigkeit lebenden Figaro (Arlecchino), steifes Kreuz für den Mann der Kirche (Basilio). Das sehnsüchtig flatternde Herz als flatterndes Händepaar: So grüßt am Fenster die eingesperrte Rosina ihren Almaviva. Das erotische Händespiel verlieh dem Liebespaar Charakter ohne zu psychologisieren.

Rossinis Werk wurde aus dem Geist des italienischen Volkstheaters neu geboren.

Diese Konzeption gelang dank glänzender Sänger wie Wolfgang Anheisser, Gerhard Frei, Sylvia Geszty, Reiner Süß und Peter Schreier.

Es soll gerade deshalb nicht vergessen werden, daß diese Arbeit 1968 auf massive Ablehnung durch die Fachkritik stieß. Tonangebend war der Rezensent der für die hauptstädtische Öffentlichkeit wichtigen *Berliner Zeitung* Manfred Schubert. »Die Inszenierung von Ruth Berghaus erregt Ärgernis – aber im Grunde genommen kein produktives. Nichts ist dagegen einzuwenden, das Stück auf fast leerer Bühne im Stil der Commedia dell'arte spielen zu lassen, prinzipiell auch nichts gegen den geschmackvollen Einsatz der Mittel szenischer Verfremdung; alles jedoch gegen eine Inszenierung, die das Objekt der

15

Darstellung der Sinnlosigkeit verdächtigt und dem Publikum einreden möchte, daß man diese angeblich leere Gesangs-Artistik doch nicht ernst nehmen könne und sie dementsprechend auf einem Podest lächerlich zur Schau stellen bzw. die Ensembles möglichst an der Rampe ablaufen lassen müsse. Abgesehen davon, daß diese eigentlich *perfide Haltung* (Hervorhebung, S.N.) dem konventionellen, von Stendhal geprägten Rossini-Bild eines lediglich frivolen, schlagfertigen, aber ungeistigen Weltmannes entspringt, hat es sich in den vergangenen Jahrzehnten hinreichend erwiesen, daß mit Plattitüden, Klamauk und circensischer Komik der feinen Rossinischen Komik nicht beizukommen ist, sondern nur eine unzulässige Vergröberung bewirkt wird.«

Vielleicht hätte sich die Leitung der Staatsoper nach dieser am 26. November 1968 erschienenen Kritik wieder verunsichern lassen, wenn nicht der Premierenbeifall von 20 Minuten und der Kartenverkauf ökonomisch unumstößlich für diese Inszenierung gesprochen hätten. Einen Monat nach der Premiere erschien dann im *Neuen Deutschland* eine zustimmende Kritik des Kulturredakteurs Hans-Joachim

Abb. 65–69
Barbier: Wolfgang Anheisser (67, 68),
Graf Almaviva: Peter Schreier (65, 66),
Rosina: Sylvia Geszty (66),
Doktor Bartolo: Reiner Süß (67, 69),
Basilio: Gerhard Frei (67),
Fiorillo:
Horst Hiestermann (65)
Fotos: Marion Schöne

Kynaß. Damit war ein Ventil geöffnet, dem angestauten Druck des Publikums nachzugeben, und die Redaktion der *Berliner Zeitung* publizierte drei Tage nachdem das *Neue Deutschland* mit seiner Kritik »grünes Licht« gegeben hatte, einen ausführlichen Leserbrief unter der Überschrift »Für mich war es ein Erlebnis«, der mit den Sätzen endet: »Bei aller Toleranz gegenüber einem Kritiker, der vom musikwissenschaftlichen Standpunkt aus seine Meinung sagt, möchte ich doch abschließend bemerken: Auch er kann sich irren, das ist möglich; aber was ich nicht ganz begriffen habe, ist, daß er der Regisseurin eine ›perfide Haltung‹ unterstellt. Das ist unsachlich und in diesem Falle wohl auch unberechtigt.«

Es vergingen siebzehn Jahre, bis ausgesprochen wurde, daß sich in der Konfrontation der Standpunkte zwei Grundformen des Operntheaters gegenüberstanden, davon war die eine sehr jung und begann gerade ihren Weg, und die andere war schon länger unterwegs. Dieter Kranz eröffnete seine Erinnerungen an die »Barbier«-Premiere in der Rubrik »Aufführungen, die Geschichte machten« am 8. 9. 1985 in der Zeitschrift *Sonntag* mit den Sätzen: »Nach der Generalprobe sagte mir ein Staatsopern-Mitarbeiter: ›Wenn *das* Erfolg hat, dann ist Felsensteins Musiktheater tot!‹ Am folgenden Abend gab es häufig Szenenbeifall, gefolgt von Schlußovationen für das ganze Ensemble und Bravochören für die Regisseurin, gemischt mit jenen Buh-Rufen, die von diesem Tag an zum obligatorischen Ambiente fast jeder Berghaus-Premiere in der Staatsoper gehören. War Felsensteins Musiktheater nun wirklich tot? Gewiß nicht! Aber es hatte, selber in Wandlung begriffen, eine kräftige Konkurrenz und gleichzeitig einen wichtigen Verbündeten im Kampf gegen den alten Opernschlendrian bekommen.«

Unabhängig und doch in Korrespondenz zu diesen Auseinandersetzungen trat das Publikum für diese Inszenierung ein, ließ sich seinen Spaß nicht nehmen, und es gewann das Gefecht. Die Inszenierung blieb im Spielplan, wurde auf Gastspielen der Staatsoper bis hin nach Japan gezeigt, befindet sich noch nach zwanzig Jahren im Repertoire.

Abb. 70
Doktor Bartolo: Reiner Süß
Foto: Marion Schöne
Abb. 71
Rosina: Reri Grist,
Graf Almaviva: Claes-Haakan Ahnsjö
Foto: Sabine Toepffer

26. November 1974
Bayerische Staatsoper München

Vier Jahre nach dem Berliner »Barbier« inszenierte Ruth Berghaus Rossinis Meisterwerk noch einmal, vom Intendanten Günther Rennert an die Bayerische Staatsoper nach München eingeladen. Die Premiere fand unter dramatischen Umständen statt.

Beifallsstürme für den Dirigenten Silvio Varviso und die Sänger, Buh-Rufe für die Regisseurin und ihren Bühnenbildner Andreas Reinhardt, und das nicht nur am Schluß, sondern bereits nach der Ouvertüre. Andreas Reinhardts Bühnenbild löste den Skandal aus. Wie Achim Freyer drängte auch er auf spielerischen Umgang mit Realitäten. Das Haus des Doktor Bartolo war eine Chiffre für eingesperrte Weiblichkeit, ein überdimensionaler weiblicher Torso. Den Frauenleib erklimmend, sucht sich der Aristokrat Zugang ins Bürgerhaus. Rosina selbst reagiert auf dieses Suchen, öffnet von innen, an der Stelle, wo das Herz sitzt, und schaut durchs Fenster des Herzens auf den Liebsten heraus. Daran nun entzündeten sich die Emotionen des Bayerischen Premierenpublikums. Auch in München erfüllte sich die Konzeption dank solcher Sänger wie Hermann Prey (Figaro), Reri Grist (Rosina), Claes-Haakan Ahnsjö (Almaviva), Thomas Tipton (Bartolo), Margarethe Bence (Marzellina) und Kieth Engen (Basilio) mit komödiantischem Spaß und Spiellaune.

Die kontroverse Diskussion betraf einen aktuellen und wesentlichen Punkt der Theaterentwicklung überhaupt. Vordergründig ging es um den Streit Charakterkomödie contra Typenkomödie, in Wahrheit aber um die Entscheidung zwischen Oper als Ensemblekunst oder als Startheater.

Die internationale Entwicklung war bereits im Gange: weg vom Ensembletheater, hin zur schnellen marktgängigen Produktion mit ad hoc engagierten Sängern. Charakterkomödie, was auch immer man darunter verstand, gab dem Sänger die Möglichkeit eines Al-fresco-Stils im Großen, Ausfeilung individuell charakterisierender Details, bei weitgehender Unabhängigkeit vom Spiel des Partners auf der Bühne. Ruth Berghaus setzte auf Zusammenspiel, das hieß präzise Ausformung im Großen wie im Kleinen.

Peter Schreier hat seine Arbeit mit ihr unter diesem Aspekt beschrieben und wählte nicht zufällig als Beispiel die Einstudierung des »Barbiers von Sevilla«: »Ich schätze ihre große Sensibilität, die sie bei der Probenarbeit mit einem Heer von Männern und unwilligen Künstlern manchmal hinter einer rauhen Schale verbirgt. Ich schätze an ihr, der ich in der Personenführung von ihr abhänge, die Menschlichkeit, die sie mir entgegenbringt. Sie versucht nichts durchzusetzen, wenn es gegen die innere Überzeugung des Sängers ist. Auch wenn man sich gegen gewisse Dinge sträubt, wie es bei mir zum Beispiel während der Inszenierung des ›Barbiers von Sevilla‹ war, man gelangt dann doch mit ihr zu einem Punkt, wo man sich mit dem von ihr Gewollten identifiziert. Aber nicht, weil sie sich durchzusetzen versucht, sondern das sanfte Prinzip der Überzeugung walten läßt. In keiner Weise formalistisch, ist sie ungeheuer beweglich und läßt sich vom Augenblick inspirieren. Das ist ein ganz wichtiges Moment, was manchmal verfemt wird, wenn eine Produktion unter Zeitdruck steht.«

## Der Barbier von Sevilla

oder »Die unnütze Vorsicht«

Komische Oper in zwei Akten
von Cesare Sterbini
Musik von Gioacchino Rossini

Bayerische Staatsoper
Nationaltheater München
26. November 1974

Musikalische Leitung:
Silvio Varviso
Inszenierung: Ruth Berghaus
Ausstattung: Andreas Reinhardt
Chöre: Wolfgang Baumgart

Graf Almaviva:
Claes-Haakan Ahnsjö
Bartolo, Doktor der Medizin:
Thomas Tipton
Rosina, dessen reiches Mündel:
Reri Grist
Figaro, Barbier: Hermann Prey
Basilio, Rosines Musiklehrer:
Kieth Engen
Fiorillo, Almavivas Diener:
Gerhard Auer
Ambrosio, Diener Bartolos:
Hermann Sapell
Marzellina, Bartolos alte
Dienerin: Margarethe Bence
Ein Offizier: Franz Klarwein
Ein Notar: Hermann Sapell

## Der Freischütz

Romantische Oper
in drei Aufzügen
Text von Friedrich Kind
Musik von Carl Maria von Weber

Deutsche Staatsoper
4. Juli 1970

Musikalische Leitung:
Otmar Suitner
Inszenierung: Ruth Berghaus
Bühnenbild und Kostüme:
Andreas Reinhardt
Chöre: Siegfried Völkel

Ottokar, böhmischer Fürst:
Horst Lunow
Kuno, Erbförster:
Gerhard Frei
Agathe, seine Tochter:
Jola Koziel
Ännchen, eine junge
Verwandte: Renate Hoff
Kaspar, erster Jägerbursche:
Kurt Moll
Max, zweiter Jägerbursche:
Martin Ritzmann
Ein Eremit: Theo Adam
Kilian, ein reicher Bauer:
Horst Hiestermann
Brautjungfern:
Sieglinde Jahn,
Sylvia Pawlik,
Edda Schaller,
Ingeborg Springer
Samiel, der schwarze Jäger:
Reiner Süß

Die Jubiläumsfeierlichkeiten zum 200. Geburtstag Beethovens brachten 1970 ein »Fidelio«-Jahr und in diesem eine »Freischütz«-Inszenierung von Ruth Berghaus, die Fragen nach Opernregie auslöste, die nicht nur den Charakter der deutschen Romantik betrafen. Mit dem »Freischütz« war im Schatten des »Fidelio« die Frage nach der deutschen Nationaloper, damit nach geschichtlicher und poetischer Authentizität gestellt. Die Diskussion um die Nationaloper war die Folie, um an der Poesie Wirklichkeitserfahrung und an der inszenatorischen Phantasie ihre Bewältigung zur Sprache zu bringen. Der Eremit war nicht der Minister, sein Einspruch gegen des Fürsten Verdammungsurteil – anstelle eines Probeschusses hinfort ein Probejahr – bedeutet nicht die Lösung des Konfliktes, sondern dessen Vertagung. Die Herausforderung der Inszenierung war, daß hier Geschichte nicht als Allegorie der Gegenwart, Gegenwart nicht als gelöstes Rätsel der Geschichte gegeben wurde.

Diese Einstudierung gab in der DDR den Anstoß zu einem souveränen Umgang mit dem unbequemen Erbe: deutsche Romantik. Die Akademie der Künste der DDR dokumentierte 1978 mit ihrem sechsundzwanzigsten Arbeitsheft, was in Gang gekommen war: eine Neubewertung der deutschen Romantik.

Daß die Beziehungen zwischen Bewußtem und Unbewußtem ein Thema der Romantik, mithin auch von Webers Musik sind, war 1970 nicht unbekannt, neu aber war, das auf der Opernbühne ernst zu nehmen und eine ästhetische Lösung dafür zu finden, zu zeigen, wie die Menschen von ihren Wach-, Angst- und Wunschträumen wie von einer zweiten Realität umgeben sind. So wandelt der Böse – Samiel – ganz real und trivial durch die Szenerie, bleibt dabei unberechenbar, taucht auf, wenn er gerufen wird, erscheint aber auch ungerufen und unerwünscht vor aller Augen. Er ist Gestalt gewordener Tagtraum, unbeherrschbarer Teil dieser zweiten Realität. Weber schreibt vor, die Wilde Jagd in der Wolfsschlucht Punkt zwölf in völliger Stille enden zu lassen. Bei Ruth Berghaus sanken Schlag zwölf die hochragenden Felsen der Wolfsschlucht lautlos zusammen – die Hüllen fielen, das Bühnengerüst lag offen und bloß, was war Spuk, was Hirngespinst, was Realität?

Daß Bewußtes und Unbewußtes sich nicht nur im Sein eines Menschen wie Max reiben, dessen Existenz und Liebe vom Zufall eines Probeschusses abhängen, sondern auch die Beziehungen zwischen den Menschen generell regieren und diese dramatisieren, wollten 1970 viele nicht wahrhaben. Das »Licht der Aufklärung« schien im Zuge der Beethoven-Ehrung die Schatten gebannt zu haben, warum sollten die Schattenseiten der Existenz mit der Romantik wieder Einkehr halten?

So wurde seit jeher das Brautjungfern-Lied mißverstanden als eine brave Gratulationscour braver Freundinnen, nicht mehr. Berghaus aber konnte den Einspruch der Musik nicht überhören. Wenn Agathe anstelle der Brautkrone einen Totenkranz greift, stellen sich einige Töne der simpel-gradlinigen Harmonik des Brautjungfern-Liedes verquer, signalisiert die Musik, daß hier mehr gemeint ist, als eine einfache Verwechslung. Das Glück der einen ist das Leid der anderen, nach dem Dreißigjährigen Krieg mangelte es an Männern, nicht jede Jungfer wurde Braut. Der Gratulationsritus bedeutet Besänftigung, der Glücklichen nichts Böses wünschen, aber die reale Angst, leer auszugehen, bleibt und der Neid auch. All das spielt in der Harmonik und dem Griff nach der Totenkrone mit. Daß Ruth Berghaus auch beim Brautjungfernkranz in der Ruhe die Unruhe, in der Zuneigung die Abneigung mitzeigte, hat zur Premiere viele irritiert, es entsprach nicht dem lieblichen Bild dieser durch Rundfunk und Schallplatte bekannten und beliebten Musiknummer. Wie stark Menschen reagieren, wenn ein Liebgewordenes anders als erwartet und gewünscht einherkommt, zeigte sich zur Premiere. Nach dem Brautjungfern-Lied spaltete sich das Publikum: Ovationen von seiten der einen, Buh-Rufe von seiten der anderen, der Vorhang drohte zu fallen, ein Weiterspielen schien unmöglich, bis in einem Moment kurzer Entspannung der emotionsgeladenen Atmosphäre Otmar Suitner den Einsatz geben und die Aufführung zu Ende bringen konnte.

Ästhetisches Neuland wurde auch in der Abkehr von der konventionellen klassischen Ariendramaturgie nach dem Schema: Erinnern mit Durchbruch zu Hoffnung und Tat betreten. In der Arie des Max wurde ein Pendeln zwischen einem Sich-dem-Schicksal-Hingeben und dem Lauschen auf die Natur, auf die Hoffnung oder auf Gott realisiert, im

Abb. 72
Kaspar: Kurt Moll,
Max: Martin Ritzmann
Abb. 73, 74
Agathe: Jola Koziel,
Ännchen: Renate Hoff
Fotos: Maria Steinfeldt

Abb. 75
Die Brautjungfern: Edda Schaller, Ingeborg Springer, Sylvia Pawlik, Sieglinde Jahn, v. l. n. r.,
Agathe: Jola Koziel,
Ännchen: Renate Hoff
Foto: Maria Steinfeldt

Abb. 76
Erbförster Kuno: Gerhard Frei,
Ottokar, böhmischer Fürst: Horst Lunow,
Max: Martin Ritzmann,
Jäger: Chor der Staatsoper Berlin
Foto: Marion Schöne

»Leise, leise, fromme Weise« der Agathe eine ständige Verwandlung des Gottesbegriffes, anstelle des alten aufklärerischen Prinzips durch Nacht zum Licht trat das romantische Zurück- und Vorwärtsschauen.

Die »Freischütz«-Inszenierung bedeutete 1970 eine generell neue, ungewohnte Haltung im Umgang mit der Gattung. Galt doch seit Felsensteins »Zauberflöten«- und »Freischütz«-Inszenierung als vorbildhaft, die Brüche eines Kunstwerkes rationalistisch aufzulösen, um alle Handlungsmomente zu einer leicht überschaubaren linear-finalen Kausalität zu bringen. Es war daher irritierend, wie die Wilde Jagd mit dem Zusammenfall bemalter Leinwände endet, wie eine phantastisch-imaginäre Figur ganz real und vor allem trivial durch die Szenerie wandelt, daß ein Ritus wie der Brautjungfernkranz Befriedung will, aber nicht bringt.

Wenn das nach mehr als einem Jahrzehnt keinen mehr stört, dann nicht nur, weil inzwischen diese Inszenierung zum sogenannten »goldenen Fonds« des Repertoires der Deutschen Staatsoper zählt. Es hängt auch mit dem veränderten allgemeinen Bewußtsein der geschichtlichen Situation zusammen.

1970 gab es noch verbreitet die Hoffnung, die schlimmen Dinge der Vergangenheit könnten aus einem Teil der Welt zumindest verbannt werden. Das war eine Illusion. In dem Maße, wie diese sich verlor, gewann die Romantik Bedeutung, konnte die Romantik-Deutung dieses »Freischütz« angenommen werden.

Die Welt ist nicht teilbar, friedliche Koexistenz heißt unter anderem auch, mit Gespenstern leben. Für Max und Agathe waren es die Söldner, die in einem dreißigjährigen Krieg Deutschland demoralisierten, selbst demoralisiert waren und sich in ein bürgerliches Leben nicht mehr schicken konnten.

Den aktuellen Vers macht sich in der Zwischenzeit jeder selbst, nicht zuletzt durch die seit dem Korea- oder Vietnam-Krieg, aber auch seit dem Afghanistan-Konflikt nicht abreißenden massenhaften Schicksale von Kriegsheimkehrern.

## Die Fledermaus

Komische Operette
in drei Akten nach Meilhac
und Halévys »Reveillon«
bearbeitet von Karl Haffner und
Richard Genée
Dialogfassung von Karl Mickel
und Ruth Berghaus
Musik von Johann Strauss

Deutsche Staatsoper Berlin
13. Juli 1975

Musikalische Leitung:
Otmar Suitner
Inszenierung: Ruth Berghaus
Bühnenbild und Kostüme:
Andreas Reinhardt
Chöre: Ernst Stoy

Gabriel von Eisenstein,
Rentier: Martin Ritzmann
Rosalinde, seine Frau:
Edeltraut Blanke
Frank, Gefängnisdirektor:
Rudolf Jedlicka
Prinz Orlofsky:
Annelies Burmeister
Alfred, Tenor bei Orlofsky:
Ruggiero Orofino
Doktor Falke, Notar:
Günter Leib
Doktor Blind, Advokat:
Henno Garduhn
Adele, Stubenmädchen bei
Eisensteins: Isabella Nawe
Ida, ihre Schwester:
Brigitte Eisenfeld
Frosch, Gefängniswärter:
Curt Bois

Warum »Die Fledermaus« ein geniales Stück ist

Gegenstand der Operette »Die Fledermaus« ist die erotische Heuchelei. Es herrscht Lüsternheit statt Sinnlichkeit; die von Karl Krauss mit Einheirat übersetzte Institution Monogamie ist begleitet von Ehebruch, der Ehebruch von schlechtem Gewissen. Dem Exzeß folgt der Kater wie der wirtschaftlichen Prosperität die Krise.

Die Fabel ist eine Intrige, welche in sich zurückläuft und wesentlich nichts ändert. Eisenstein und Frau leben im Ehegefängnis; die Rache Falkes, welchem Eisenstein vor Jahren ein leichtes Mädchen ausspannte, wodurch dessen gesellschaftliches Ansehen ruiniert worden war, fördert zunächst die Ausbruchsversuche der Ehepartner; schließlich werden beide in das gleiche Ehegefängnis zurückkehren, nur unter Hafterschwernis. Als Eisenstein ins Loch geht, sieht er, wie seine Frau die folgenden acht Tage nutzen wird; Rosalinde hat das Doppelleben ihres Mannes auf dem Fest durch Autopsie (Augenschein) ermittelt.

Dem Nebeneinander folgt wechselseitiges Auffressen; 1. Akt: Vorlust mit schlechtem Gewissen, 2. Akt: Besoffener Exzeß, 3. Akt: Kater. Die Dramaturgie der Operette – Dramaturgie der Gesellschaft [...]

Karl Mickel, im Programmheft »Die Fledermaus«
Deutsche Staatsoper Berlin 1975

Abb. 77
III. Akt
Adele: Isabella Nawe,
Eisenstein: Martin Ritzmann,
Ida: Brigitte Eisenfeld,
Frosch: Curt Bois
Foto: Marion Schöne

Abb. 78
I. Akt
Eisenstein: Martin Ritzmann,
Notar Dr. Falke: Henno Garduhn,
Rosalinde: Edeltraut Blanke

Abb. 79
II. Akt
Adele: Isabella Nawe,
vorn rechts,
Gäste des Grafen Orlofsky:
Chor der Staatsoper Berlin
Fotos: Maria Steinfeldt

# Am Berliner Ensemble

Intendantin 1971–1977: »Im Dickicht der Städte« 1971, »Zement« 1973, »Die Mutter« 1974 – eine neue Art im Umgang mit alten Modellen

Seit 1964 war Ruth Berghaus als Regisseurin und Choreographin am Berliner Ensemble engagiert, hatte hier 1964 die Schlacht-Szenen in der »Coriolan«-Einstudierung choreographiert und 1968 den »Viet-Nam-Diskurs« von Peter Weiss inszeniert. 1970 wurde sie Stellvertretende Intendantin.

Am 6. Mai 1971 starb Helene Weigel. Zu ihrer Nachfolgerin hatte sie Ruth Berghaus bestimmt.

Die neue Intendantin wurde sowohl von der Berliner als auch der internationalen kunstinteressierten Öffentlichkeit aufmerksam begrüßt, wurde doch von ihr eine Erneuerung des Brechtschen Theaters erwartet.

Die Regisseure Peter Palitzsch, Manfred Wekwerth und Benno Besson, die Dramaturgen Joachim Tenschert und Werner Hecht und nicht zuletzt Schauspieler wie Helene Weigel, Gisela May, Ekkehard Schall, Hilmar Thate, Manfred Flörchinger oder Wolf Kaiser hatten nach Brechts Tod mit bedeutenden Einstudierungen seiner Werke oder Bearbeitungen, in minutiöser Art dem Vorbild Brechts folgend und mit Probenzeiten bis zu einem dreiviertel Jahr das Berliner Ensemble zu Weltruhm gebracht. Doch geriet das Theater seit Mitte der 60er Jahre zunehmend in die Kritik, sich der zeitgenössischen Dramatik zu verschließen und Brechts Werke museal zu verwalten.

Seit ihren Inszenierungen an der Staatsoper Berlin galt Ruth Berghaus als eine der eigenwilligsten und interessantesten Regisseure des modernen Theaters. Im Kampf gegen Routine und Opernschlendrian, im genauen Befragen der Werke war sie eine Verbündete von Walter Felsenstein, doch realisierte sie ästhetisch und weltanschaulich andere Prinzipien, eine zum Realistischen Musiktheater alternative Grundform des Theaters, erprobte sie Brechts Prinzipien an der Gattung Oper. Das führte zu einer Erweiterung der Möglichkeiten, sowohl der Gattung als auch der Methode selbst. Mit Ruth Berghaus war nach und neben den beiden Gründerfiguren des DDR-Theaters, Bertolt Brecht und Walter Felsenstein, ein neues originelles Talent herangewachsen, das, von beiden lernend, von beiden sich abstoßend, ein Theater in Veränderung realisierte, dabei in Herkommen und Methode mit Brecht verbunden blieb. Mit Ruth Berghaus als Theaterleiterin begann ein neuer Abschnitt des Berliner Ensembles. Ihr Programm: ein vielseitiges Repertoire weltliterarisch bedeutender Stücke. Das schloß die Aufführung neuer Werke, die Förderung zeitgenössischer Autoren und junger Regisseure ebenso ein wie die kontinuierliche Brecht-Pflege, damit verbunden die Erprobung neuer ästhetischer Prinzipien und die Erweiterung der alten Methoden.

Sie nahm mit Heiner Müller und Karl Mickel zwei Dichter als Autoren und Dramaturgen unter Vertrag. Heiner Müller schrieb »Zement« als eine Auftragsarbeit für das Berliner Ensemble. Dieses Schauspiel brachte die Prinzipalin 1973 selbst zur Uraufführung, von Karl Mickel 1972 die »Wolokolamsker Chaussee«. Von Peter Hacks inszenierte sie im gleichen Jahr die »Omphale« und von Helmut Baierl – den noch Helene Weigel als Dramaturg engagiert hatte – 1976 den »Sommerbürger«.

Die Dramaturgie des Berliner Ensembles war während der Zeit ihrer Intendanz neben den genannten Dichtern mit zwei weiteren Mitarbeitern von Rang besetzt, mit dem Theaterwissenschaftler und Wedekind-Forscher Hans-Jochen Irmer sowie dem Publizisten und Literaten Friedrich Dieckmann. Ihr wichtigster Bühnenbildner in jener Zeit wurde Andreas Reinhardt. Mit ihm zusammen begann sie in Schauspiel wie Oper den Begriff des Bühnenbildes zu erweitern. In den beiden Inszenierungen »Im Dickicht

Abb. 80
Ruth Berghaus: Probe im Berliner Ensemble
Foto: Maria Steinfeldt

der Städte« und »Die Mutter« 1971 bzw. 1974 schufen sie Bühnenräume, denen eine starke akustische Funktion zukam.

Die Theaterleiterin ermöglichte an ihrem Hause, daß die Werke ohne Rücksicht auf Vorurteile radikal befragt wurden. Eine der gewagtesten Unternehmungen dieser Art war die Einstudierung von Wedekinds »Frühlings Erwachen« 1974 durch Klaus Tragelehn und Einar Schleef, in der die Rollen der Schüler mit Schülern, die der Elterngeneration mit Ensemblemitgliedern besetzt wurden, so daß Berufsschauspieler mit Laiendarstellern zusammenarbeiteten. Im April 1975 folgte dann, ebenfalls in der Regie von Klaus Tragelehn und Einar Schleef, »Fräulein Julie« von August Strindberg. Sie realisierten auch hier entschiedene Lösungen. Die Kritik artikulierte eine entschiedene Gegenmeinung.

In ihren eigenen Inszenierungen von Stücken Bertolt Brechts wandte Ruth Berghaus Brechts Methode an, bezog die Thematik der Stücke auf die sich verändernde Welt und leitete daraus ihre andersgearteten ästhetischen Mittel ab. Eine starke rhythmische und musikalische Formierung der Elemente zielte darauf, die strukturellen Zusammenhänge zwischen Kunst und Wirklichkeit herauszuarbeiten, ohne Wirklichkeit im einzelnen nachzuahmen.

Ruth Berghaus' Arbeiten in Oper und Schauspiel wirkten anregend für beide Gattungen. Es bedeutete für Schauspieler stärkere rhythmische und musikalische Präzisierung der Kunstmittel und für Sänger stärkere Differenzierung und bewußte unterschiedliche Handhabung der verschiedenen an Oper beteiligten Kunstmittel. Die Intendanz von Ruth Berghaus endete 1977. Manfred Wekwerth wurde zum neuen Intendanten ernannt. Am 13. April 1977 erschien dazu im *Neuen Deutschland* eine Mitteilung von ADN: »Die bisherige Intendantin des Berliner Ensembles, Ruth Berghaus, wurde auf eigenen Wunsch von dieser Funktion entbunden. Der Minister für Kultur der DDR, Hans-Joachim Hoffmann, hat Ruth Berghaus für ihre Tätigkeit am Berliner Ensemble herzlichen Dank und Anerkennung ausgesprochen. Sie wird künftig als Regisseur an der Deutschen Staatsoper Berlin wirken.«

Abb. 81
Intendantin Ruth Berghaus im Gespräch mit dem Dichter und Dramaturgen Karl Mickel
Foto: Maria Steinfeldt

Sieben Fragen an Ruth Berghaus

Gibt es eine kritische Freiheit gegenüber dem Werk Brechts?

Ruth Berghaus: Mit den Rezeptionsbedingungen ändert sich das Werk. Weder Brecht-Feindschaft noch Brecht-Frömmelei helfen uns weiter. Brechts Werk stellt uns, wie das Werk jedes klassischen Autors, vor die Aufgabe, das Verhältnis von Historizität und Aktualität zu bestimmen.

Sie waren Schülerin und Mitarbeiterin von Gret Palucca. Was verdanken Sie dieser Ausbildung?

Ruth Berghaus: Es ist gut, wenn man so früh wie möglich große Kunst kennen und verstehen lernt. Nur so sind Maßstäbe zu gewinnen. Welche Kunstform diese zuerst setzt, ist nicht entscheidend. Ich glaube, daß ich Gefühl für räumliche Spannungen, Blick für nichtnaturalistische Bewegungsabläufe, um nur zwei Punkte zu nennen, Gret Palucca verdanke.

Zu Ihrem Repertoire gehören die Namen Weiss, Müller, Hacks und natürlich Brecht, aber auch Namen wie Strauss, Rossini, Weber und natürlich Dessau. Sehen Sie in der Regiearbeit im Schauspiel und in der Oper eine produktive Ergänzung?

Ruth Berghaus: Schauspiel und Oper sind Bühnenkünste. Die Oper fordert Darstellung, das Schauspiel hat seinen inneren Rhythmus, den es aufzufinden gilt. Verssprache ist eine Art Notierung, Musik fixiert Vorgänge zwischen Personen. Die Arbeit am Schauspiel schärft den Blick für die Normalität des Musiktheaters (normal nicht gleich naturalistisch), die Opernarbeit den Sinn für Überhöhungen und Phantastik auf der Sprechbühne (unter Phantastik verstehe ich, kurz, sehr kurz ausgedrückt, sinnliche Zeichenhaftigkeit). Ich meine, daß die Arbeitsteilung den Künsten schadet, wenn sie strikt eingehalten wird.

Zu Ihren Aufgaben als Intendantin des BE gehört es, mit der Regisseurin Ruth Berghaus den Beweis zu erbringen, daß das BE nach wie vor in der Lage ist, bedeutsame Brecht-Inszenierungen herauszubringen. Welche Vorhaben – nach »Dickicht« und »Carrar« – sind jetzt geplant?

Ruth Berghaus: Ich inszeniere »Die Mutter«. Aber als Intendantin will und muß ich dafür sorgen, daß junge, begabte Regisseure am Berliner Ensemble ihre Handschrift finden und wesentliche Inszenierungen machen.

Sie leiten heute ein Theater, das, auch im internationalen Rahmen, zu den bestbesuchten Schauspielhäusern zählt. Trotzdem macht es Ihnen auch heute noch Schwierigkeiten Arbeiterpublikum zu gewinnen. Warum?

Ruth Berghaus: Große Arbeiten sind schwer. Das Bewußtsein wälzt sich langsamer um als das materielle Sein. Unser Amt ist es, Bewußtsein zu revolutionieren. Da darf man nicht von der Hand in den Mund denken.

Gibt es eine langfristige Planung für Auslandstourneen?

Ruth Berghaus: Die sozialistische DDR ist unsere Existenzbasis; die internationale Wirkung einer Bühne ist um so größer, je genauer sie das Wesen ihrer Nation formuliert. Wir gehen zu Gastspielen, wenn wir meinen, daß wir in diesem Sinne künstlerisch gewissenhafte Leistungen vorlegen können, und auf solche Leistungen richtet sich unsere Gesamtplanung.

Wie sehen Sie Ihre künftigen Aufgaben? Welchen Weg soll das jetzt fünfundzwanzigjährige Ensemble in den nächsten Jahren gehen?

Ruth Berghaus: Das Berliner Ensemble darf sich nicht entfernen von den großen sozialen Problemen unserer Zeit, welche die Zeit der Entwicklung und Festigung des Sozialismus in der Welt ist. Wir müssen ihre Grundprobleme erkennen und lebendig vorstellen. Die Ästhetik wird hergeleitet aus den Bedürfnissen des Klassenkampfes: sagt Brecht.

Aus: Berliner Ensemble 1949–1974, *Hefte der Dramaturgie* Nr. 1, Berlin 1974

Abb. 82
Intendantin Ruth Berghaus öffnet Therese Giehse und Peter Fischer die Tür zum Berliner Ensemble
Foto: Maria Steinfeldt

## Im Dickicht der Städte

Der Kampf zweier Männer in der Riesenstadt Chicago von Bertolt Brecht

Berliner Ensemble
28. Januar 1971

Regie: Ruth Berghaus
Bühnenbild und Kostüme: Andreas Reinhardt
Dramaturgie: Hans-Jochen Irmer/Karl Mickel

Shlink: Ekkehard Schall
George Garga: Hans-Peter Reinecke
John Garga, sein Vater: Achim Petry
Mae Garga, seine Mutter: Felicitas Ritsch
Marie Garga, seine Schwester: Olga Strub
Jane Larry, seine Freundin: Christine Gloger
Skinny, Shlinks Schreiber: Siegfried Meyer
Collie Couch, genannt der Pavian, ein Zuhälter: Victor Deiß
J. Finnay, genannt der Wurm, Hotelbesitzer: Wolfram Handel
Pat Manky, der Steuermann: Dieter Knaup
Ein Geistlicher der Heilsarmee: Dieter Wagner
C. Maynes, Leihbibliothekbesitzer: Erich Haußmann
Der Stulpnasige: Johannes Conrad
Der Wirt: Karl M. Steffens
Der Kellner: Günter Voigt
Journalist: Heinrich Buttchereit
Fotoreporter: Jörg Trentow
Ein Angestellter: Axel Triebel
1. Mann: Kurt Gawallek
2. Mann: Heinrich Schramm
Zwei Heilsarmeemädchen: Sonja Hörbing, Angelika Ritter
Alter Sünder: Hans Liebig
Der Schreiber: Siegwart Kädtler

Die Wahl des Werkes war folgerichtig. Das Ensemble hatte »im Zeitraum von nahezu 20 Jahren alle nach 1926 entstandenen Stücke von Bertolt Brecht aufgeführt. Es mußte nunmehr das Problem der Zweitinszenierungen (›Leben des Galilei‹ – nach dem berühmten Modell oder ganz neu?) erörtern sowie die Frage beantworten, auf welche Art und Weise die frühen Stücke (›Baal‹, ›Trommeln in der Nacht‹, ›Im Dickicht der Städte‹, ›Leben Eduards des Zweiten von England‹) szenisch interpretiert werden können.« So die Argumentation des Geschäftsführenden Dramaturgen Hans-Jochen Irmer.

Das Jahr 1926 meint den Zeitpunkt, an dem sich Brecht mit dem Marxismus bekannt zu machen begann, dessen Weltanschauung und Theorie hinfort sein Schaffen beeinflußte.

In den sogenannten frühen Stücken aber trat der Gründer seinem Ensemble als einer unter den vielen bürgerlichen Dichtern jener produktiven 20er Jahre gegenüber. Die Wahl eines solchen Stückes bedeutete, sich der Herausforderung zu stellen, die spezifischen Brecht-Qualitäten auch hier zu suchen, zu entdecken. Es war auf jeden Fall ein Wagnis.

Mit »Im Dickicht der Städte« wählte sich Ruth Berghaus ein Stück des Dichters, in dem die Realität der Zeit – 1921/22 – durch kein theoretisches Raster gefiltert, quasi präideologisch verwendet wurde. Die Regisseurin machte die »idealistische Dialektik« – so Brecht selbst 1954 in einer Anmerkung zu diesem Schauspiel – nicht ideologisch passend, nahm das Werk nicht nach seinem Materialwert, sondern realisierte es als Kunstwerk. Erzählt wird die Geschichte der Männer Shlink und Garga, die im Dickicht der Großstadt leben. Shlink ist mächtig und reich, kennt keinen Widerstand mehr, hat keinen Widersacher. Er trifft auf Garga, der ihm Widerstand leistet, weil er, obgleich arm und abhängig, seine Meinung nicht verkauft. Der Mächtige entdeckt, was ihm fehlt: ein Widersacher und der Kampf. Der Ohnmächtige weicht aus und verliert doch, Job, Familie, Schwester, Geliebte. Die Mutter entzieht sich und geht. Bis Garga zurückschlägt. Aber es wird kein Kampf. Vielmehr: Wer sich im Dickicht rührt, muß sich weiter rühren. Am Ende ist Shlink tot. Garga ist da, wo Shlink anfing. Dieses Stück war auf keinen Lehrsatz, auf keine Moral zu bringen, selbst im Gleichnis nicht zu fassen, denn Brechts Verweis auf eine metaphorische Ebene durch den Stücktitel ist eher simpel denn erhellend.

Für Ruth Berghaus war dieses Stück von Interesse, gab es doch dem Theater, was des Theaters ist, hier mußte sich der Mensch mit all seinen Sinnen, mit Geist und Körper entfalten, wurde dem Schauspieler alles abverlangt, reichte hier doch nach des Dichters eigenem Wort »die Sprache zur Verständigung nicht aus«. »Im Dickicht der Städte« gehört nicht zur Tradition des aufklärerischen, auf die Sprache gestellten deutschen bürgerlichen Dramas: Die Mittel, es zu realisieren, mußten erfunden, konnten höchstens in der Tradition eines nichtliterarischen Theaters gesucht werden.

Das Bühnenbild von Andreas Reinhardt gab nicht vor, Abbild einer Stadt, einer Welt zu sein, es war vielmehr die Vision eines Raumes, ein raunendes, klirrendes, gleißendes, kreischendes labyrinthisches Gehänge aus Rahmen und Gestellen, von großer Leichtigkeit und äußerster Konstruktivität, scheinbar mobil und dynamisch – zugleich von eiserner Starrheit. Verfehlungen und Kontakte menschlicher Leiber waren in diesem Raum genauso zufällig wie gesetzmäßig, eine Patt-Situation zwischen Körpern und Gegenständen.

Durch Textbetonungen gegen die Regel wurde unter dem glatten Sinn der Worte der Gegensinn hervorgetrieben, durch akustische Signale erhielt der Kampf klangliche Aufblendungen, durch Laufen und Schlagen auf Eisenblech sprachen die Körper ihre eigentümliche wortlose Sprache. Eine ausgefeilte Choreographie und akrobatisch expressive Körperbewegungen gaben die Dynamik: Menschen im Labyrinth wie Elementarwesen kriechend, springend, sich windend, hangelnd, in Versuchen des Ausbrechens und Zurückfallens. Es wurde das Existentielle dieser Kämpfe im Ineins von Zerstörerischem und Lustvollem, von Freundschaft und Feindschaft, von Vereinsamung und Vermassung offenbar.

Theater wurde hier, vielleicht noch stärker als zuvor schon, zu einem autonomen Zeichensystem, das auf Wirklichkeit zielt, ohne ihre Formen im Kleinen zu imitieren, das auf ein Verhältnis zwischen Kunst und Wirklichkeit aus ist, in dem strukturelle Zusammenhänge wichtiger werden als formale Ähnlichkeiten.

Abb. 83
Pavian: »Kannst du noch den kleinen Katechismus, Jane?«

Abb. 84
Shlink: »Haben Sie Sorgen?«

Fotos: Vera Tenschert

Abb. 85
Garga: »Ich bitte dich, mit mir zu gehn.«
Abb. 86
Maë: »Ich wollte dir etwas sagen, John, aber es geht nicht.«
Abb. 87
Marie: »Die Männer, die mit Schiffen Geschäfte machen, lieben mit uns.«
Abb. 88, 89
Szenenausschnitte
Abb. 90
Marie: »Auf was horchen Sie? Antworten Sie doch!«
Abb. 91
Shlink: »Ja, so groß ist die Vereinzelung, daß es nicht einmal einen Kampf gibt ...«
Abb. 92
Garga: »Das Chaos ist aufgebraucht. Es war die beste Zeit.«
Fotos: Vera Tenschert

SHLINK

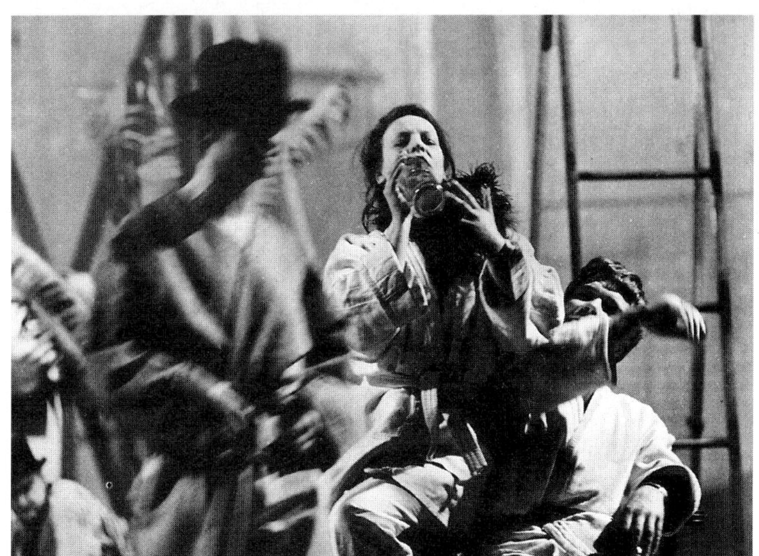

## Omphale

von Peter Hacks
Musik von Friedrich Goldmann

Berliner Ensemble
3. Oktober 1972

Regie: Ruth Berghaus
Bühnenbild und Kostüme:
Andreas Reinhardt
Dramaturgie:
Hans-Jochen Irmer

Herakles, Held von Griechenland: Ekkehard Schall
Iphikles, sein Bruder:
Dieter Knaup
Alkaios, sein Sohn:
Franz Viehmann
Tyrrhenos, sein Sohn:
Wolfgang Holz
Laomedon, sein Sohn:
Victor Deiß
Agelaos, sein Sohn:
Harald Popig
Daphnis, Held von Sizilien:
Stefan Lisewski
Lityerses, ein Ungeheuer:
Hans-Peter Reinecke
Omphale, Königin von Lydien:
Barbara Dittus
Malis, ihre Vertraute:
Felicitas Ritsch
Pimplea, Geliebte des Daphnis:
Angelika Ritter

Abb. 93–95
Omphale: Barbara Dittus,
Herakles: Ekkehard Schall
Fotos: Maria Steinfeldt

Heiner Müllers Schauspiel »Zement« stellte das herrschende Verhältnis zwischen Theater und Drama auf die Probe. Des Dichters These war: »Kein neues Theater mit alten Stücken«, nun kam es zur Probe aufs Exempel: kein neues Stück mit altem Theater.

Die Uraufführungsinszenierung war für Ensemble wie für Publikum ein Gewinn. Die Arbeit am Stück, der Umgang mit neuem Wirklichkeitsmaterial und mit großer Kunstform gab dem Ensemble Zusammenhalt; geistige Regsamkeit und Diskussionsbedürfnis wurden gefördert – auch bei Publikum und Kritik.

Der Uraufführung von »Zement« war Ruth Berghaus' Einstudierung von Peter Hacks »Omphale« 1972 vorangegangen. In beiden Werken manifestierten sich ganz unterschiedliche, fast gegensätzlich zu nennende Positionen. So originell das »Omphale«-Stück im einzelnen war, gehorchte es doch dem alten dramaturgischen Prinzip, aktuelle Probleme in mythologischen Stoffen aufzubereiten, und wies dem Theater die Aufgabe der Entschlüsselung zu. Die ästhetisch vortrefflichen Lösungen von Ruth Berghaus und Andreas Reinhardt fanden Bewunderung, zugleich aber schlich sich bei den Theaterleuten selbst wie bei Publikum und Kritik ein leichtes Mißvergnügen ein, es fehlte im ganzen der Widerspruch im Material, die Reibung an der Realität.

Erzählt wird die Geschichte von Königin Omphale und Held Herakles, die einander ganz zu erkennen und in Liebe ineinander aufzugehen versuchen. Sie tauschen Rolle und Geschlecht, doch wird dem ein jähes Ende bereitet, weil Herakles mit männlicher Leibeskraft seine Omphale und ihr Land gegen ein Ungeheuer verteidigen muß. Der Zusammenstoß zwischen Utopie und Wirklichkeit lag offen, die Figuren gaben in klassizistischer Manier nicht nur ihre eigene Meinung, sondern zugleich auch die des Autors kund. Entfaltung nicht nach außen, sondern nach innen, kein Aufreißen in Richtung schlechte Wirklichkeit, vielmehr ästhetische Vollkommenheit als ästhetische Geschlossenheit.

Ruth Berghaus forderte dem Theater alles ab, wuchernde Details in Inszenierung und Bühnenbild, aber der Stücktypus forderte von ihr nicht alles, gab sich mit weniger zufrieden, und so entstand ein merkwürdiges Ungleichgewicht zwischen formalästhetischer Fülle und substantieller Beschränkung.

Demgegenüber mußte die Beschäftigung mit »Zement« als Gegenbeispiel erscheinen. Diesem Werk war nur mit einer neuen Art von Theater beizukommen.

Die Bedeutung der Uraufführungsinszenierung bestand unter anderem darin, die Diskussion darüber zu erzwingen, wieweit Theater dieser Art Dramatik bereits gewachsen war.

Hier war ein Schauspiel entstanden, das dem Theater nicht lediglich die Aufgabe des Entschlüsselns oder der Bebilderung von Worten zuwies, sondern die Erfindung einer eigenständigen Theaterwirklichkeit.

Müllers, nach Fjodor Gladkows gleichnamigem Roman geschriebenes Stück »erzählt eine Geschichte von Männern und Frauen, Arbeitern und Intellektuellen, Kommunisten und Feinden der Revolution und ihren Beziehungen zueinander in den Jahren des schweren Anfangs in der Sowjetunion. Der Schlosser Gleb Tschumalow, als Regimentskommissar aus dem Krieg heimkehrend, findet seine Stadt in ein Dorf verwandelt, das Zementwerk in einen Ziegenstall, seine Frau in einen Menschen. Der kommunistische Arbeiter ist als Mann noch Besitzer, die Frau besteht auf Gleichberechtigung. Tschumalow gelingt es, den Ingenieur Kleist, seinen Todfeind, für den Wiederaufbau des Zementwerkes zu gewinnen; seine Frau verliert er an die Revolution, die vor Heim und Herd nicht haltmacht.« (Programmheft der Uraufführungsinszenierung)

Der Dichter preßte Jahrhunderte und Generationen umspannende Prozesse in exemplarischen Situationen zusammen. Die Dialoge, Situationen und Figuren waren in der dramatischen Struktur verkürzt, fragmentarisiert und gleichzeitig durch die Verwendung von drei Kommentaren um eine epische Dimension erweitert.

Die beiden ersten dieser Kommentare rahmen die Auseinandersetzung des Schlossers Gleb Tschumalow mit dem Ingenieur Kleist: Der Ingenieur hatte die revolutionären Arbeiter an die Weißen ausgeliefert, von allen Freunden überlebte allein Gleb. Der Prosatext spricht vom Zorn des Achill über Hektor, der ihm den Freund erschlug.

## Zement

von Heiner Müller
(nach dem Roman von Fjodor Gladkow)
Musik von Paul Dessau

Berliner Ensemble
12. Oktober 1973
Uraufführung

Regie: Ruth Berghaus
Bühnenbild und Kostüme: Andreas Reinhardt
Dramaturgie: Hans-Jochen Irmer

Gleb Tschumalow: Stefan Lisewski
Dascha Tschumalowa: Christine Gloger
Polja Mechowa: Annemone Haase
Sawtschuk: Achim Petry
Motja: Angelika Waller
Bärtige Frau: Marlies Wilken
Betrunkener Alter: Horst Wünsch
Maschinist: Michael Gerber/ Hein Trilling
Junger Mann in Frauenkleid: Wolfgang Holz
Loschak: Siegfried Meyer
Gromada: Heinrich Buttchereit
Dicke Frau: Agnes Kraus
Alter Mann: Hermann Hiesgen
Arbeiter: Siegfried Kilian
Kleist: Martin Flörchinger
Badjin: Hans-Peter Reinecke
Sergej Iwagin: Ekkehard Schall
Borschtschi: Herbert Sievers
Tschibis: Victor Deiß
Makar: Peter Tepper
Soldat: Harald Popig

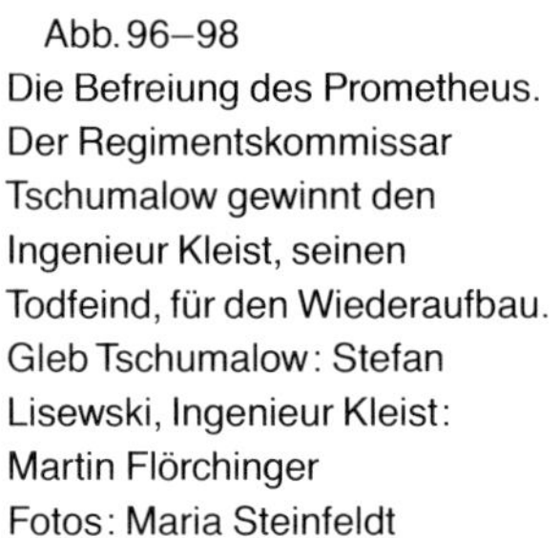

Abb. 96–98
Die Befreiung des Prometheus. Der Regimentskommissar Tschumalow gewinnt den Ingenieur Kleist, seinen Todfeind, für den Wiederaufbau. Gleb Tschumalow: Stefan Lisewski, Ingenieur Kleist: Martin Flörchinger
Fotos: Maria Steinfeldt

Die Konstellation Schlosser – Ingenieur ist der des mythischen Feindpaares Achill – Hektor analog. Achills Rache war: Er tötete Hektor und schändete dessen Leiche. Tschumalows Rache ist: Er läßt Kleist leben und zwingt ihn zur Arbeit. Der zweite Text spricht vom gefesselten Prometheus und seiner Befreiung durch Herakles. Prometheus hat sich mit seinen Qualen abgefunden und an seinen Peiniger, den von Zeus gesandten Adler, gewöhnt. Er verteidigt seine längst durchgerosteten Ketten gegen den Befreier. Der Befreiung folgt der lange Abstieg des Herakles aus dem Gebirge, währenddessen er den sich sträubenden Prometheus schützt und trägt.

Die Analogien zwischen Stückvorgang und den Figuren des Gleb Tschumalow = Herakles und Kleist = Prometheus liegen offen, doch zugleich weist der Text darüber hinaus auf einen bestimmten Diskurs über Freiheit.

Für den Kampf zwischen Tschumalow und Kleist gab es 1973 Erfahrungswerte, künstlerische und reale, die nichtfiguralen Texte konnten aus der Figurenperspektive gestaltet werden. Anders verhielt es sich mit dem dritten, dem Text »Herakles 2 oder die Hydra«. Geschichte wird hier als menschliche Naturgeschichte in Wort und Bild gebracht, der Autor gibt zu erkennen, daß er an dieser menschlichen Naturgeschichte Teil hat und wie Herakles im Kampf mit der Hydra den Anfang des Kämpfens wie des Lebens nicht bestimmen und dessen Ende nicht absehen kann. Im sprechenden Ich, dessen Atem kürzer wird und stoßweise kommt, weil es in seinem Kampf mit der Hydra nicht mehr weiß, wo die eigenen Gliedmaßen enden, wo die des ihn umschlingenden Ungeheuers anfangen, im Satzrhythmus, der den Atem markiert, stürzen Subjekt und Objekt zusammen, wie zwei Feinde in der tödlichen Umarmung. So werden Erfahrungen des Kämpfens aus dem Kampf heraus mitgeteilt, und auch, wie diese Art des Lebens zur zweiten Natur wird und kein Raum bleibt und keine Kraft für anderes. Das trifft die Situation der Figuren, so wird sagbar, was zum Beispiel Dascha und Gleb widerfährt, was sie selbst erleiden, ohne es benennen zu können: sich als Mensch, Mann, Frau zu emanzipieren und dabei Kind, Frau, Mann zu verlie-

ren. Der Hydra-Text ist eine große Dichtung und war 1973 die bedeutendste und bestürzendste Mitteilung von Revolution in der neueren deutschen Literatur.

Ruth Berghaus mußte in und mit dieser Inszenierung eine Strategie finden, mit der das Theater dem dichterischen Wort und dem dramatischen Konzept folgen konnte, ohne darin aufzugehen. Andreas Reinhardt schuf für »Zement« ein konvex gewölbtes Holzpodest, nach Friedrich Dieckmanns Worten eine »Globus-Wölbung«, weil sie »die globale Bedeutung der vorgestellten Nöte und Kämpfe aus den ersten Jahren der Sowjetrepublik signalisiert«. Weit wichtiger aber war: Dieser gewölbte Boden bot den Körpern Widerstand, erschwerte oder erleichterte das Gehen. So erschienen die darauf Agierenden ihren Kontrahenten gegenüber bald oben bald unten, trat im Wechsel der Positionen der Wechsel der Kräfte innerhalb eines Spannungsfeldes ganz sinnfällig und elementar in Erscheinung, brachte Ruth Berghaus die Handelnden in ein ganz kreatürliches Verhältnis zueinander, gab auf dieser Ebene den vom dichterischen Wort dominierten Beziehungen sinnlich-körperliche Aufblendungen, setzte die geistigen Auseinandersetzungen und seelischen Nöte in Korrespondenz zum leiblichen Sein. Ruth Berghaus hatte für das Theater die Herausforderung durch das neue Werk und den Dramatiker Heiner Müller angenommen, sie hatte dabei alle Kräfte des Theaters mobilisiert, sich mit und gegen das Dichterwort in seiner Selbständigkeit zu behaupten.

Abb. 99–103
Der Schlosser Tschumalow, aus dem Kriege heimkehrend, findet seine Frau in einen Menschen verwandelt. Der kommunistische Arbeiter ist als Mann noch Besitzer, er verliert seine Frau an die Revolution, die vor Heim und Herd nicht haltmacht, und beide verlieren ihr Kind an den Hunger. Gleb Tschumalow: Stefan Lisewski, Dascha Tschumalowa: Christine Gloger
Fotos: Maria Steinfeldt

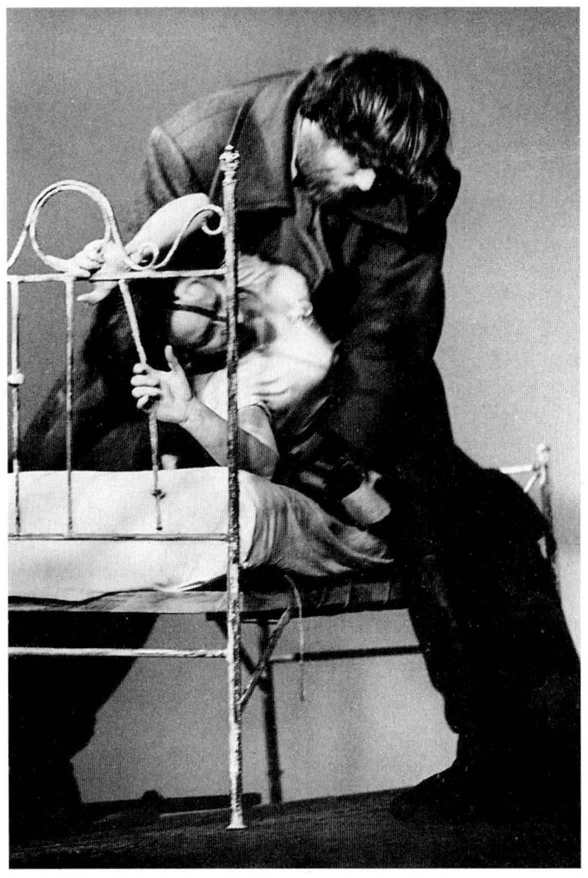

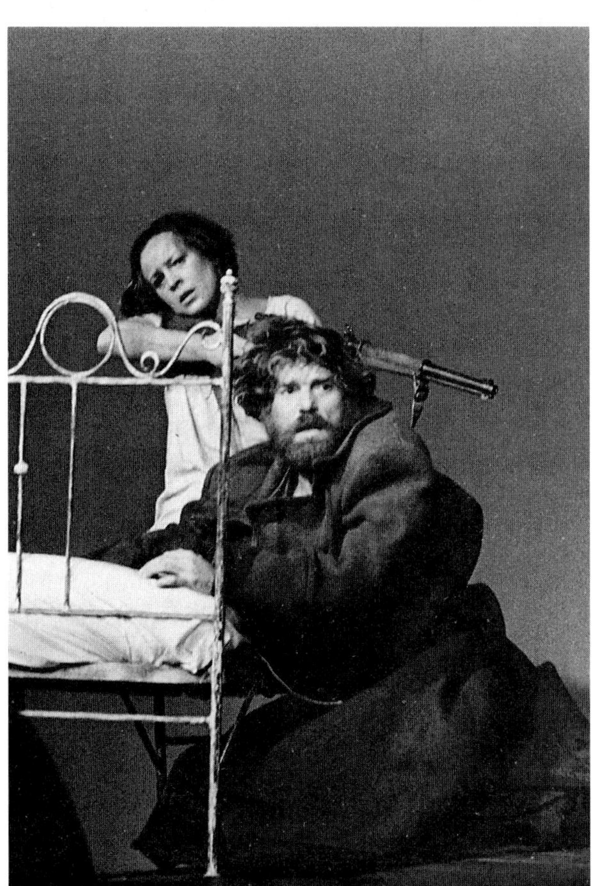

## Die Mutter

Leben der Revolutionärin Pelagea Wlassowa aus Twer von Bertolt Brecht (nach dem Roman von Maxim Gorki) Musik Hanns Eisler

Berliner Ensemble
18. Oktober 1974

Regie: Ruth Berghaus
Bühnenbild: Andreas Reinhardt
Kostüme: Schauspieler des Ensembles
Dramaturgie: Karl Mickel
Musikalische Leitung: Hans Dieter Hosalla

Pelagea Wlassowa: Felicitas Ritsch
Pawel Wlassow, ihr Sohn: Hans-Joachim Frank
Anton Rybin: Hans-Peter Minetti
Andrej Nachodka: Peter Hladik
Iwan Wessowtschikow: Kurt Goldstein
Karpow: Achim Petry
Smilgin: Hans-Peter Reinecke
Ein Arbeiter: Wolfram Handel
Ein anderer Arbeiter: Gerhard Möbius
Ein dritter Arbeiter: Harald Popig
Kommissar: Erich Haußmann
Mascha Chalatowa, eine junge Arbeiterin: Jutta Hoffmann
Nikolai Wessowtschikow, der Lehrer: Jürgen Holtz
Jegor Luschin, ein Gutsarbeiter: Willi Schwabe
1. Streikbrecher: Heinrich Buttchereit
2. Streikbrecher: Michael Gerber
Der Metzger Wassil Jefimowitsch: Victor Deiß
Die Frau des Metzgers: Angelika Waller
Die Hausbesitzerin: Christine Gloger
Die Bäuerin: Barbara Dittus
Die arme Frau: Annemone Haase
Der Arzt: Franz Viehmann
1. Arbeiter: Stefan Lisewski
2. Arbeiter: Peter Kalisch
Beamter: Erhard Köster
Schwarzgekleidete Frau: Annemone Haase

Mit dieser Inszenierung bezog sich Ruth Berghaus nicht auf das sogenannte Modell 1951, Brechts eigener Inszenierung der »Mutter« mit Helene Weigel, sondern auf die Uraufführung von 1932.

Der Abschied vom Modell 1951 war nicht einfach die Verabschiedung einer durch die Zeit überholten Inszenierungsform. Mit ihrer Arbeit bezog sich Ruth Berghaus auf die alte Lehrstücktheorie Brechts und damit auf einen Diskurs, der in der Kunst und Wirklichkeit der 70er Jahre ausgetragen wurde und die Entwürfe eines neuen Theaters zum Gegenstand hatte.

Heiner Müller hatte diesen Zusammenhang zwischen Brechts Lehrstücktheorie und den Überlegungen über die Zukunft des Theaters zur Brecht-Woche 1973 formuliert: »Es ist für mich eine Frage, was von Brecht auf dem Theater Allgemeingut geworden ist, nicht nur bei uns, und was überhaupt noch nicht zur Wirkung gekommen ist. Was wir hauptsächlich rezipiert haben, sind doch die späten Stücke, oder die sogenannten klassischen Stücke, von den Parabeln bis zur »Commune«, was überhaupt noch nicht zur Wirkung gekommen ist, sind die Lehrstücke und alles, was damit zusammenhängt [...] Die Lehrstücke hat, wenn man etwas überspitzt formuliert, Brecht offenbar verstanden als seinen Entwurf für ein Theater im Sozialismus. Also ein Theater, in dem der Widerspruch zwischen Bühne und Zuschauerraum aufgehoben ist [...] Es gibt nur noch Beteiligte. Und theoretisch sind wir uns ja darüber klar, daß es darauf hinausgeht. Nur nicht in den nächsten fünf Jahren.« Ein Jahr später lag ein solcher Entwurf mit der Inszenierung der »Mutter« vor. Darauf zielt auch die Erklärung der Interpreten: »Wir weichen vom Modell 1951 bewußt und konsequent ab. Wir gehen auf das Prinzip der Uraufführung 1932 zurück [...] Das Stück gehört in dieser Form zu Brechts Lehrstücken. Wir erzählen die Geschichte von Menschen, deren materielles Sein ihnen keinen anderen Ausweg als den revolutionären offenläßt. Wir brauchen weniger Ausbreitung von Milieu als die Darstellung von Erfahrung ...« (Programmheft »Die Mutter« 1974)

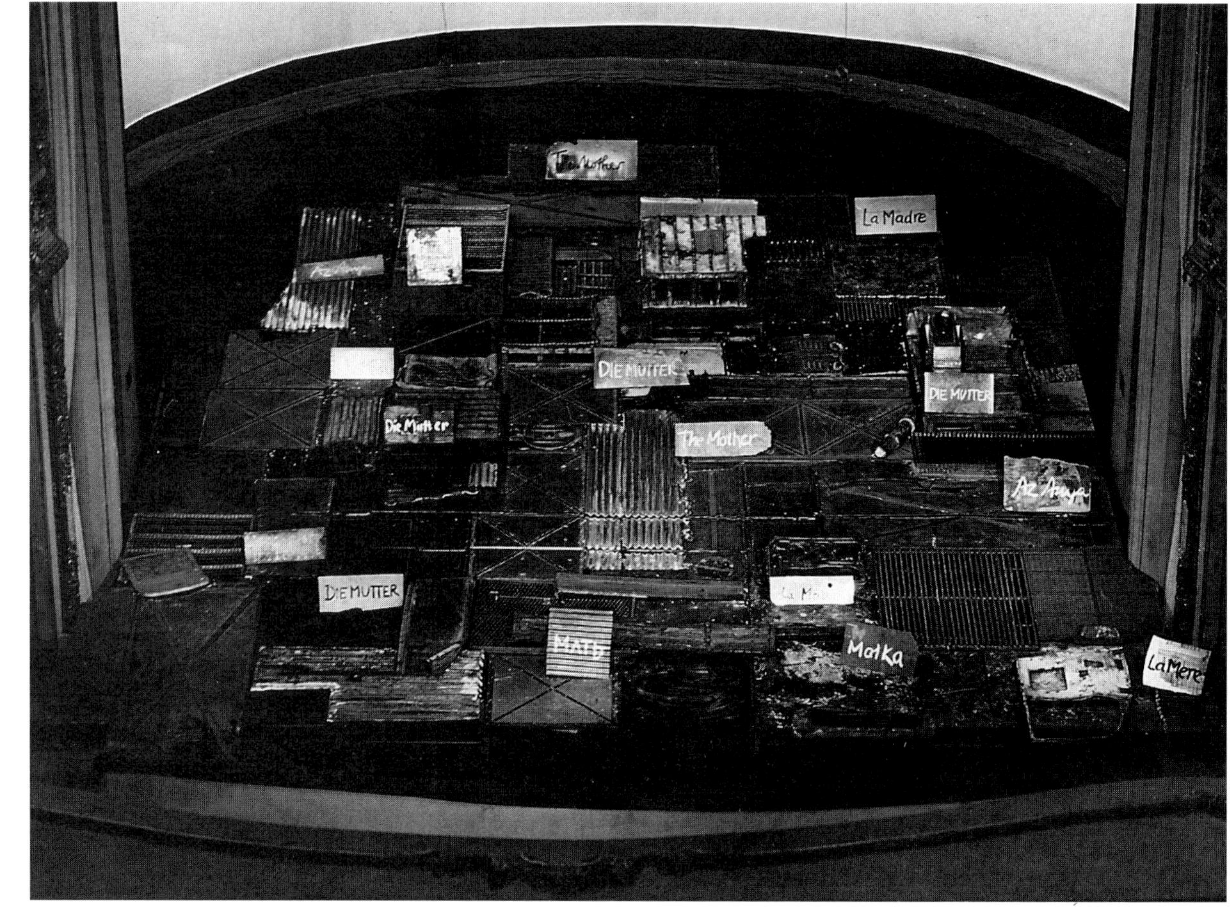

Abb. 104
Bühnenbild
Abb. 105–107
Die Mutter weiß nicht mehr ein noch aus.
Pelagea Wlassowa: Felicitas Ritsch, ihr Sohn Pawel: Hans-Joachim Frank,
2. Arbeiter: Peter Kalisch
Fotos: Maria Steinfeldt

1974 irritierte das Abweichen von Brechts Modell, und es wurde die Frage laut, ob das erlaubt sei, doch beantwortete sich diese Frage in der Praxis sehr schnell und gründlich. Als anläßlich des 80. Geburtstages von Bertolt Brecht in Berlin ein internationaler Brecht-Dialog »Kunst und Politik« stattfand, war es angesichts der aus aller Welt angereisten Theaterleute, die Brecht-Stücke ihren nationalen Gegebenheiten entsprechend ganz unterschiedlich spielten, unmöglich geworden, die Modell-Inszenierungen oder was man dafür hielt, für verbindlich zu erklären.

Während des Erich-Engel-Seminars 1977 stand die Inszenierung der »Mutter« groß zur Diskussion. Eine der zentralen Veranstaltungen dieses Seminars bestand in der Vorführung von Filmdokumenten mit den Szenen »Bericht vom 1. Mai« und der zweiten Lehrerepisode, beide jeweils aus den Inszenierungen von 1951 und 1974. Der Vorführung schloß sich ein Gespräch »Schauspielerisches Detail und Regiekonzeption« an. Zentrales Diskussionsthema war, ob die in der Inszenierung von Ruth Berghaus erreichte kunstvolle Zeichensprache den Schauspieler aus dem Zentrum der Theateraufführung verdränge.

Der Begriff Metapher wurde eingeführt, um diese neue Zeichenhaftigkeit zu fassen, er wurde teils ablehnend, teils zustimmend gebraucht und spielte in der Verständigung eine zentrale Rolle. Karl Mickel, Mitarbeiter an der Inszenierung »Die Mutter«, baute dafür die theoretisch tragfähige Plattform: »Ruth Berghaus hat ein exzeptionelles Regieprinzip: Das konsequente Arbeiten an synchronen Vorgängen mit verschiedenen Aussagemitteln. Wenn wir die Szene ›1. Mai‹ nehmen, dann haben wir die Körperlichkeit der Schauspieler, das Arrangement ihrer Körper auf der Bühne, wir haben die Sprache, den Text, den sie sagen, also die pure Haltung, und wir haben dazu die Musik.

Nun kann man mit allen drei Ebenen dieselbe Aussage machen. Man kann das Ganze aber auch verdichten, indem man gleichzeitig über die verschiedenen Deutungsträger Sprache, Musik, körperliche Haltung, Arrangement verschiedene Gehalte, die auch einander widersprechen können, zur selben Zeit – in der Musik wäre das also die Vertikale – übermittelt und inszeniert. Das fordert sehr viel vom

Abb. 108–113
Ungebetene Gäste
Pelagea Wlassowa: Felicitas Ritsch, ihr Sohn Pawel: Hans-Joachim Frank, Mascha Chalatowa: Jutta Hoffmann, Anton Rybin: Hans-Peter Minetti, Andrej Nachodka: Peter Hladik, Iwan Wessowtschikow: Kurt Goldstein,
Polizist: Wolfgang Holz,
Portier: Johannes Conrad,
Kommissar: Erich Haußmann

Abb. 114–116
Das Zuchthaus
Pelagea Wlassowa: Felicitas Ritsch, ihr Sohn Pawel: Hans-Joachim Frank,
Gefängnisaufseher: Herbert Sievers
Fotos: Maria Steinfeldt

Abb. 117–119
Zuruf in der Schlacht
Pelagea Wlassowa: Felicitas Ritsch, ihr Sohn Pawel: Hans-Joachim Frank, Wassil Jefomowitsch: Victor Deiß, Sigorski: Siegfried Meyer, Der Arbeiter: Wolfram Handel

Abb. 120
»... dein Sohn ist erschossen worden. Aber als er zur Wand ging ...«
Pelagea Wlassowa: Felicitas Ritsch

Abb. 121
Bericht vom 1. Mai
Pelagea Wlassowa: Felicitas Ritsch, Iwan: Kurt Goldstein, Andrej: Peter Hladik, Anton: Hans-Peter Minetti, Pawel: Hans-Joachim Frank, Mascha: Jutta Hoffmann, Smilgin: Hans-Peter Reinecke
Fotos: Maria Steinfeldt

Schauspieler, das fordert noch mehr vom Publikum, das erhöht die Widersprüchlichkeit des Vorgangs. Sie werden vielleicht gemerkt haben, daß Sie viel mehr Musik gehört haben in der Szene ›1. Mai‹ der zweiten Inszenierung (d.h. der von 1974, S.N.). Da war sie selbständiges Element. Da hörten Sie plötzlich, wie in Eislers Musik Bach anklingt und wie eine Assoziation zwischen Bachscher Musik und roter Fahne geweckt wird ...«

Ein Ergebnis dieser Inszenierung: Es wurde diskutiert, wie das Prinzip Szenische Metapher das artistische Niveau erhöhen kann, wie es polyphone Erzählstrukturen ermöglicht und damit, Werke vielschichtig darzustellen, Widersprüche sinnlich konkret und begreifbar zu machen.

Ein Beispiel: Die Mutter besucht ihren Sohn im Gefängnis, Sprache wird hier zum Raum. Im Dunkeln sprechen sie normal, können sich verständigen, wird es hell, müssen sie ihre politischen Geheimnisse verbergen, Sprache reißt, die Vokale werden langgezogen. Dunkelheit und Helligkeit, Illegalität und Öffentlichkeit: Der Umgang mit den einzelnen Elementen von Theater bedient den Stoff und wird von der politischen Haltung bestimmt. Mit Sprache, mit Klängen und mit Licht werden Räume geschaffen, die nicht mehr Milieu geben, sondern geistig-sinnliche Bezüge herstellen.

# Schauspielinszenierungen am Berliner Theater im Palast

»Heines letzte Liebe« 1977, »Stella« 1980
Die Wunde HEINE
Die Matrazengruft

Abb. 122, 123
Fotos: Maria Steinfeldt

## Heines letzte Liebe

von Günter Kaltofen und Hans Pfeifer

Theater im Palast
11. Oktober 1977
Uraufführung

Regie: Ruth Berghaus
Ausstattung:
Wolf R. Eisentraut/Eva Sagert

Heine: Jürgen Holtz
Heines Liebe:
Vera Oelschlegel

Abb. 124–127
Fotos: Maria Steinfeldt

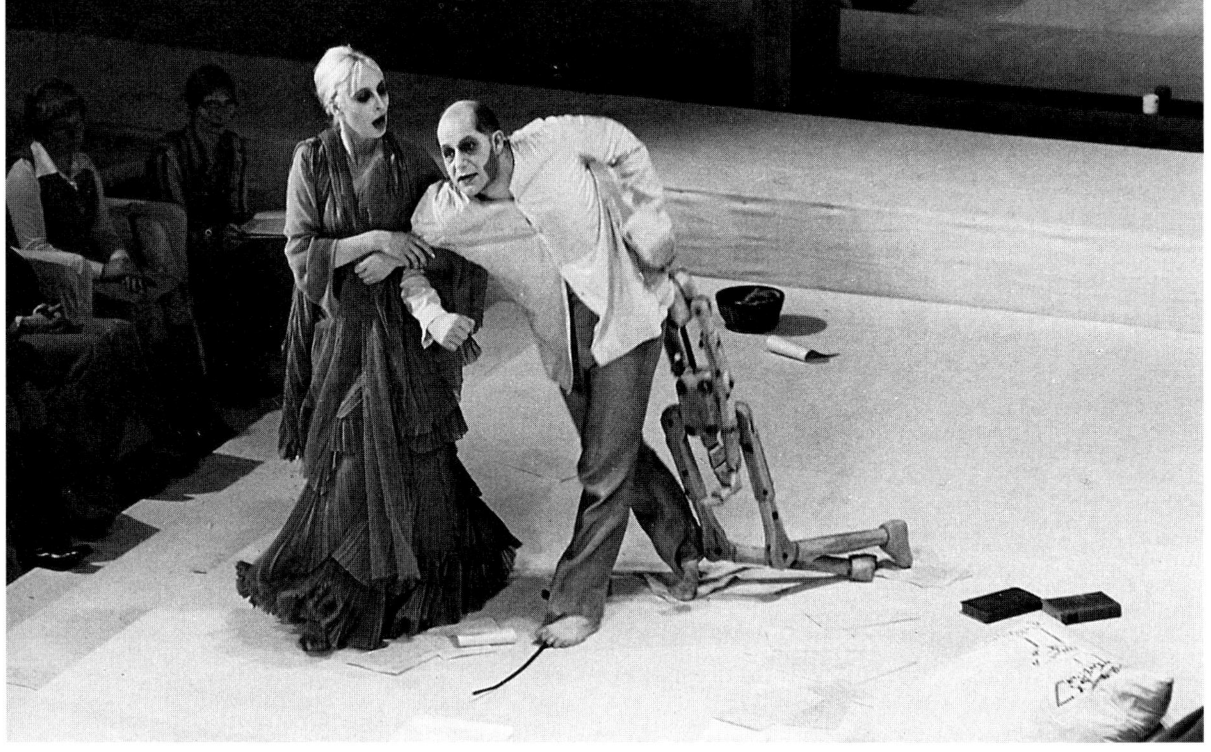

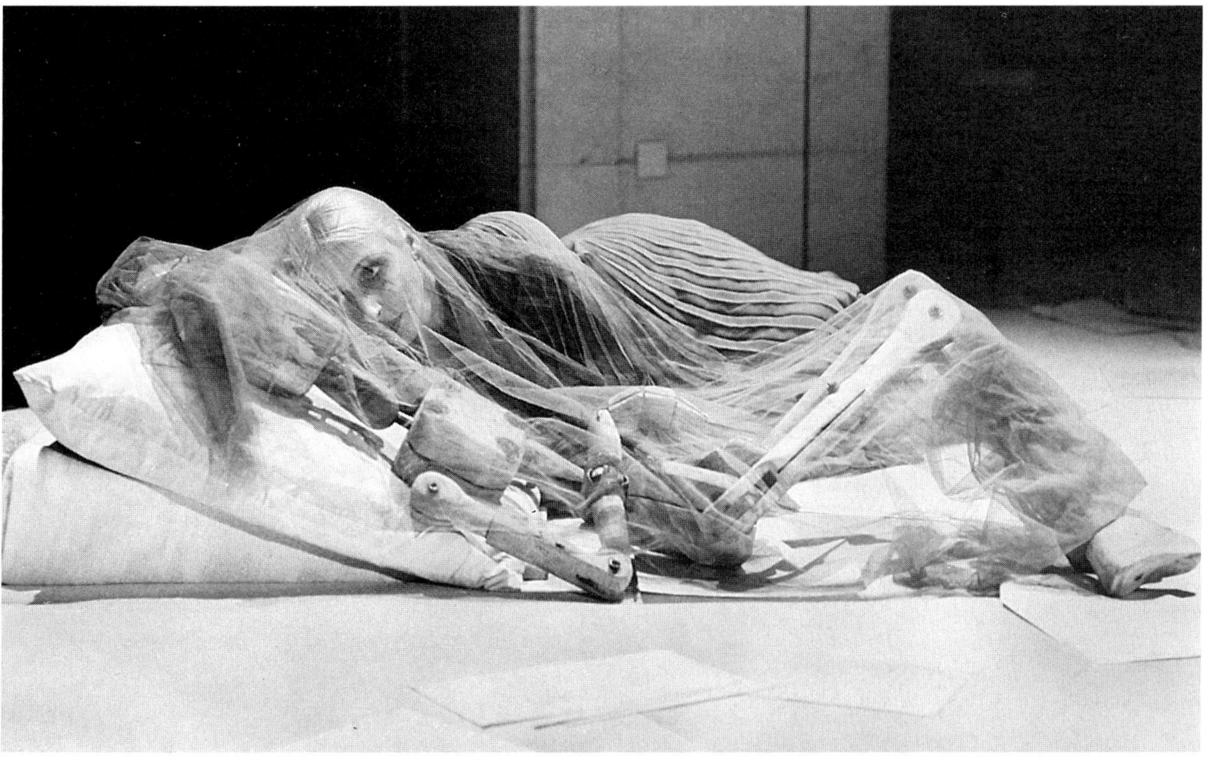

## Stella

von Johann Wolfgang von Goethe
Bearbeitung Karl Mickel

Theater im Palast
14.12.1980

Regie: Ruth Berghaus,
Peter Konwitschny (Epilog)
Ausstattung:
Marie-Luise Strandt,
Mans Hedström, Finnland
Dramaturgie: Karl Mickel,
Hartwig Wolfframm

Stella: Vera Oelschlegel
Cäcilie, Anfangs Sommer:
Jutta Hoffmann
Fernando: Siegfried Höchst
Lucie: Corinna Harfouch
Verwalter: Dietmar Burkhard
Postmeisterin: Annemone
Haase
Annchen: Franziska Vulpius
Karl: Bob Höfler
Bedienter: Reiner Heise

Abb. 128–133
Fotos: Maria Steinfeldt

Protokoll der ersten Arbeitssitzung zu »Stella« am 30.5.1980

Vera Oelschlegel, Ruth Berghaus, Marie-Luise Strandt, Gerda Degen, Mans Hedström, Hans-Peter Minetti, Karl Mickel, Jürgen Seime, Hartwig Wolfframm

Minetti: Weltmännischer Flirt Fernandos mit Lucie. Später bricht der Weltmann zusammen.

Berghaus: In »Stella« werden Dinge zwischen Personen besprochen, über die man heute nicht mehr spricht. Es ist ein leises Stück. Intimität herrscht vor. Vieles bleibt im Stück in der Schwebe. Oft weiß eigentlich keiner, was er so recht will. Im Stück streichen ist schwierig. Vielleicht sind nur ganze Blöcke herausnehmbar. In »Stella« findet jenes im Gegensatz zum »Kreidekreis« statt: »was sie dachte, nicht sagte«; sie sagens.

Mickel: Morganatische Ebene.

Berghaus: In der Nähe von Stellas Haus mag es noch andere Häuser geben, in denen Damen warten.

Minetti: Die Probleme im Stück stehen im Gleichgewicht. Die Lösungsmöglichkeiten sind utopisch bzw. hängen als Damoklesschwert über der Szene.

Berghaus: Warten und Erwartung im Stück.

Mickel: Prosanahe Struktur des Stückes. Oft sind im Text Nebensätze wichtiger als Hauptsätze [...]

Hedström: Zur Räumlichkeit. Gibt es zwei Räumlichkeiten im Stück? Oder sollen Räumlichkeiten durch Figuren-Arrangements hergestellt werden? Man sollte die Figuren für die zu erzählende Geschichte aus dem (jeden) Milieu herauslösen. Die IV. Etage des TIP ist nicht intim genug. Sollte man nicht einen Raum schaffen, in den die Zuschauer, aus den großen Hallen des Palastes kommend, in etwas *anderes* geraten?

Oelschlegel: »Stella« ist ein Stück ohne Türen.

Berghaus: Zum Raum. Das Stück könnte im Gang, der das Wirtshaus ist, beginnen und ins Theater führen. Die Zuschauer sitzen mit dem Gesicht zum Gang, auf dem die Darsteller ankommen (auf den Zuschauer zukommend).

Oelschlegel: Es dürfte kein Milieu sein.

Mickel: Aber 18. Jahrhundert müßte es sein. Damals äußerte man Seelenregungen in Gesprächen und Briefen.

Berghaus: Ja, heute benutzt man nur noch das Telefon, man schreibt keine Briefe mehr, spricht nicht mehr. Am Anfang des Stückes herrscht Fremdheit – dann kommen Sätze, die jeder heute sagen könnte [...]

Hedström: Das »Heute« im Stück findet auf einer ideellen Ebene statt.

Berghaus: Die Darsteller müssen sich beim Spiel total in den Text begeben.

Mickel: Der Zuschauer sollte fühlen, es ist ganz leicht, sich auszusprechen.

Berghaus: Stella hat die Räumlichkeiten, in denen Fernando sich aufhielt, nicht geändert; sie hat die Aura oder Patina gelassen.

Mickel: In der Vergangenheit wurde die Ehe als Konvention behauptet, egal ob der Mann Schläger oder Säufer war, individuelles Glück spielte bei solcher Ehe-Auffassung keine Rolle.

Berghaus: Hat Fernando überhaupt die Fähigkeit zum Glück?

Oelschlegel: Stella besitzt Gegenstände (Fetische) von Fernando. Bei Stella ist die Arbeit das Ventil. Liebe ist nicht nur Glück, sie ist auch schmerzzufügender Egoismus.

Mickel: Stella hat den Fetisch im Kopf; sie programmiert perfekt ihre Träume.

Berghaus: Die Poststation muß sein.

Oelschlegel: Bahnhofssituation [...]

Berghaus: Der erste Schluß im Stück sollte Stellas »Ich sterbe allein« sein.

Mickel: Im ersten Schluß sollte man jedenfalls die Energie nicht auf die leicht zu lösenden Fragen stellen.

Minetti: Eigentlich ist »Stella« als Anti-Werther zu verstehen; »Stella« als Goethes Polemik mit sich selbst.

Mickel: Dann müßtens aber eine Frau und zwei Männer sein.

Berghaus: Das führt weg vom Stück.

Oelschlegel: Das Sterben Stellas findet wie in Opern statt, der Sänger singt noch eine Arie, ehe er wirklich stirbt.

Minetti: Sollte man nicht die historische Folge der Stückschlüsse spielen?

Wolfframm: Die Provokation des Schlusses mit der Ehe zu dritt ist stärker, denn jetzt gehen die Probleme erst wirklich los. Die drei Personen haben sich nun ins Glashaus gesetzt. Nach einem doppelten Selbstmord gibt es keine Probleme mehr. Also zuerst den Doppelselbstmord, dann die Ehe zu dritt.

Mickel: Das bedeutet die antihistorische Folge der Stückschlüsse.

Berghaus: Das Alter der Personen im Stück spielt keine Rolle. Die Leute von heute schleppen sich mit Problemen, in »Stella« werden sie ausgesprochen.

Cäcilie und Stella sind entweder Gegenpole oder Zwillinge. Das Stück hat nur Sinn, wenn die Personenkonstellation umkehrbar ist. Die Frage der Polygamie des Mannes ist heute keine mehr. Inwieweit ist Fernando materiell an einer Verbindung mit Stella interessiert?

Notiert von Hartwig Wolfframm

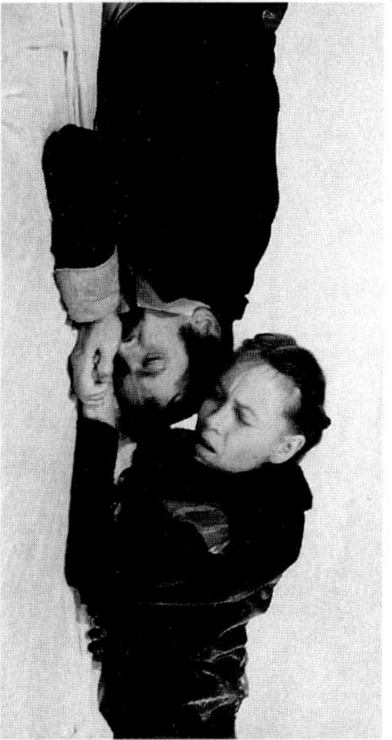

Abb. 134–136
Fotos: Maria Steinfeldt

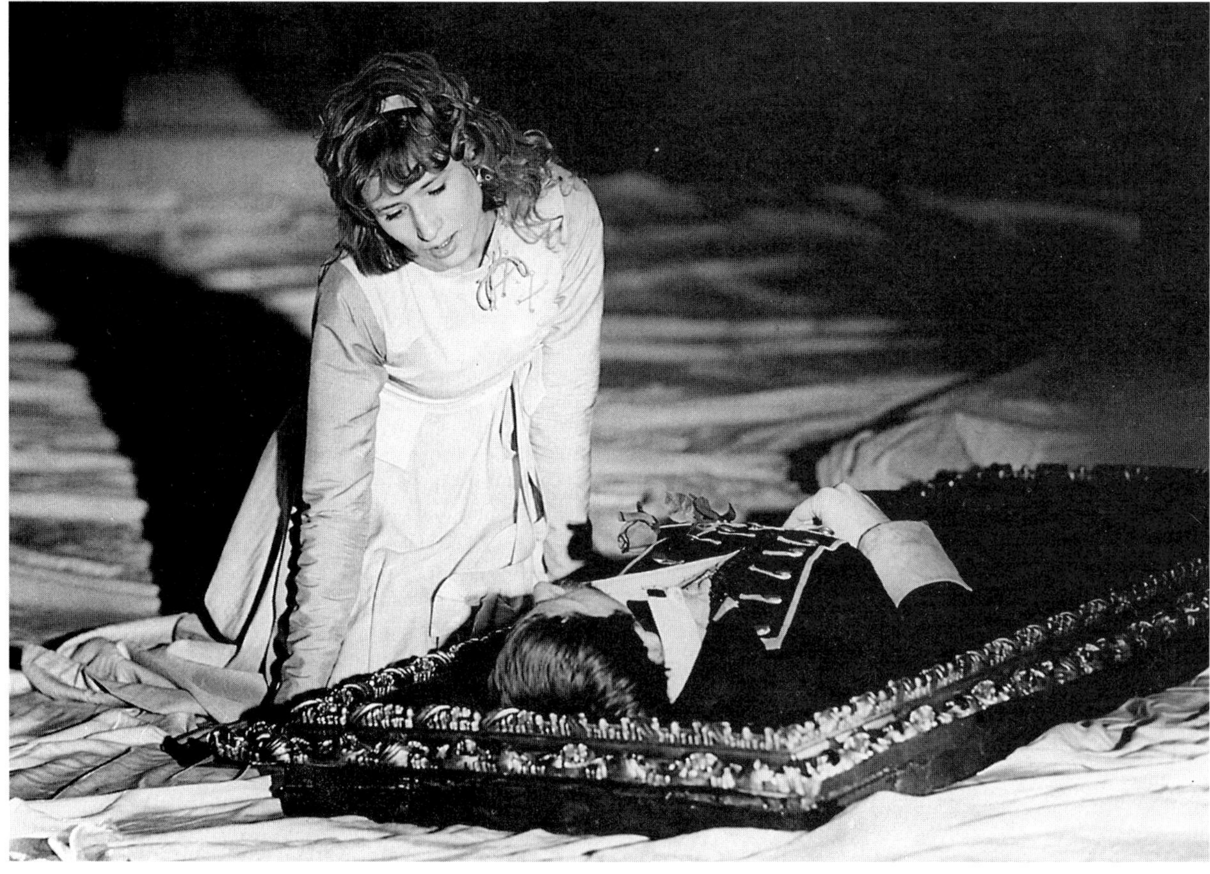

# Ein Kapitel Theatergeschichte

Die Inszenierungen des »Wozzeck« 1984 am Uraufführungstheater und 1985 an der Grand Opéra Paris

## Wozzeck

Oper in drei Akten
von Alban Berg nach Georg Büchners Drama »Woyzeck« in der Fassung von Karl Emil Franzos

Deutsche Staatsoper Berlin
15. September 1984

Musikalische Leitung: Siegfried Kurz
Inszenierung: Ruth Berghaus
Bühnenbild: Hans Dieter Schaal
Kostüme: Marie-Luise Strandt
Dramaturgie: Sigrid Neef
Chöre: Christian Weber

Wozzeck: Siegfried Lorenz
Tambourmajor: Reiner Goldberg
Andres: Henno Garduhn
Hauptmann: Peter Haage
Doktor: Gerd Wolf
Marie: Uta Priew
1. Handwerksbursche: Peter Olesch
2. Handwerksbursche: Bernd Zettisch
Narr: Peter Menzel
Margret: Edda Schaller-Keyn
Ein Soldat: Jürgen Freude
Mariens Kind: Sebastien Iben

An der Deutschen Staatsoper Berlin am 14. Dezember 1925 uraufgeführt, galt Alban Bergs »Wozzeck« hier, wie später auch an anderen Bühnen, in musikalischer Hinsicht als ein Werk der Moderne. Stoff und Text hingegen zählten zu den vergangenheitsgeschichtlichen Komponenten. Tatsächlich hatte Georg Büchner sein Schauspiel »Woyzeck« 1836/37 geschrieben, das heißt knapp hundert Jahre vor Bergs Vertonung.

Seit der legendären Entdeckung des Büchnerschen Stückes 1913 durch die Inszenierung an den Wiener Kammerspielen, die auch Alban Berg zur Komposition anregte, galt der »Woyzeck« als exemplarisches Beispiel einer sogenannten »sozialen Mitleidstragödie«, die sich hinter den Mauern einer mittelalterlichen Stadt abspielt. Die visuellen und gedanklichen Impulse dieser Aufführung mit Albert Steinrück als Woyzeck waren über Jahrzehnte prägend, reichten bis ins Kostüm, zu jenem bekannten grau-grünen Käppi, das seither quasi als naturgegeben für jeden Darsteller des Woyzeck oder Wozzeck erscheint. Soziale Mitleidstragödie bedeutet, daß die Aktionen und Reaktionen entrechteter und entwürdigter Menschen unter den Aspekt des Erduldens und Erleidens gestellt werden. Das korrespondiert mit Gebärden der Klage und des Selbstmitleids bei Wozzeck und Marie und führt zu Karikaturen bei Hauptmann, Doktor und Tambourmajor.

Vor allem im Schauspiel setzten Ende der 60er Jahre Versuche ein, die dualistische Weltsicht, die Teilung in Opfer und Täter zu durchbrechen, so in Inszenierungen von Grüber/Arraya in Bremen, Dorn/Rose in München oder Karge/Langhoff in Wuppertal.

Für die Oper kam ein Durchbruch und die Neusicht mit der Inszenierung von Ruth Berghaus am 15. September 1984 an der Deutschen Staatsoper Berlin. Ein halbes Jahr später studierte sie den »Wozzeck« an der Grand Opéra in Paris ein, und es wurde unübersehbar, daß hier mehr gelungen war, als nur eine weitere ungewöhnliche Variante zu den bereits bestehenden Deutungen des Werkes.

In der Radikalität und Konsequenz der Konzeption stellten diese beiden Inszenierungen eine neue Qualität in der Aneignungsgeschichte dieser Oper dar.

Das Interessante an dieser Konstellation war: *Ein* Werk wurde vom gleichen Inszenierungsteam mit unveränderten Kunstprinzipien unter ganz unterschiedlichen Arbeitsbedingungen und gesellschaftlichen Verhältnissen, also auch für zweierlei Publikum erarbeitet.

Konstant blieb die Grundauffassung, daß Bergs Oper scharf und schonungslos der Entfremdung des Menschen von seiner Natur nachgeht. In einer Gesellschaft, in der den Menschen eine Überwindung tendenziell möglich erscheint, wie in der DDR, mußte historisch weit ausgeholt werden, war der Schnittpunkt zwischen der Büchner-, Berg- und Inszenierungszeit als Drehpunkt zu fassen.

In Paris war das Werk mit einer Realität konfrontiert, die zur Konsequenz trieb, was Büchner visionär gesehen, Berg bereits erlitten hatte: Die sozialen Widersprüche zerreißen die Menschen und die von ihnen bewohnten Räume. Der Ort, in dem sich die Opernhandlung entfaltet, ist eine Stadt, diese wurde als eine Metapher für das Zusammenleben in der Katastrophe gefaßt. Wenn Bergs Oper einen Augenblick im Einstürzen festhält, dann mußte das Pariser Bühnenbild sich zu dieser Pariser Realität nichtnaturalistisch verhalten. Der Architekt und Bühnenbildner Hans Dieter Schaal jedenfalls zog diesen Schluß. Wenn die Betonschluchten im Treppenhaus einer großen Mietskaserne aufreißen und es Wozzeck quasi auseinanderreißt, wird der Blick frei auf

## Wozzeck

Opéra en quinze scènes
Musique et livret d'Alban Berg

Théâtre National Opéra de Paris
27 mars 1985

Direction musicale:
Christoph von Dohnányi
Mise en scène: Ruth Berghaus
Assistant à la mise en scène:
Martin Schüler
Décors: Hans Dieter Schaal
Costumes: Marie-Luise Strandt
Dramaturgie: Sigrid Neef

Wozzeck: Peter Gottlieb
Le Tambour-Major:
Allan Cathcard
Andrès: James Hoback
Hauptmann: Ragnar Ulfung
Le Docteur:
Günther Missenhardt
1$^{er}$ Apprenti: Fernand Dumont
2$^{e}$ Apprenti:
Jean-Philippe Marlières
Le fou: John Fryatt
Marie: Anja Silja
Margret: Anna Ringart
L'enfant: Nicolas Carpentier

Abb. 137
Foto: Jacques Moatti

Abb. 138–141
Fotos: Jacques Moatti

eine Stadt, in der es keine gerade Mauer gibt. Es ist der letzte Augenblick vor dem Zusammenstürzen.

Die Menschen darin, in Marie-Luise Strandts Kostümen, sind betonhafte Lemuren.

Die Metaphern-Strategie der Szene hatte hier das Ziel, Wozzecks Schicksal als ein die Menschheit bedrohendes sichtbar zu machen. Daß dies gelungen sei, bestätigte die Kritik in einer auffallenden Übereinstimmung und Präzision der Beobachtung und Wertung.

War es schon in Berlin ein Erfolg, bereitete laut AFP, der französischen Nachrichtenagentur, das Pariser Opernpublikum dem Kollektiv, »das die Inszenierung mit äußerstem Reichtum an szenischen Einfällen besorgte, und das Werk, zumindest für Frankreich in ein neues Licht rückte, einen Triumph«. Das war kein unverbindliches Einverständnis mit dem Gezeigten: »An Stelle der verhängnisvollen Wirkung der brutalen und manischen Herrschaft über ein verwirrtes Individuum steht hier die verallgemeinerte gesellschaftliche Zerstörungskraft des Kapitalismus und der industriellen Revolution«, erkannte der Kritiker der *International Herald Tribune*, David Stevens.

Die Inszenierungen an der Deutschen Staatsoper Berlin und an der Grand Opéra Paris standen im Verhältnis von Entwurf und Ausführung sowie Ergänzung und Vollendung zueinander, der Unterschied beider Inszenierungen: Versuch zu historischer Distanz an der Lindenoper, im Palais Garnier unmittelbare Betroffenheit.

Einige Metaphern, Szenen und Figurenbewertungen zeigen sinnfällig den Neuansatz.

Schon die erste Szene: Wozzecks Messer wird – bereits vom Werk her – groß eingeführt. Wozzeck rasiert einen Hauptmann. Daß dieses Messer für Wozzeck selbst, als Teil für das Ganze steht, faßt der Dichter Georg Büchner später in dem Wozzeck meinenden, berühmt gewordenen Satz: »Er läuft ja wie ein offenes Rasiermesser durch die Welt, man schneidet sich an ihm!« Bei Büchner ist das Messer im Sinne einer Synekdoche, Vertauschung von Teil und Ganzem, gebraucht, bei Berg münden das Wort Messer und alle darauf bezogenen szenischen Aktionen in keinem Messermotiv, sondern in einem Kinderliedrefrain. Dieser Struktur von Text und Musik wurde entsprochen: Das Rasiermesser ist das Mordmesser; weggeworfen, wird es von Wozzecks und Maries Kind gefunden, wird am Ende der Oper in den Händen der Waise zum Spielzeug. Der szenische Kreislauf entspricht dem musikalischen. Es wurde visuell transparent, was Alban Berg kompositorisch angelegt hatte: »Tatsächlich würden die Anfangstakte der Oper an diese Endtakte ohne weiteres anschließen, womit der Kreis geschlossen wäre.« So heißt es bei Alban Berg und auf der Szene: Was den Vätern geschieht, erfüllt sich an den Söhnen. Die Spur des Messers zieht einen Kreis, es beherrscht die Menschen, die Menschen nicht mehr die Dinge.

Traditionell ist die Partie von Wozzecks und Maries Kind eine Statistenrolle, weil ohne Text und Gesang. Obgleich also fast stumm, wurde dieses Kind hier zu einer der Hauptpartien der Inszenierung, damit erstmals als eine der wesentlichen Figuren des Werkes im Szenischen präsent. Dieses Kind ist bei allem, was seiner Mutter mit Wozzeck, der Nachbarin und dem Tambourmajor geschieht, dabei. Es wird zum Zeugen, es sieht und hört alles, und es ist Objekt. Es bindet und fesselt Marie und Wozzeck aneinander, es wird von beiden Parteien wechselnd benutzt, um Liebe, Mitleid, Aufmerksamkeit einzuklagen oder Haß auszulassen, um seiner selbst willen findet es kaum Beachtung. Das erste Mal machte eine Inszenierung klar, warum das Kind erst, als die Eltern tot sind, seine Stimme gebraucht. Da erst ist es nicht mehr Objekt. Und bei seinen ersten Lauten, dem »Hopp-hopp ...« reitet es nicht, wie bisher üblich auf einem Spielzeugpferd, sondern klappt des Vaters Messer auf und zu. So erhält das alte prophetische Wort, am Kind erfülle sich das Schicksal der Eltern, szenische Präsenz, zugleich aber auch der Wunsch, es möchte so nicht bleiben.

Wenn man vom »weiblichen Blick« der Berghaus redet: Hier trat er zutage, aber als radikal menschlicher Blick, der jeder Figur ihr Recht gibt: auch und besonders den Wehrlosen, den Benachteiligten, hier dem Kind.

Zur Neusicht des Werkes gehörte auch die Szene des II. Aktes »Fantasie und Fuge mit drei Themen«: Hauptmann – Doktor und Wozzeck. Geht man von dem Vorurteil aus, Wozzeck sei die Inkarnation des leidenden und duldenden Menschen, der nur einmal zuschlägt und dann an der falschen Stelle, nämlich bei Marie, dann wird auch die Kraft, der Widerstand dieses Menschen überspielt, die in Text und Musik aber mannigfach angezeigt sind. Dann gerät auch des Hauptmanns Replik: »Nur ein Hundsfott hat Courage« lediglich zur hohlen Phrase. Hier nun zeigte Wozzeck tatsächlich Courage. Mit körperlich überlegener Kraft zwingt er seine Peiniger, Hauptmann und Doktor, in die Knie, er kündigt ihnen spontan den Gehorsam und Dienst. Desto tragischer nun, wenn die körperlich-spontane Aktion nicht zur geistigen Befreiung führt, sondern im Mord endet. Entscheidend für die Neusicht des »Wozzeck« wurde wahrscheinlich: Es wurde nicht gezeigt: so-ist-es, sondern vielmehr ein Verlauf sichtbar gemacht, in dem es Widersprüche und Hoffnungen gibt und auch den Einspruch: Es muß nicht so bleiben, wie es ist.

Abb. 142
Foto: Jacques Moatti
Abb. 143
Ruth Berghaus mit Hans Werner Henze, 1986
Foto: Hans Dieter Schaal

Zum Bühnenbild

»Wozzeck« ist eine Architektur- und Stadt-Oper. Die Mauern umgreifen die handelnden Personen, legen ihre Wege fest, zerschneiden ihre Beziehungen und verhindern den Blick in die freie Natur. Die Stadtbewohner treten aus Wänden, Nischen, Räumen, Türen, sie gehen durch enge Gassen, schauen aus Fenstern, besteigen Treppen und Geschosse, werden vom Licht getroffen, verschwinden im Dunkel, begegnen sich, schauen sich an, unterdrücken, bedrohen und quälen einander, experimentieren mit ihrer »Natur«, die sie nicht verstehen, verführen sich, lieben sich, hassen sich, stürzen übereinander, erstechen sich ... Es gibt kein Entkommen. Die Stadt ist das gemeinsame Gefängnis; das andere, individuelle, ist das eigene Ich: »Jeder Mensch ist ein Abgrund; es schwindelt einem, wenn man hinabsieht.«

Mitten durch Wozzeck geht der Riß. Die Stadt, als Abbild der Gefühlszustände, bricht auseinander und begräbt die Bewohner unter sich.

Hans Dieter Schaal im Programmheft »Wozzeck«, Grand Opéra Paris 1985

# Theatervisionen

Grenzfälle der Interpretation und Rückkehr zu den Ursprüngen der künstlerischen Biographie: Uraufführung der Opernvision »Die Weise von Liebe und Tod des Cornets Christoph Rilke« 1985 zur Eröffnung der Semperoper Dresden und Choreographie des Balletts »Orpheus« von Hans Werner Henze an der Staatsoper Wien 1986

Mitte der 80er Jahre gelangen Ruth Berghaus zwei Arbeiten, für die Vergleichbares, auch in ihrer eigenen künstlerischen Biographie, fehlt.

Hatte sie bereits mit den beiden »Wozzeck«-Einstudierungen visionäre Eindringlichkeit erreicht, sind doch beide noch als Inszenierungen zu bezeichnen, denn hier war ein für die Bühne geschaffenes Werk szenisch realisiert worden, wobei im Werk Unentdecktes Gestalt geworden war.

Anders die Uraufführung von Siegfried Matthus'. »Die Weise von Liebe und Tod des Cornets Christoph Rilke« und die Choreograpie zu Hans Werner Henzes Ballett »Orpheus«: Hier veranlaßten Text und Musik Theatervisionen.

Das heißt, Theater und Szene lösten sich aus einer direkten Verbindung mit Text und Musik. Von beiden ausgehend, von beiden sich abstoßend, kehrten sie zum Stück so zurück, daß sie sich auf einer dritten eigenen Ebene entfalten konnten.

Die Werke selbst traten hier weniger als Abbilder von Realität in Erscheinung, denen zu einer szenischen Existenz verholfen werden mußte, vielmehr: Text und Musik nahmen direkt an einem vielstimmigen Diskurs über zentrale Mythen unseres Jahrhunderts teil: über den Mythos von Jugend und Krieg und über den Mythos von Endzeit und einer atomaren unabwendbaren Katastrophe.

## Die Weise von Liebe und Tod des Cornets Christoph Rilke

Rainer Maria Rilke
Eine Opernvision
von Siegfried Matthus

Staatsoper Dresden
16. Februar 1985
Uraufführung anläßlich der Wiedereröffnung der Semperoper

Musikalische Leitung: Hartmut Haenchen
Inszenierung: Ruth Berghaus
Bühnenbild: Hans-Joachim Schlieker
Kostüme und Requisiten: Marie-Luise Strandt
Choreinstudierung: Hans-Dieter Pflüger
Choreographische Mitarbeit: Hanne Wandtke
Dramaturgie: Sigrid Neef, Daniela Reinhold

Cornet Christoph Rilke auf Langenau: Angela Liebold
seine Gedankenstimme: Annette Jahns
Gräfin: Magdalena Falewicz
ihre Gedankenstimme: Gabriele Auenmüller
Marquis: Olaf Bär
Spork: Hajo Müller
ein junges Weib: Birgit Fandrey
eine Mutter: Hanne Wandtke
ein toter Bauer: Johannes Haenchen
Schülerinnen und Schüler der Palucca-Schule Dresden

Die Semperoper ist in mancherlei Hinsicht ein Wahrzeichen der Stadt Dresden und ihrer Kultur: Als Spielstätte der Großen Oper, künstlerische Heimat namhafter Interpreten, bedeutender Dirigenten und Komponisten sowie der weltberühmten Staatskapelle hat sie Musikgeschichte gemacht, wurde im Februar 1945 zerstört und blieb es, weil anderes nötiger und dringlicher wieder zu errichten war.

Bis sich 1985 – abermals in einem Februar – der rekonstruierte Schmuckvorhang in der restaurierten Semperoper wieder öffnete. In diesen Kontext stellte Siegfried Matthus seine Opernvision, die in der Eröffnungswoche uraufgeführt wurde. Er wollte Rilkes Dichtung als Antikriegsstück gelesen und verstanden wissen, als einen Appell: Nie wieder! Dies unüberhörbar zu machen, stellte er der Oper mit einem Chor »Feuer in der Oper« ein Epigraph voran und rahmte das Werk überdies mit einem Dies-irae-Chorsatz.

Matthus' Musik gibt dem Rilkeschen Text und dessen Stimmungen nach, leistet der Dichtung keinen Widerstand und erzählt gradlinig die Geschichte eines jungen Mannes. Er reitet, weg von zu Hause, hin zu einem Heer, hört die Erzählung eines Deutschen von dessen Mutter, und das lichte Wort begleitet ihn. Er findet einen Freund, muß sich von ihm trennen, erhält zum Abschied ein Rosenblatt, und trägt es bei sich. Er wird vom Heerführer zum Fahnenträger, zum Cornet, ernannt, trifft auf ein gebundenes Weib, macht es los, schreibt seiner Mutter von der Fahne, verschweigt das Weib, reitet über einen erschlagenen Bauern und sieht in dessen Augen keinen Himmel. Ein Schloß öffnet sich ihm, er erfährt darin Willkommen und Rast, findet im Turmzimmer bei einer Gräfin Liebe und Lust. Vom Feind überrascht, stürzt sich seine Kompagnie in die Schlacht: Der Cornet, allen voran, mit seiner Fahne allein, unter den türkischen Säbeln, endet.

Für den Komponisten war der »Cornet« ein Werk über die Verführbarkeit junger Menschen zum Krieg und über die Bewältigung einer pubertären Krisensituation durch eine große Liebe, in diesem Sinne interpretierte er die Schlußvision des Dichters, wenn sich der junge Mann aufjauchzend in die Säbel der »türkischen Hunde« stürzt, als metaphorische Umschreibung einer Befreiung aus pubertärer Not. Er hat sich in diesem Sinne verschiedentlich öffentlich, namentlich vor der Uraufführung, geäußert.

Ruth Berghaus nahm diese Lesart zur Kenntnis, ohne sie zu teilen. Sie fragte, warum Rilkes Dichtung in zwei von Deutschland ausgelösten Weltkriegen als Kultbuch junger Kriegsfreiwilliger dienen konnte, was von Rilke ausgesprochen, was von ihm verschwiegen wurde. Mit diesem Fragen hatte Rilke selbst begonnen, der 1919 in Erschrecken über die Wirkung seines Buches versichert hatte: »Da war nicht Krieg gemeint, nur Jugend, Andrang, Ansturm, reiner Trieb und Untergang, der glüht und sich verneint.«

Rilkes Text steht in einem durch die Jahrhunderte geführten Diskurs über den Mythos Krieg und Jugend, der auf unsere Zeit durch Ernst Bloch und Walter Benjamin überkommen ist. Auf diesen bezog sich Ruth Berghaus in ihrer Inszenierung. Jugend als Krisensituation wird seit der Romantik künstlerisch thematisiert, als Verlangen, aus einer scheinbar fertigen Welt auszubrechen. Hier liegt das Faszinierende – die Grenze dort, wo daraus Flucht und Verkündigung wird. Bei Rilke liegen das Faszinierende und die Gefahr nahe beieinander. Daher war und ist das Werk benutzbar, wo Jugend zum Mythos gemacht wird und die Kriege den Stoff dazu liefern, die Sehnsucht nach dem Fronterlebnis, in ihm nach dem kameradschaftlichen, gefährlichen Dasein fern von zu Hause. Motive sind Flucht vor dem öden Alltag der älteren (Eltern-)Generation, den man vor Augen hat, Flucht vor dem besitzergreifenden Behütetwerden, dem Leistungszwang, vor den Nöten der Sexualität, vor dem Alleinsein und vor allem Angst vor der Angst. Ruth Berghaus setzte Matthus' Opernvision so in Szene, daß diskutiert werden konnte: Was dem Cornet passiert, geschah und geschieht vielen, es bereitet sich in der Kindheit, im bürgerlichen Alltag mit seinen Zwängen und Tabus vor, hat da seinen Ausgang. In der Handlung von Jugend/Flucht, Soldatsein/Krieg ist auch die Geschichte von Kindheit enthalten, und als Geschichte eines Kindes ist es auch eine der Eltern (Gräfin und Heerführer). Der Krieg gibt den Stoff für eine äußere Krisensituation, die Vision, der Not zu entkommen.

Die Visionen von Rilke und Matthus reflektierend, nutzte die Szene die reiche Fülle des Materials und

Abb. 144, 145
»Zwei Seelen wohnen, ach, in einer Brust.«
Cornet: Angela Liebold, seine Gedankenstimme: Annette Jahns, eine Mutter: Hanne Wandtke
Fotos: Erwin Döring

die in ihm angelegten Widersprüche. Zum einleitenden Chor »Feuer in der Oper« ist die Tür im Eisernen Vorhang geöffnet, der bekanntlich die Bühne zum Zuschauerraum sperrt, damit Feuer nicht übergreifen kann. Was zuerst zu sehen ist: Im Türspalt ein toter Baum, eine versehrte Frau gebiert, das Geborene erweist sich als Doppelwesen, wird von der Mutter in einen Soldatenmantel geborgen und flüchtet. Die Tür fällt ins Schloß.

Was zuletzt zu sehen ist, gleicht einem Trugschluß zum trügerischen Anfang, denn es senkt sich der berühmt gewordene rekonstruierte Schmuckvorhang der alten Semperoper, mit Orpheus darauf, der im Spiel die Kräfte des Chaos besänftigt.

Zwischen dem Anfang, der ein Ende ist, und dem Ende, das ein einstiges Beginnen von Menschheit und Kunst vorstellt, vollzieht sich ein traumhaft-visionäres Spiel.

Cornet und Gräfin hat der Komponist in Figur und Gedankenstimme gespalten, dem Spork gesellt die Berghaus den Marquis als alter ego bei. Sie treibt die Verdoppelung und Spaltung bis zur Vermassung. Tänzer, Absolventen der Palucca-Schule, geben szenischen Chorus, Kontrapunkt und Figuration des Geschehens. Sie sind die Realität des Verdrängten, des Unbewußten, aber auch die Realität von Wünschen, Hoffnungen, Ängsten, sie mischen sich ein, wenden ab, befördern, durchkreuzen, sie definieren die Räume, die Orte des Geschehens.

Durch sie wird das riesige weiße Doppelbett des ersten Bildes zur »Landschaft der Pubertät«, in der der Cornet seiner Gedankenstimme begegnet und beide dem Marquis. Die Tänzer definieren Feldlager als einen Ort, an den das Leben anbrandet. Sie klammern am Maschendraht und im dichten Netzwerk, mit dem sich der Cornet vor der Welt abzuschließen versucht, und sie schlüpfen hinein, wie es Leben zu Leben zieht, sie illusionieren die freie Bewegung der Seelen und Sehnsüchte, wenn die schwarzen Wände vorgerückt, der Kasten/das Kabinett zum Grab, zur Falle geworden ist.

Mit dieser Uraufführungsinszenierung war die Dresdnerin Ruth Berghaus in ihre Heimatstadt zurückgekehrt, zugleich zu den Ursprüngen ihrer künstlerischen Biographie, hatte sie doch den Ausdruckstanz als eine eigenständige, das szenische Geschehen wesentlich strukturierende Kunstform in die Oper eingeführt.

Abb. 146–148
Abschied von der Kindheit
Marquis: Olaf Bär,
Cornet: Angela Liebold,
seine Gedankenstimme:
Annette Jahns, Schüler
und Schülerinnen der Palucca-
Schule Dresden
Fotos: Erwin Döring

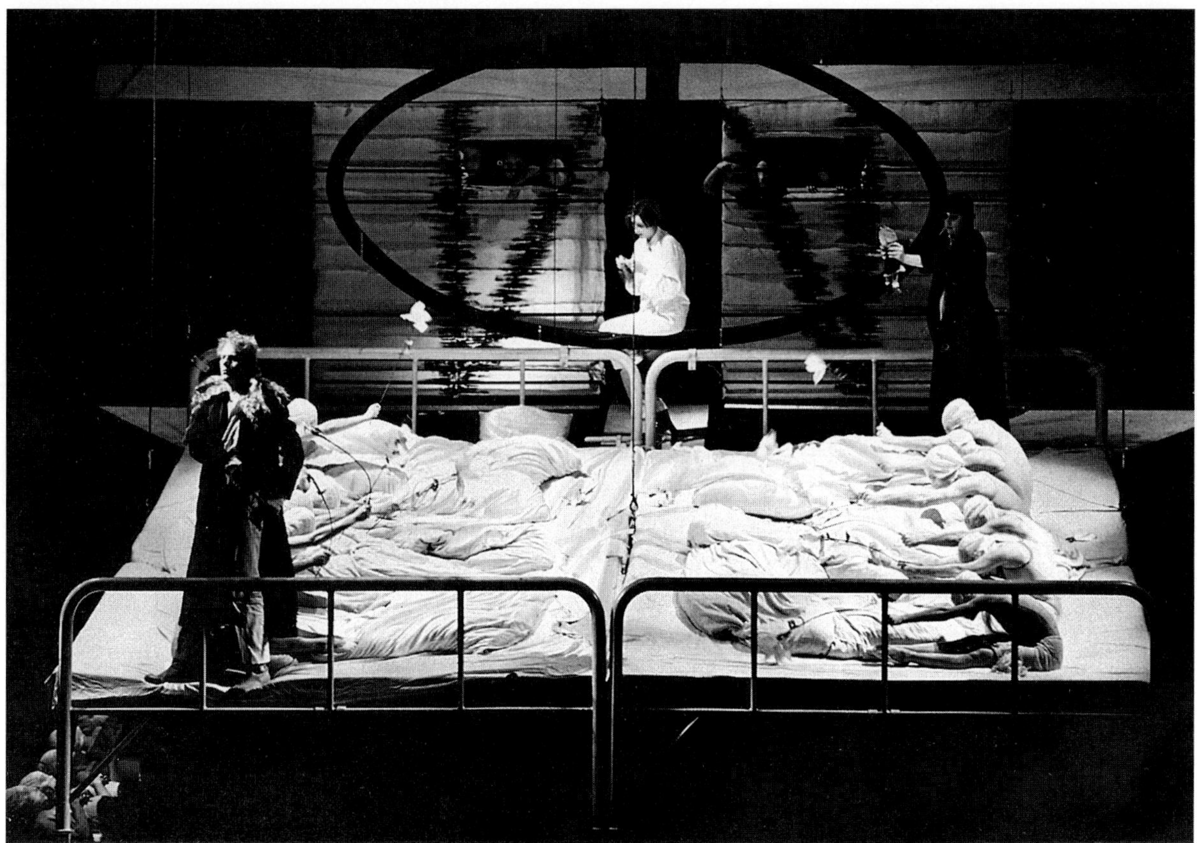

Mitarbeiter suchen im Publikum
Notate zum Schulprojekt: Uraufführung an der Semperoper

Da in der Opernvision von den Sehnsüchten, Hoffnungen und Nöten junger Menschen gesprochen wird, beschloß ich, junge Leute in die Arbeit an der Uraufführungsinszenierung einzubeziehen.

Wir wählten von der Kreuzschule und von der Martin-Andersen-Nexö-Oberschule in Dresden eine sprachlich und eine naturwissenschaftlich orientierte Klasse, gaben den Schülern Rilkes Erzählung zu lesen und sprachen mit ihnen darüber. Schüler und Lehrer waren mit gleichem Engagement bei der Sache.

Am 14. Januar 1985 besuchten sie das erstemal eine Probe. Gearbeitet wurde das zweite Bild: Cornet nimmt Abschied von der Kindheit und erhält einen Auftrag.

Ich bat die Schüler, uns ihre Eindrücke aufzuschreiben.

»Das Bühnenbild erinnert mich an Internierungslager und KZ's, wie ich sie von Bildern und aus Dokumentarfilmen kenne, und es soll meines Erachtens die Enge und Eingeschlossenheit des Cornets darstellen.«

»Das Bühnenbild stellt einen abgeschlossenen Raum dar. In diesem befindet sich der Cornet. Von außen klopft das Leben an. Vielleicht ist der Raum als so eine Art Sinnbild gedacht für die Zwischenstation vom Leben in den Tod.«

»Abgeschlossener Raum – man kann nicht mehr entrinnen – eventuell Zwischenstation zwischen Leben und Tod.«

Es interessierte uns, ob und wie das Prinzip der Verdopplung – Figur und Gedanke – verstanden wird, welche Assoziationen die Tänzer der Palucca-Schule hervorrufen:

»Die Gedankenstimme habe ich leicht erkannt. Man könnte sagen, die Gedanken sind freier, sie machen sich los und versuchen, aus der Abgeschlossenheit herauszukommen. Ich denke, daran kann man erkennen, wer die Gedankenstimme und wer der Cornet ist.«

»Die ›Verwendung‹ des Balletts gefällt mir sehr gut. Das Anklopfen, letztes Zucken des Lebens an der Gitterwand, ist eindringlich. Der kurze ängstliche Aufschrei: ›Mutter!‹ ist, glaube ich, charakteristisch für einen noch so jungen Mann.«

»Beeindruckend war für mich, daß die Regisseurin alle Namen der Ballettschüler wußte. Sonst habe ich zuerst nicht sehr auf die Tänzer geachtet. Es war doch ganz schön viel zu sehen, und das Hauptinteresse lag ja erst einmal auf der Handlung an sich, also beim Cornet. Deshalb war es für mich sehr gut, daß mehrere Male wiederholt werden mußte, da bekam man dann auch das andere, den Hintergrund etwas mit. Deshalb finde ich es fast besser, die Proben zu erleben als die fertige Aufführung. Nur, es wirkt sicher anders auf die Besucher der Uraufführung als auf uns. Ich freue mich, daß wir die Entwicklung in den Proben miterleben können, und möchte mich dafür bedanken.«

(S. N.)

Abb. 149, 150
Verlust der Kindheit
Heerführer Spork: Hajo Müller,
Cornet: Angela Liebold,
seine Gedankenstimme:
Annette Jahns, Schüler
und Schülerinnen der Palucca-
Schule Dresden
Fotos: Erwin Döring

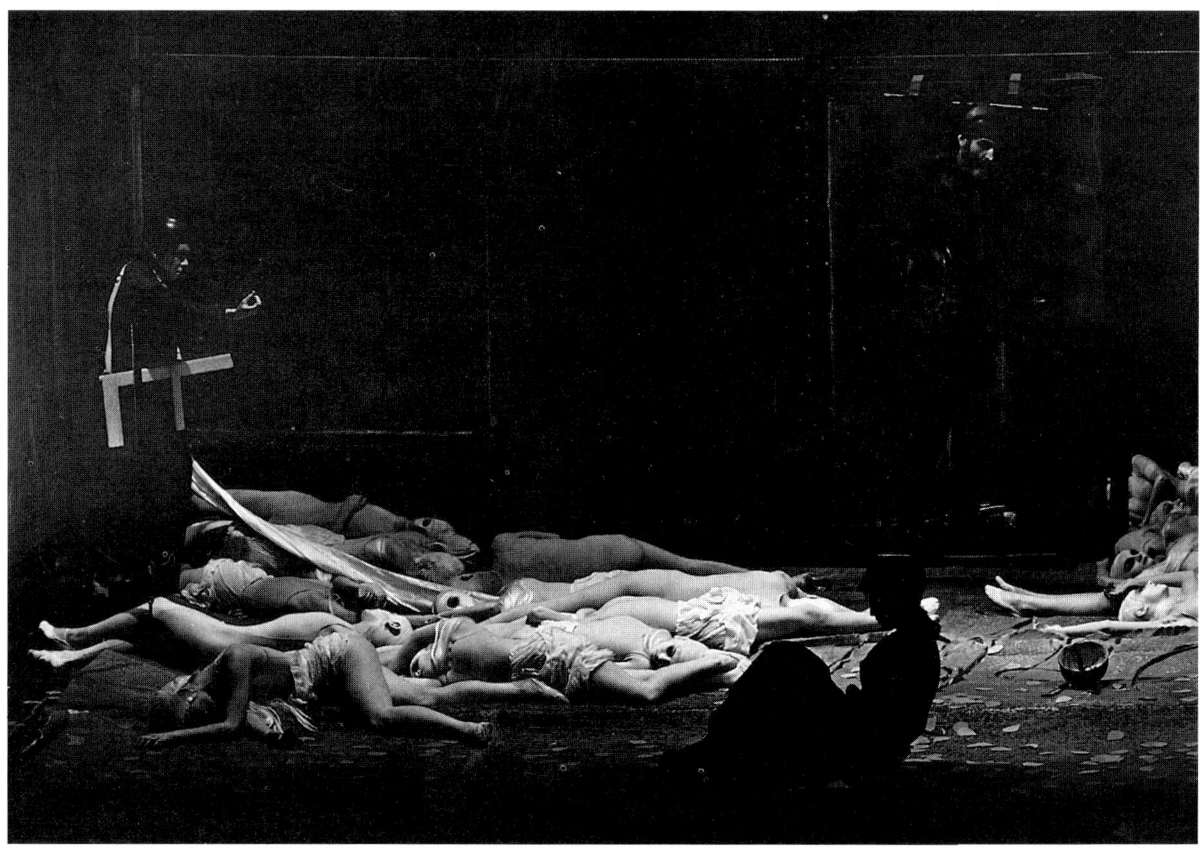

Suche nach der adäquaten Lösung bis zur letzten Sekunde: Veränderungen gab es noch zwischen Generalprobe und Premiere. Es ging um eine szenische Lösung, die den Zuschauer nicht mit einer billigen Tröstung entläßt, ihn aber auch nicht glauben macht, Resignation sei der Situation angemessen. Keiner, weder die Interpreten noch die Zuschauer, wollten, konnten und sollten von der politischen Situation absehen. Die Diskussionen um Tschernobyl waren im Gang, und sie waren heftig. Das gab Hoffnung und bestätigte den Untertext der Arbeit: Rebellion gegen den Tod. Bond hatte die Hoffnung, Orpheus zerbreche die Leier Apollos und könne mit den Resten des zerschlagenen Instrumentes zu einer »neuen Musik« finden, das heißt göttlich-vernünftige und menschlich-leidenschaftliche Musik vereinen. Henze folgt ihm und folgt ihm nicht, seine Musik ist die alte, aber sie hat einen neuen Charakter, sie gehorcht einem dialogischen Prinzip, sie wird zu einem »Ruf ins Entbehrte«. Dafür nun war die szenische Entsprechung zu finden. Die letzte, die Premierenfassung, war: Auf einen Raum, der im Verlaufe der Handlung nach allen Richtungen ausgeschritten wurde, in dem es auf der Horizontalen, und auch nach unten hin, keinen Ausweg gibt, senkt sich von oben eine Silhouette, vielleicht ein Todesvogel, vielleicht ein Flugzeug, aber jedenfalls den Raum nach oben auch verschließend. Der Schwäne sind viele geworden, und der eine stirbt immer noch, der aufrechte Gang ging verloren, Orpheus kämpft mit Hades, immer und immer noch. Und während Apollos Sarabande sich ins Hymnische steigert, recken die Liegenden, die Massenhaften sich hoch und enden im stummen Schrei: dem Ruf ins Entbehrte.

Räume als Zeichen für Zustände, deren Entfaltung in der Bewegung: Geschichte (history) in drei Bildern nennt Bond sein Libretto. Der Bühnenbildner Hans Dieter Schaal entwirft sie, ihren Charakter aber offenbaren sie erst in der Bewegung.

Die Begrenztheit und hermetische Abgeschlossenheit des ersten Ortes: Klopfbewegungen von rechts nach links, dann Aufschlagen von Körpern in umgekehrter Richtung. Der Raum wird akustisch ausgemessen, dann, mit Beginn der Musik, in der Bewegung. Es gibt Versuche, nach oben zu entkommen, nach hinten zu entfliehen, alles scheitert, letzte Möglichkeit: nach unten hin weg, Einstampfen in den Boden, dies der Gang in die Unterwelt.

Im zweiten Bild ist ein Zeichen für Leben in der Katastrophe gesetzt. Es gibt nur noch das Fragment eines Ortes, die Ecke eines Raumes, schräg versinkt ein Bunker, ein Zimmer, weiß gekachelt, wie Bad, Todeszelle, Arztzimmer, Leichenschauhaus. Persephone und Hades darin auf weißen Stühlen am weißen Tisch, aseptisch. Der Alltag ist die Hölle, der Tod, sich der Katastrophe anpassen, mit und in ihr leben. Hier die eigentlich unmöglich scheinende Bewegung auf einer extremen Schräge. Der Sterbende Schwan tanzt. Einst von der großen Anna Pawlowa zur Musik Saint-Saëns ersonnen, ist der Sterbende Schwan zum Zeichen geworden: für die Suche nach dem einsamen Ort des Verendens. Das letzte Bild: Die Flucht von Orpheus und Eurydike endet an der Bahnsteigkante. Dort steht ein Zug, dessen helle Fenster ins Dunkle stechen. Doch: Er fährt nirgendwohin. Die Rampe, der Peitschenlichtmast, die Wartebank, der Schornstein? Es sind alles Versatzstücke einer alltäglichen, jeden Tag und überall anzutreffenden Realität – und doch: Es ist auch die Rampe unseres Jahrhunderts, es ist das in uns eingebrannte Bild von Auschwitz/Birkenau. Die Rückkehr von Orpheus und Eurydike auf die Erde wird zur Einkehr in die Zelle. Im versinkenden Bunker, wo Hades und Persephone saßen, sitzen sich nun Orpheus und Eurydike gegenüber.

Verhältnis von Musik und Szene: Hans Werner Henzes Musik läßt mit deutlich zuweisender Gebärde die einzelnen Figuren Klang werden, so Orpheus mit der Gitarre, Apollo im Bläsersatz, Eurydike im Cembalo und Hades durch die Orgel. Genau an diesen eindeutigen Stellen, wenn Figuren in die musikalische Handlung eintreten, verdoppeln sich musikalische und szenische Erscheinung nicht, kommt es eher zu Überlappungen, Überschneidungen, zu Kontrast- und Ergänzungsmöglichkeiten des einen Elementes durch das andere. Das schönste Beispiel hierfür ist die Begegnung von Orpheus und Eurydike an den Ufern des Styx. Über den Abgrund hinweg spiegelt sich einer im anderen, nimmt einer des anderen Bewegung auf. Die stehenden Akkorde malen die Wasser des Styx, die Bewegungen der Liebenden aber gehorchen einem eigenen Rhythmus, sie

## Orpheus

Geschichte in drei Bildern von Edward Bond
Musik von Hans Werner Henze

Staatsoper Wien
20. Juni 1986
Erstaufführung

Dirigent: Ulf Schirmer
Choreographie und Inszenierung: Ruth Berghaus
Bühnenbild: Hans Dieter Schaal
Kostüme: Marie-Luise Strandt
Instrumentale Einrichtung: Gerd Kühr
Wissenschaftliche Mitarbeit: Karl Mickel
Choreographische Assistenz: Arila Siegert
Dramaturgie: Sigrid Neef

Orpheus: Christian Tichy
Eurydike: Marialuise Jaska
Apollo: Harald Kern
Hades: Heinz Heidenreich
Persephone: Jolantha Seyfried
Der sterbende Schwan: Ildiko Pongor
Ballett der Wiener Staatsoper

Abb. 151
1. Bild
Eurydike: Marialuise Jaska
Foto: Axel Zeininger

werden immer flehender, immer dringlicher, gehetzter; dann mit dem Eintritt schwerer Orgelakkorde mühsamer, bis sie sich festrennen. Nun sind die Orgelakkorde von Henze dem Hades zugeordnet. Einer linearen Dramaturgie zufolge, hätte mit ihnen die Aktion Orpheus – Eurydike enden, Hades auftreten müssen. Nichts dergleichen hier, auch wenn das Bunkerzimmer mit Hades und Persephone sich langsam auf die Zuschauerrampe hin bewegt. Die Orgel wird als fremdes musikalisches Element wahrgenommen, zuerst ins Verhältnis zu Orpheus und Eurydike gebracht, auf die Vergeblichkeit und Mühseligkeit ihres Aufeinanderzustrebens bezogen. Später erst wird der vom Komponisten gemeinte Zusammenhang zwischen Orgelklang und Hades erkennbar, damit der Grund der Mühsal: Tod. Solche Überlappungen prägen den Stil, bereiteten den Tänzern keinerlei Schwierigkeiten.

Hans Werner Henze
An Ruth

So mancher Theater-Komponist wünscht den szenischen Vorstellungen (Bewegungsabläufen, Gesten, Farben, Blicken), die seine Musik in ihm ausgelöst haben oder die ihm beim Erfinden der Musik in den Kopf gekommen sind, bei der Aufführung möglichst vollzählig auf der Bühne wieder zu begegnen. Auch ich gehöre zu dieser Kategorie. Unter einem Regisseur habe ich mir eigentlich immer einen Vollstrecker meiner Ideen vorgestellt. Zuweilen bin ich in solchen Erwartungen derart enttäuscht gewesen, daß ich, um dem Mißstand abzuhelfen, selber und amateurhaft Regie geführt habe. In einigen Fällen ist das gut gegangen, in anderen Fällen nicht so gut, wie das Leben halt so spielt. Wie dem auch sei, es kam mir darauf an – und es kommt mir auch heute noch darauf an –, daß die Musik, ihr Klima, ihre dramaturgische Funktion (die auch innerhalb eines einzelnen Werks fluktuieren kann) und sogar ihre Strukturen adäquate szenische Interpretationen, am liebsten Reflexionen (Spiegelungen) erhält. Danach konnte mir also eine Ruth Berghaus nicht gefallen, obwohl sie doch eine Jugendfreundin ist und ich sie eigentlich anbete. Ich habe leider nicht alle ihre Inszenierungen sehen können (wohne, lebe, arbeite halt weit vom Schuß), und das, was ich von ihr kenne, gefällt mir nicht immer, mißfällt mir sogar in einigen Fällen beträchtlich. Aber in einigen anderen Fällen (z. B. in ihrem Frankfurter »Ring«) hat es mich auch ganz begeistert und bewegt. Im Laufe der Zeit habe ich mich daran gewöhnt, Ruth Berghaus' Arbeit zu verstehen als Forschungen, als ein unablässiges Nachdenken über musikalische Inhalte und ihre ästhetischen Implikationen. Wenn es sich um alte Werke handelt, mit denen sie umgeht, sind die Inszenierungen deutlich abgelöst von den konventionellen Wegen und werfen neues Licht auf die Partituren, öffnen uns die Augen und Ohren für die neue Lesart, erlauben uns ein neues Erleben. Wo immer dies gelingt, finden wir uns überzeugt, lassen uns involvieren und nehmen gern den Berghausschen Standpunkt ein, ändern den unseren und betrachten nun erleichtert den Gegenstand mit den klugen, ironischen, wissenden, humorvollen Berghausschen Augen. Mit den Augen einer Frau, die ihr Bild von der Welt, von den Menschen, ihren Kämpfen, Schwächen, Niederlagen, von Überwindung und Sieg immer neu entwirft und an den Partituren, derer sie sich annimmt, mißt und modifiziert. Die Bilder entstehen aus einem tiefen Musikverstehen, einen natürlichen, aber auch wohlgeschulten Musikalität. Berghaus bleibt der Musik nicht spionierend auf den Fersen, sie überläßt ihr das eigene Tönen und Wirken, ihren eigenen Erzählstil sozusagen, und erfindet abgesetzte szenische Kunstwerke, die Freiräume schaffen (nicht zuletzt solche zum Nachdenken, Nachhören) und gerade mittels solcher Leichtigkeit, solcher Schwebezustände die Musik zur Wirkung kommen läßt. Bei neuen Werken, die noch niemand kennt, scheint ein solches Verfahren möglicherweise weniger nützlich, gilt es doch, erst einmal das musikalisch Gemeinte frei von Mißverständnis und ohne Ablenkung vorzustellen, besonders wenn der Komponist erzählerisch auf klare Verhältnisse aus ist, die sein Gemeintes verdeutlichen, die seiner Zeichensprache entsprechen. Denn wir haben ja die Absicht, zu wirken und zu beweisen, daß Musik nicht abstrakt ist, sondern wirklich, realistisch und daß sie reden kann, singen und tanzen.

Ich denke jetzt an das Abenteuer mit meinem Tanzdrama »Orpheus« in Wien, im Juni 1986, bei dessen Inszenierung die Berghaus auf ihre Erfahrungen als Choreographin zurückgreifen und diese Erfahrungen in ihr heutiges Schaffen einbringen konnte. Auch in diesem Stück habe ich mir beim Komponieren (über die als Anregung für Komponist und Realisatoren zu verstehende Visionen und Beschreibungen Edward Bonds hinausgehende) Vorstellungen gemacht (die mir auch in Erinnerung geblieben sind, ich könnte sie recht genau beschreiben), und diese Vorstellungen sind es ja wohl auch, die meine Musik hervorgerufen und auf ein reales Niveau gebracht haben. Die Ruth, ihr Bildner und der Dramaturgenstab haben sich nun monatelang mit dem Stoff, mit Bond und mit der Musik auseinandergesetzt und sind dabei auf Lösungen und auf einen Darstellungsstil gekommen, der sich von den ursprünglichen Vorstellungen der Autoren entfernt zu haben scheint, um dann aber, gewissermaßen aus der Vogelschau, um so genauer, analytisch interpretierend, auf die Gefühls- und Gedankenwelt des Werkes zurückzukommen. Sie hat mehr verstanden und dem Stück mehr zugetragen, als ich selbst für denkbar gehalten hätte. Sie hat in das Stück, in seine Schluchten und Dunkelheiten hineingeleuchtet und dort Anderes, Unbewußtes, Neues entdeckt und bloßgelegt. Es hat mich außerordentlich bewegt, und es hat in mir etwas ausgelöst, ein Freiheitsgefühl zum Beispiel, das mich in meiner zukünftigen Arbeit bestärken wird, an die ich nun mit weniger Angst, mit Ruhe und mit Vorfreude denken kann. Und es hat uns einander nähergebracht, so wie nur eine künstlerische Begegnung, ein gegenseitiges Verstehen und Achten die Menschen einander näherzubringen vermag. Dieser mutigen, klugen, fleißigen und liebenswürdigen Person wünsche ich für immer Glück und Freude und weiterhin viel Erfolg auf ihrem kompromißlosen und einzigartigen Weg, der das deutsche Musiktheater um große Erkenntnisse und Anregungen bereichert.

Januar 1987

Die »Orpheus«-Bühne

1. Grauer Ort. Neuer Anfang nach dem Ende. Wiederbelebung der Schöpfung im alltäglichen Steinbruch. Versteinerte Zivilisationsreste im Hinterhof. Ein großes Tor spricht von mehr, von draußen, von Entkommen. Metaphysik des Ortes. Hier, am Rand der Welt, das alte Drama: Menschwerdung, Bewußtwerdung, Entdeckung des Anderen, Entdeckung der Wand. Entstehung des Theaters, der Frage, des Ausdrucks, Liebe und Tod.

2. In Frage, Verzweiflung und Wut die Welt in den Abgrund tanzen. Der Blick fällt nicht ins Paradies: Jenseits des Styx Reste und Trümmer des gleichen Alltags, Krieg, Haß, Sehnsucht, Hausreste, Mauerstümpfe, Denkmäler, Schornsteine, Bunker. Archäologie des Scheiterns. Ein Bunker ist aufgeschnitten, im Innern eine strahlend weiße Zelle: Schlachtraum, Leichenhalle, Bad, Wohnraum und Labor in der Mitte der Welt.

3. Ein grauer Zug mit Abfahrtsrampe erhebt sich im Hintergrund aus der Bühnentiefe, die hellerleuchteten Abteilfenster sprechen wieder von Entkommen und Abfahrt. Aber die Rebellion gegen den Tod ist absurd, von Anfang an verloren. Die Unendlichkeit des schwarzen Himmels wird zur schweren Wand, die auf allen liegt.

Hans Dieter Schaal

Abb. 152, 153
2. Bild
Orpheus: Christian Tichy,
Eurydike: Marialuise Jaska,
Hades: Heinz Heidenreich,
Persephone: Jolantha Seyfried
Fotos: Axel Zeininger

Abb. 154
Ruth Berghaus
mit ihrem Bühnenbildmodell der
»Entführung aus dem Serail«
Foto: Barbara Köppe

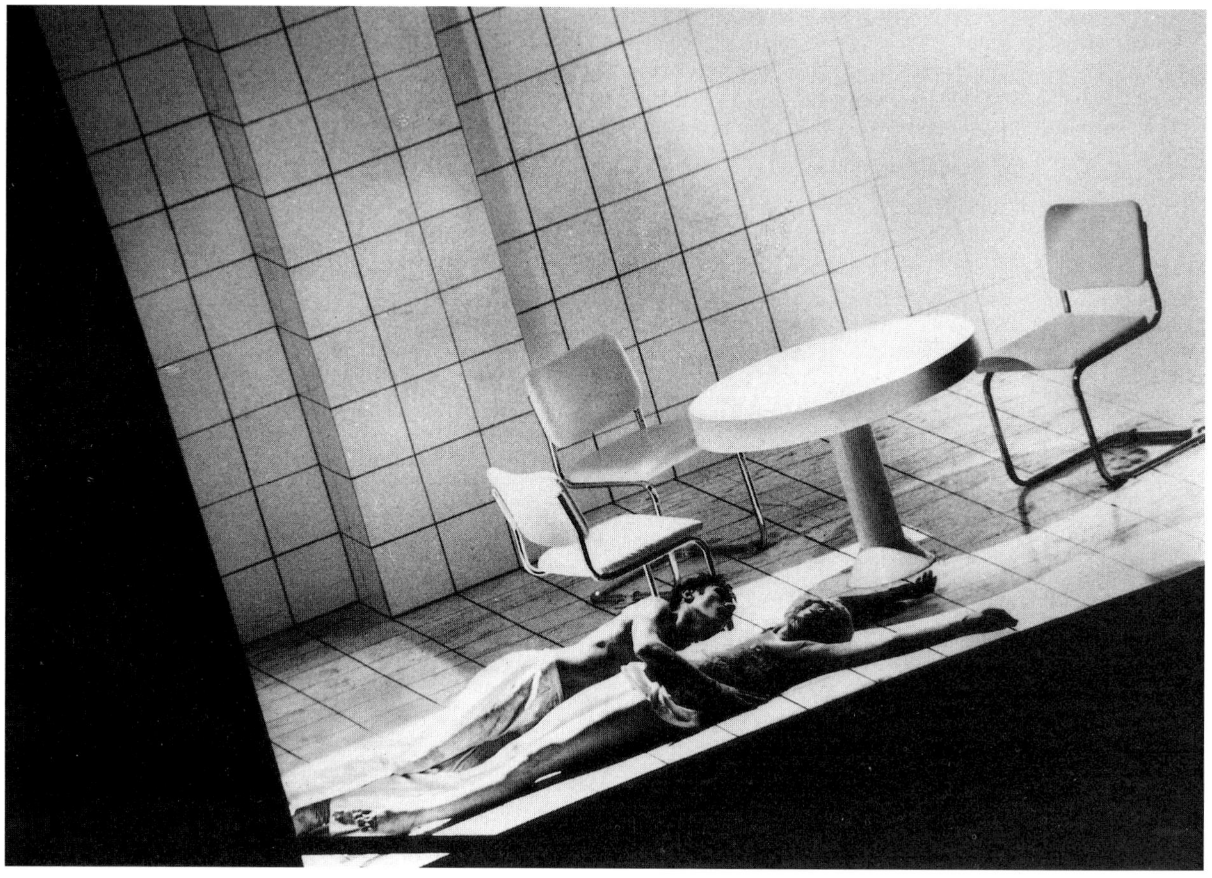

# Zum Beispiel Mozart

Acht Inszenierungen von sieben Opern in Berlin, Frankfurt, Freiburg und Cardiff

1978 inszenierte Ruth Berghaus an der Deutschen Staatsoper Berlin ihre erste Mozart-Oper. Es war die späte Opera seria »La clemenza di Tito«, drei Jahre darauf folgte 1981 mit »Idomeneo« Mozarts frühe Opera seria. Beide Werke gelten als musikalisch bedeutend, doch bühnenunwirksam, für das 20. Jahrhundert stofflich und thematisch peripher.

In diesem Sinne war das Urteil über beide Mozart-Opern gesprochen.

1977 kam durch das Mozart-Buch Wolfgang Hildesheimers Bewegung auf.

In diese Zeit der Beunruhigung und des Neu-Überdenkens fallen Ruth Berghaus' erste Mozart-Inszenierungen. Sie trat zwar nicht für die Ansichten Hildesheimers ein, stimmte aber in einem mit ihm überein, daß jedes Werk aus den ihm eigenen besonderen Voraussetzungen zu entdecken sei. So inszenierte sie »La clemenza di Tito« und »Idomeneo« ohne Rücksicht auf bestehende Vorurteile und gewann sie für die Szene zurück. In den nunmehr neun Inszenierungen von sieben Mozart-Opern hat jede Arbeit ihren Stellenwert, doch zugleich wurden in den beiden ersten wesentliche Prinzipien gebildet und mit Bestimmtheit auch da ausgeführt, wo sie bis dahin versäumt worden waren, so daß man davon sprechen kann, sie habe mit diesen beiden ersten

Einstudierungen das ihr eigene und eigentümliche Fundament für die folgenden Neuentdeckungen geschaffen, damit zugleich peripher behandelten Werken zentrale Aufmerksamkeit geschenkt.

In »La clemenza di Tito« werden unter dem höfischen Schema der Fest- und Krönungsoper tiefer liegende Schichten größerer Tragweite freigelegt. Auffällig ist die Parallelität zwischen dieser Oper und der »Zauberflöte«: Vitellia gegen Titus wie die Königin der Nacht gegen Sarastro. Beiden Opern liegt die gleiche Konstruktion zugrunde, daß ein alter Anspruch auf Erbe und Liebe von Frauen eingefordert, eingeklagt und von Männern im Namen von Vernunft und Humanität – der des Zeitalters der Aufklärung – verweigert wird. Das Neue setzt sich durch, doch ohne daß das Alte von Mozarts Musik aufgegeben wird. Es verwunderte damals und erstaunt noch heute viele, wenn Ruth Berghaus ganz plötzlich die Bühnenrealität sichtbar werden läßt, ohne daß ein sofort erkennbarer Anlaß vom Stück her gegeben ist. So war es im »Idomeneo«. Die gefangene Trojerin Ilia weilt mit ihren Gedanken in der zerstörten Heimat, und von Troja schwemmt Strandgut an Kretas Küste, Arme, Köpfe, Rümpfe von Statuen, Reste der einstmals blühenden, nun verwüsteten Kultur. Während die Bewegung der Gegenstände, ihr Schaukeln und Schwanken auf dem Meer der Stürme und Empfindungen wunderbar visionär vor sich geht, sind die Ausführenden, die Statisten in ihrer Arbeitskleidung zu sehen.

Ein Kontext stellt sich her: Solcherlei Einbrüche von Bühnenrealität sind der immerwährende Versuch, Theater als einen Ort innerhalb einer bestimmten Zeit und Welt zu realisieren, den Zuschauer wie Interpreten zu ermächtigen und zu ermutigen, seinen eigenen und vor allem wechselnden Standpunkt auf die wechselnden Bilder und Bewegungen zu wählen.

Wenn die eröffnende Belmonte-Arie in der Inszenierung der »Entführung aus dem Serail« von einer Figur gesungen wird, die man für Mozart halten sollte, der sich dann wieder in einen Belmonte verwandelt, werden die Bilder beider, das von Schöpfer und Geschöpf, gegeneinander vertauscht, eine Aufforderung, Übereinstimmungen und Abweichungen zwischen beiden herauszufinden. Zugleich wird dagegen opponiert, Mozart in einem Bild zu verfestigen. Der Mozart aber der »Entführung aus dem Serail« gilt seit jeher als eine tändelnde unernste Gestalt des Rokoko. Also wird ein Bild vorangestellt und aufgelöst. In diesem einmaligen Vorgang liegt zugleich eine grundsätzliche Wahrheit von Ruth Berghaus' Ästhetik: gegen Verfestigung und an Bewegung mitzuwirken.

Der Dirigent Michael Gielen wurde der entscheidende Partner von Ruth Berghaus. Beide nutzten die historische Chance, mit der Neuen Mozart-Ausgabe die Verfälschungen des 19. Jahrhunderts auszuschließen und auf das unverstellte Werk zurückzugreifen. Ihre Frankfurter Arbeiten rückten ins allgemeine Bewußtsein, welcher Wechsel im Gattungsgefüge zwischen 18. und 19. Jahrhundert stattgefunden hat.

Den Dirigenten und Komponisten Michael Gielen interessierte die Stringenz der musikalischen Struktur, wie durch genaue, fast mathematisch kalkulierte Temporelationen Mozarts Opern jene eigentümliche Unausweichlichkeit gewinnen. Beide trafen sich vollkommen darin, keine Brüche zu verschleifen, auf keiner Ebene, weder zwischen Wort und Ton noch zwischen Nummer und Nummer, Arie und Rezitativ. Das bedeutet: jeder Nummer ihren eigenen Raum ohne Vorauswissen des Folgenden zu geben, die jeweils neu und anders angelegten Extreme herauszuarbeiten, im aufklärerischen mathematischen Kalkül der Musik die Gegenbewegung – musikalische Empfindsamkeit – hörbar zu machen. Beide stellten so in Mozarts Opern die Strenge und Unerbittlichkeit der ablaufenden Zeit und die Unendlichkeit der »inneren Wahrheit«, des von extremen Gefühlen und Gedanken erfüllten Augenblicks her.

»Wenn wir etwas erreichen wollen, müssen wir mitteilen dürfen, daß Menschen in Bewegung sind, in einem übertragenen Sinn. Nicht, daß sie nur irgendwohin gehen müssen, sondern, daß, wenn sie irgendwohin gehen, sie sich auch in sich selbst bewegen«, ist eine Mitteilung von Ruth Berghaus aus der Arbeit an der »Entführung aus dem Serail«, ein Leitmotiv ihrer Beschäftigung mit Mozarts Opern.

Es war die erste Inszenierung dieses Werkes in der DDR. Die zur Krönungsfeier Kaiser Leopolds II. zum böhmischen König in Auftrag gegebene Oper, von der Kaiserin wegen ihrer deutlichen politischen Anspielungen auf den gescheiterten reformatorischen Kurs Kaiser Josephs als »porcheria tedesca«, deutsche Schweinerei, bezeichnet, war mit mancherlei Vorurteilen belastet: Der Auftrag, Verherrlichung eines Souveräns, habe den Gehalt wesentlich beeinflußt, der Komponist sei mit der Form der Opera seria hinter bereits erreichte ästhetische Positionen zurückgefallen, »La Clemenza di Tito« als eine Opera seria jenseits der Blüte der Gattung – eine Aufführung lohne sich nur in sängerischer Hinsicht.

Die Konstellation an der Deutschen Staatsoper 1978 deutet darauf hin, daß das Werk unter diesem Aspekt ausgesucht worden war. Alle fünf großen und populären Opern Mozarts, von der »Entführung aus dem Serail« bis zur »Zauberflöte«, befanden sich im Repertoire, zugleich hatte die Staatsoper in diesen Jahren ein Sängerensemble mit einer geradezu idealen Besetzung für Mozarts Oper seria: Celestina Casapietra, Carola Nossek, Ingeborg Springer, Ute Trekel-Burckhardt, Peter Schreier und Siegfried Vogel. »Mozart – neu entdeckt«, stellte die Presse nach der Premiere einmütig fest, und das ist um so erstaunlicher, da in Italienisch gesungen wurde.

War es bis dahin ein entscheidendes Problem, daß die beiden Liebhaber, Sesto und Annio, für Mezzosopranistinnen geschrieben waren, so konnte Ruth Berghaus mit Ute Trekel-Burckhardt und Ingeborg Springer nicht nur jede aus Hosenrollen erwachsende Peinlichkeit vermeiden, sie gewann dieser Besetzung genau die Offenheit, Zerbrechlichkeit und Verletzlichkeit ab, die Mozart musikalisch gemeint hatte, schöne, kulturvolle Sprößlinge der römischen Gesellschaft.

»Mozart – neu entdeckt«, meinte aber auch, daß Ruth Berghaus eine Simplifizierung des Konfliktes – machthungrige Schöne giert nach Thron und Kaiserliebe, wird verschmäht, stiftet ihren Liebhaber zum Putsch an, der Kaiser erfährt alles und verzeiht – ausschloß. Anstelle dessen wurde der musikalische Konflikt in Szene gesetzt: Die absolute Kultur der Gefühle, Meisterung der Leidenschaften, das Ausbalancieren der äußeren wie inneren Kräfte wird versucht und gelingt nicht, genausowenig wie das totale Ausleben aller Triebe und Leidenschaften. Das entfesselte Chaos im Äußern und Innern schlägt auf die Verursacher zurück. Es gibt trotz rationaler Kontrolle

## La clemenza di Tito

Dramma per musica
in zwei Akten von
Wolfgang Amadeus Mozart
Text nach Pietro Metastasio
von Caterino Mazzolà

Deutsche Staatsoper Berlin
28. Mai 1978

Musikalische Leitung: Wolfgang Rennert
Inszenierung: Ruth Berghaus
Bühnenbild und Kostüme: Marie-Luise Strandt
Chöre: Ernst Stoy

Titus Vespasius, Imperator von Rom: Peter Schreier
Vitellia, Tochter des Imperators Vitellius: Celestina Casapietra
Sextus, Freund des Titus, Geliebter der Vitellia: Ute Trekel-Burckhardt
Annius, Freund des Sextus, Geliebter der Servilia: Ingeborg Springer
Servilia, Schwester des Sextus, Geliebte des Annius: Carola Nossek
Publius, Präfekt der Prätorianer: Siegfried Vogel

Abb. 155
Sextus: Ute Trekel-Burckhardt,
Annius: Ingeborg Springer
Foto: Maria Steinfeldt

Abb. 156
Titus Vespasianus, Imperator von Rom: Peter Schreier, Sextus: Ute Trekel-Burckhardt, Sklave: Luis Strandt
Foto: Maria Steinfeldt

unberechenbare Ausbrüche und Einbrüche, die Dämpfung, die »clemenza«, hilft weder dem, der Milde übt, noch denen, die sie empfangen. Sich selbst entflieht man nicht. Isoliert bleibt Titus, wenn er nach dem aufgedeckten Mordanschlag in der Menge des Volkes »baden« will, das heißt körperliche Nähe sucht.

Milde isoliert, denn »clemenza« ist hier ein komplexes politisch-öffentliches und zugleich privates Prinzip: Anstelle zerstörerischer Leidenschaften zwischen Mann und Frau und offener Gewalt wird die sanfte Lust mit Knaben und die subtile Zerstörung gesetzt. Durch Vernunftgründe und Schuldzuweisung wird der einzelne von der Gemeinschaft isoliert, ausgesondert, damit das Ganze seine Ordnung bewahrt. Vielleicht war Mozarts Oper zur Zeit ihrer Entstehung so nicht gemeint, aber das in ihr Angelegte wurde in dieser Inszenierung zu Ende gedacht und sinnlich anschaulich gemacht.

Der international bekannte Berliner Musikwissenschaftler Professor Georg Knepler, einst einer der ersten Streiter für die Anerkennung Mozarts als einer Gestalt der Aufklärung, schrieb Ruth Berghaus diesen Brief.

11.12.1978
Liebe Ruth Berghaus!

Ich habe nun endlich Deinen »Titus« gesehen, und ich muß sagen, daß ich etwas so vollkommen Schönes schon lange nicht gesehen und gehört habe. Die Augen, die Ohren, das Herz und der Verstand waren gleichermaßen mit Ambrosia bedacht. Die Sängerdarsteller sind ideal, die Chöre vortrefflich. Vor allem ist Deine Inszenierung so gelungen, daß das »unaufführbare« Werk für mich zum ersten Mal zu leben begann. (Ich habe eine unerträgliche Aufführung in Wien in Erinnerung und entsinne mich einer ebenso unerträglichen aus meiner Studienzeit.) Nicht bloß, daß Du Dutzende von Einfällen hattest, die die Handlung sinnlich erlebbar machen, es ist vor allem Dein zentraler Gedanke, die ganze Oper in eine erotische Atmosphäre zu tauchen, die mit einem Schlag alles zum Leben bringt. Ich weiß nicht, ob Mozart eine homosexuelle Beziehung Titus–Sesto mit einkalkuliert hat, aber was er komponiert hat – in mancher Hinsicht an »Cosi« erinnernd –, geht mit Deiner Konzeption so bruchlos auf, daß man sich nur wundern kann, wieso noch keiner auf die Idee gekommen ist! In Rom!

Auch die Kostüme und das Bühnenbild fand ich ausnehmend schön. Auch ist Dir die sonderbare Vermischung von »Offiziellem« und Privatem glänzend gelungen. Ich weiß nicht, ob es Dir aufgefallen ist, daß die Ouvertüre – in dieser Hinsicht die einzige bei Mozart und auch sonst ist mir kein Parallelfall bekannt – in der Reprise das zweite Thema vor dem ersten bringt. Das hat zur Folge, daß die »feierlichen« Teile die intimeren (2. Thema, Durchführung, Reprise des 2. Themas) umrahmen, so wie Ouvertüre und 2. Finale (das sich am Schluß auf die Ouvertüre rückbezieht) die ganze Oper umrahmen. Das scheint mir Deine Konzeption zu bestätigen!

Kurzum, ich gratuliere Dir herzlich zu Deiner Meisterleistung!
Dein Georg Knepler

Zum charakteristischen dieser Mozart-Inszenierung gehört es, Mythos und Entstehungszeit so aufeinander bezogen zu haben, daß aus dem alten Stoff der Funke für die Gegenwart schlug.

Nach Hegel gehört die Mythe zur Pädagogie des Menschengeschlechts. Dem Mythenkreis um den Trojanischen Krieg, dem die Idomeneo-Geschichte entstammt, ist der folgenreiche Umbruch von der Urzur Sklavenhaltergesellschaft eingeschrieben. Hatten sich die Menschen in der alten Gesellschaft Götter vornehmlich erschaffen, um den unerkannten Naturgesetzen ein absichtsvolles Walten zu unterstellen, so wurden nun die Götter für die scharf ausbrechenden sozialen Konflikte verantwortlich gemacht.

Fernab von Troja wirkten sich die zehn Jahre Krieg auch auf die von Zerstörung verschonte griechische Heimat aus. Die Mythologie weiß davon vielfach zu berichten, so in der berühmten Geschichte vom Atridengeschlecht. In diesem Kontext steht auch das Schicksal Idomeneos. Wie Agamemnon trifft er bei der Heimkehr auf gestörte Verhältnisse. Die Insel Kreta, die als ein Hort des Friedens winkte, wird für alle ein Ort des Leidens und der Schrecken. Bei einem Sturm, in dem die kretische Flotte kurz vor der Heimkehr untergeht, verspricht Idomeneo Poseidon *den* Menschen zu opfern, der ihm als erster nach glücklicher Landung begegnet. Es ist der Sohn. Der Vater will das Gelübde nicht einlösen, doch Poseidon fordert es, läßt niemanden von der Insel. Des einen Schicksal haben alle zu verantworten, Rettung kommt von zwei Liebenden, die sich füreinander zu opfern bereit sind.

Deutlich treten in Mozarts »Idomeneo« politische, religiöse und ethische Ansichten und Absichten des 18. Jahrhunderts hervor. Kenntnis der Mythologie gehörte bei der kulturtragenden Schicht dieses Jahrhunderts zur Allgemeinbildung. Das war eine Voraussetzung, Mythologie desto individueller zu interpretieren, so daß Ruth Berghaus davon ausging, daß Leidenschaften, die »oppositi affetti« (widerstreitende Empfindungen) und »contrasti« (innere Kämpfe), Geschichte und Mythos das Material der Mozartschen Figuren sind. Umwälzungen lösen ihre Konflikte aus. Altes und Neues trifft sich in ihnen wie in einem Brennspiegel, das Licht der Musik erhellt das Wesen von Menschen in Zeiten des Umbruchs.

Der Figuren Befindlichkeit ist durchweg empfindsam, verletzbar sind sie und ungeschützt. Die Insel ist eine szenische Metapher, ein Ort der Ungeschütztheit, ganz praktisch von Marie-Luise Strandt als steil abfallendes/ansteigendes Tableau gebaut. Die Figuren sind durchweg frei gegen einen freien Hintergrund, nichts hält, nichts schützt sie, umgeben von einem schwarzen Nichts, aus dem heraus bald schmeichelnde Gesichte, bald drohende Ungeheuer auftauchen. Das Meer ist eine Metapher für die Spannung zwischen Unterwerfung und Empörung, die die Empfindungen der Menschen aufwühlt. Die Handlungen der Figuren scheinen der Seele unmittelbar zu entspringen, sie sind in Bewegung und kommen nicht vom Fleck. Von diesem Widerspruch wurden die Haltungen und die Arrangements in dieser Inszenierung bestimmt.

Die Handlungen der Opera seria sind der antiken Mythologie entlehnt, wie sie das 17. und frühe 18. Jahrhundert verstand. Die Fabel ist so geführt, daß extreme äußere Situationen zusammenschießen: Schiffbruch, Erdbeben, Feuerregen und Seuchen. Das Libretto setzt fünf oder sieben Personen in unvermittelte Widersprüche: jede mit jeder. Dem äußeren Extremismus der Bühne entspricht der innere der Seelen: Zorn, Wut und Selbsthaß, Rache und Großmut, Wahnsinn und übermenschliche Vernunft. Die polaren Affekte durchdringen einander: gleich Kerker und Rettung, Hybris und Höllensturz. Eros zeugt Furien, Verbannung entbindet Begierden. Die Helden sind schuldig. Götter und Monster treiben ihre Scherze; sie verstricken beiläufig die Könige und entfesseln nach Willkür. Mozarts frühes Werk ist ein Spätling der Opera seria. Gestalten aus dem Geiste der Aufklärung kämpfen auf dem Territorium der barocken Dramaturgie. Sie schwanken, taumeln. Die Erde hält die Körper nicht. Sie sind in Bewegung und kommen nicht vorwärts. Sie fliehen und bleiben am Ort. Die Aktionen sind scheinbar nur Nachwehen der Seelenstürme. Die Inselmenschen laufen gegen das Meer: die Wand, welche sie umringt. Ihre Gedanken rennen in die Stille: Schattenarien ohne Abschluß. Die Musik bleibt meist schwebend. Poseidon nämlich hat die Menschen an eine geschlossene menschliche Gesellschaft, das Ancien regime formal sanktionierend, zurückverwiesen, damit sein Amt de facto niedergelegt. Die Flucht zu anderen Göttern, in Argos, blockiert er. Dramatis personae müssen ihre Schicksale untereinander ausmachen, da keine Instanz keinen Appell weiter bearbeitet. Mozart führt den Arienschluß der einen Person zum Accompagnato der andern. Schon die Ouvertüre geht bruchlos ins erste Recitativ, dieses wandelt unmerklich zur Arie. Menschen brauchen endlich Auskunft von Menschen: wie sonst könnten die Seelen der Furien Herr werden? Doch antwortet niemand. Mozart vereinsamt die Figuren, bis sie sich selbst zerstören und aufgeben und fallenlassen – dann fängt sie seine Musik: sanft.

Ruth Berghaus im Programmheft der Inszenierung an der Deutschen Staatsoper Berlin

## Idomeneo

Dramma per musica in tre atti
von Wolfgang Amadeus Mozart
Text von Giambattista Varesco

Deutsche Staatsoper Berlin
5. Mai 1981

Musikalische Leitung:
Peter Schreier
Inszenierung: Ruth Berghaus
Ausstattung:
Marie-Luise Strandt
Dramaturgie: Sigrid Neef,
Karsten Bartels
Chöre: Ernst Stoy

Idomeneo, König von Kreta:
Eberhard Büchner
Idamantes, sein Sohn:
Uta Priew
Elektra, Tochter des Königs von Argos: Magdalena Hajossyova
Ilia, trojanische Prinzessin:
Carola Nossek
Arbaces, Vertrauter des Königs: Günter Kurth
Oberpriester Neptuns:
Henno Garduhn
Die Stimme: Fritz Hübner
Neptun: Wolfgang Appenheimer

## Die Zauberflöte

Eine deutsche Oper
in zwei Aufzügen
Text von Emanuel Schikaneder
Musik von
Wolfgang Amadeus Mozart

Oper Frankfurt
4. Mai 1980

Musikalische Leitung:
Michael Gielen
Inszenierung: Ruth Berghaus
Ausstattung: Marie-Luise
Strandt
Choreinstudierung:
Hellwart Matthiesen

Sarastro: Manfred Schenk
Tamino: John Stewart
Sprecher: Vladimir de Kanel
Priester: Alfred Vökt
Königin der Nacht:
Sylvia Greenberg
Pamina: Hildegard Heichele
Erste Dame: Tamar Rachum
Zweite Dame: Ilse Gramatzki
Dritte Dame: Margit Neubauer
Drei Knaben: Carsten Müller,
Gregor Lütje, Thomas Paulsen
Ein altes Weib (Papagena):
Katherine Stone
Papageno: William Workman
Monostatos: William Cochran
Erster geharnischter Mann:
Seppo Ruohonen
Zweiter geharnischter Mann:
Carlos Krause

Mit dieser Inszenierung begann eine zehnjährige kontinuierliche Zusammenarbeit Ruth Berghaus' mit dem Dirigenten Michael Gielen. Ihnen gemeinsam war, ohne Rücksicht auf herrschende Vorurteile den Werken durch genaues Befragen auf den Grund zu gehen, radikal und kompromißlos.

Einst war Felsensteins »Zauberflöten«-Inszenierung 1954 auch aus einem solchen Fragen entstanden, im Kampf gegen Routine, einer besonderen Form von Vorurteilen. Der Gründer der Komischen Oper hatte den Komponisten als Gewissen des Theaters wieder in seine Rechte eingesetzt. Doch konnte er nicht verhindern, daß seine eigenen Inszenierungen alsbald den Blick auf die Werke verstellten. Seine absolute Idealisierung Sarastros zum Beispiel und die »siegende Aufklärung« galten jahrzehntelang nicht als Interpretationen eines Werkes, sondern als das Werk. Und so sind »Zauberflöten«-Inszenierungen an dieser exemplarischen Arbeit von Walter Felsenstein gemessen worden, obgleich er irritierende Elemente durch Umstellung und Streichung eliminiert, also das Werk verändert hatte.

Ruth Berghaus nahm nicht dieses Bild von einem Werk, sondern dieses selbst zur Kenntnis und bezog sich darauf. Sie legte unter der Oberflächenschicht eine tieferliegende, verborgene oder auch verschüttete, verdrängte frei: Sie überhörte nicht, daß diese Oper von Klagen widerhallt, den Leidgesängen einer Mutter und deren Tochter, den Hilferufen existentiell verstörter Männer und Frauen.

Sarastros Priesterstaat ist weder idealisiert noch diffamiert, sondern von seiner Bedeutung im 18. Jahrhundert her aufgefaßt: eine entzauberte Nützlichkeitswelt, einerseits mit stark repressiven Zügen gegenüber allem Andersartigen, andrerseits aber auch eine schnell und reibungslos funtionierende Ordnung, die wahrhafte Entgegensetzung zur »zauberischen«, im buchstäblichen Sinne »verfänglichen« Welt der Königin der Nacht mit den Stricken und Netzen des Vogelfängers Papageno. Die eine Welt wird durch das Wort, das Buch, den Verstand regiert, die andere durch die Sinne, durch Berührungen, Verstrickungen und Bezauberungen bewegt. Beide Welten aber – und das wurde im sinnlichen Vollzug der Inszenierung wichtig – sind nicht voneinander zu trennen. Hier hatte das Einheitsbühnenbild von Marie-Luise Strandt seine besondere Funktion. Königin der Nacht und Sarastro »hausen unter einem Dach« beziehungsweise in einem Bauwerk. In dessen Gängen, Schluchten und Winkeln verbirgt sich manches und wird verborgen, was im hellen Licht verschwiegen wird: solche, die durch die Prüfung gefallen sind, die Sklaven, die Unerlösten.

Das Finale gibt eine der Musik selbst abgelauschte komplexe Situation: Die letzte Melodie der Oper resultiert weder aus dem Kreis Sarastros noch aus dem Nachtreich der Königin, sie entstammt der Begegnung Pamina–Tamino vor der Feuerprobe. Bevor der Jubel beginnt, sind die Königin der Nacht und ihre Damen unter einem herabfallenden weißen Segel, einst ein Ort versuchter Flucht von Pamina und Papageno, erstickt worden. Nur eine der Damen konnte sich retten, mühsam mit verstörtem Blick kriecht sie hervor. Pamina selbst beweint im beginnenden Finale die gescheiterte Mutter. Sarastros und des Paares Wege trennen sich.

Auch hier. Das Neue, die Vernunft des 18. Jahrhunderts, der Aufklärung hat sich durchgesetzt, das Alte ist verdrängt, »erstickt«, doch – Mozarts Musik verrät das Alte nicht, verrät die Liebe nicht, auch nicht in ihrer kläglichsten Gestalt.

Zehn Jahre danach erinnert sich der als Operndirektor aus Frankfurt scheidende Michael Gielen dieser ersten Arbeit: »Nichts in der ›Zauberflöte‹ ist so stark angegriffen worden wie das Bühnenbild. Daß hinter diesem Bild eine ganz wunderbare Idee steht, hat man nicht gesehen. Am Anfang ist alles verhangen, und man weiß gar nicht, wie die da oben auf dem kleinen Platz zurechtkommen. Es hängt alles runter, und man weiß gar nicht, was es ist. Und allmählich, im Verlauf des Stückes wird es immer durchsichtiger, so daß es am Schluß total durchsichtig ist, also ein Bild für die ›siegende Aufklärung‹. Was die Handlung, die Szene erzählt, konterkariert das Bild. Einen Widerspruch hat das Bild nicht – aber das ganze Stück ist der Widerspruch zu dieser abstrakten Aufklärungsidee, die sich in dem Durchsichtigwerden des Bildes erzählt.« (Michael Gielen in einem Rundfunkgespräch »›Ring‹ und 10 Jahre Frankfurt«)

Auf dem Besetzungszettel war lapidar, fast bescheiden vermerkt: »Die Aufführung folgt zum ersten Male der neuen Ausgabe sämtlicher Werke von W.A. Mozart.«

Hier trafen sich die Anstrengungen der Musikwissenschaft mit dem theatralischen und musikdramatischen Willen einer Regisseurin, die durch falsche Aufführungstraditionen verstellten Werke Mozarts in ihrer ursprünglichen Struktur freizulegen. Das führte zu überraschenden musikalischen und theatralischen Entdeckungen. Die Überraschungen lagen erst einmal auf musikalischer Ebene, dort, wo die Musikwissenschaft an Mozarts Original erinnerte. So weist der Komponist nicht schlechthin auf den besonderen Charakter der »türkischen Musik« hin, er fordert vor allem hier immer den Einsatz von Triangel, Becken und großer Trommel.

Die Alla-turco-Ornamentik wollte also von Mozart nicht als bloßes Schnörkel verstanden sein, sondern als eine quasi in Metall gestanzte Musizier- und Lebensweise. Zu dieser gehört auch der »vergessene« Chor der Janitscharen (Nr. 5 in der Neuen Mozart-Ausgabe vor dem Chor »Singt dem großen Bassa Lieder«). Daß das Orientalisch-Türkische die Entgegensetzung zum Europäisch-Christlichen sei und damit in einem Singspiel kein bloß akzidentieller, sondern existentieller Konflikt herrsche, war eine Entdeckung der Musikwissenschaft. Diese Entdekkung wurde für die Szene ernst genommen, und alle scheinbar noch so kleinen Funde im Original auf diese Konsequenz hin bedacht. Das betrifft, in der Abfolge der Handlung, die zur sogenannten Nebenfigur degradierte Partie der Blonde. Deren erste Arie wurde in der herkömmlichen Aufführungstradition um ein Fünftel ihres Gesamtumfanges gestrichen, womit die von Mozart angelegte Rondoform zerstört war und damit auch der Charakter der Figur. Blonde ist eine Vertreterin der fortschrittlichsten Weltmacht jener Zeit, eine Engländerin mit emanzipatorischem Temperament. Das Zerstörungswerk an der Figur setzte bereits ein, als ihr Name, Blonde, zu »Blondchen« verniedlicht wurde. Diese Blonde erteilt dem Osmin eine Lektion in europäischer Lebensweise, daher die Rondoform. Denn die Lektion ist schwierig und erfolgt in einer komplizierten Situation, sie muß dem strengsten Vertreter des Islam eingegeben werden. Wiederholung ist eine Form dieser Belehrung, hier eines Machthabers durch seine Sklavin, eines Orientalen durch eine Europäerin. Ruth Berghaus' Blonde kämpft in einer fast ausweglosen Lage um ihre menschliche und weibliche Würde und Freiheit, achtet in diesem Kampf auf ihre Mittel, macht sich nicht zum leichtfertigen unernsten Geschöpf.

Belmonte ist in der Opernliteratur als eine der schwierigsten Tenorpartien bekannt, es hat sich daher eingebürgert, gewisse Erleichterungen zu schaffen und die Koloraturen der Arie Nr. 15 »Wenn der Freude Tränen fließen« zu streichen. Die Neue Mozart-Ausgabe macht auf diesen Verlust aufmerksam, und hier nun bewies sich, daß Ruth Berghaus nicht nur die Ehefrau des Komponisten Paul Dessau und Regisseurin seiner Opern war, sondern sich auch auf den geheimen Diskurs verstand, der zwischen den großen Geistern der Musik geführt wird. Paul Dessau hatte 1965 in seinen Mozart-Adaptationen des Quintetts KV 614 jene melodischen Anspielungen auf Belmontes Arie Nr. 15 zitiert, dabei besonders die für Mozarts Zeiten kühnen und überraschenden harmonischen Querstände betonend. Diese waren und sind das Signum für Unaufgelöstes, für scharfe Spannungen. Die Rückführung der gestrichenen Koloraturen bedeutete, die von Mozart gesetzten Achtungszeichen für den Zusammenhang zwischen Freude und Tränen nicht zu übersehen.

Das Bühnenbild, von Ruth Berghaus selbst, mit fachlicher Hilfe des Technischen Direktors Max von Vequel, der Frankfurter Oper, geschaffen, war ein weißer Raum, ein vorn offener Kasten, der auf wundersame Weise weder auf dem Bühnenboden stand noch irgendwo hing, sondern wie in einem schwarzen Nichts schwebte und sich gegen alle Gesetze der Schwerkraft bewegte. Von der Kritik wurde er liebevoll-spöttisch als »Gefühlsbox« bezeichnet. Im eckigen Raum stoßen die runden menschlichen Körper sich wund, stoßen aufeinander. Solange der Kasten geschlossen ist, öffnen sich die Figuren, zeigen ihr Inneres, legen ihre Hüllen ab, entblößen sich. Je mehr der Kasten sich aber öffnet, Türen gehen in den Wänden auf, Klappen springen auf, fallen zu, oben und unten, desto mehr verschließen sich die Figuren, sperren sich selbst ein, verhakeln sich ineinander. Raum-Körper-Bewegungen sind in Spannung

## Die Entführung aus dem Serail

Singspiel in drei Aufzügen
von Wolfgang Amadeus Mozart
Dichtung nach Bretzner
frei bearbeitet
von Stephanie d.J.

Oper Frankfurt
2. Dezember 1981

Musikalische Leitung:
Michael Gielen
Inszenierung: Ruth Berghaus
Bühnenbild: Ruth Berghaus,
Max von Vequel
Kostüme und Requisiten:
Marie-Luise Strand
Choreinstudierung:
Marcel Seminara

Selim, Bassa: Edgar M. Böhlke
Konstanze, Geliebte des
Belmonte: Faye Robinson
Blonde, Mädchen
der Konstanze: Julie Kaufmann
Belmonte: Philip Langridge
Pedrillo, Bedienter des
Belmonte und Aufseher
über die Gärten des Bassa:
Heinz Meyen
Osmin, Aufseher über das
Landhaus des Bassa:
Gerolf Scheder
Klaas, ein Schiffer:
Carlo Rola
Ein Stummer: Carlo Rola
Wache: Holger Uhl

gebracht, deren Charakter sich ständig verändert. Bewegung in der Bewegung. Die Diagonale in diesem Raum auszuschreiten war ein Wagnis und wurde als solches Wagnis auch inszeniert.

Auch die Kostüme und Requisiten von Marie-Luise Strandt hatten ihren »erzählenden Widerspruch«. Ein roter Streifen – das Mal des Kampfes und der Liebe – läuft Belmonte über einen Arm und Schenkel. Das gibt der goldbraungrün monturhaft gewandeten, umhergetriebenen Mannsperson Gespaltensein, Verletzlichkeit. Ein Gitter stellt sich vor den Blick des Zuschauers. Osmin putzt die Stäbe, Pedrillo schiebt das Gitter später weg, wenn das Zeichen seinen Sinn erfüllt hat. Im Gitter haben sich Pflanzen und Tiere verfangen, der dahinter liegende Raum ist und bleibt daher nackt und rein, frei von Kreatürlich-Elementarem. Erst in diesem Gegensatz wird der weiße Kasten zum Zeichen von Gefangen- und Befangen-Sein. Die roten Male geschlechtlicher Sinnlichkeit tragen die Figuren an sich. So nimmt die jungfräulich rein-weiß gewandete Konstanze die Drohung mit »Martern aller Arten« zuerst verschlossen-stolz an, um dann mit dem Abstreifen der weißen Haut ihren Konflikt – Hinneigung zu des Bassas Leidenschaft und Verpflichtetsein zu dem Belmonte geleisteten Schwur – in der Freigabe ihrer flammendroten Körperhülle leidenschaftlich protestierend herauszusingen.

Den Orientalen Bassa treibt es zu Konstanze.

Er umwirbt sie höflich-höfisch. Perücke, Schnallenschuhe und Rokokokostüm sind Maske und Ausweis seines Renegatentums. Die angenommenen fremden Umgangsformen kontrastieren die Willkürhandlung und die elementare Sinnlichkeit des autoritären Herrschers. Die Seide seines Gewandes gibt ihm Geschmeidigkeit und deckt nicht die Heftigkeit seines Wesens. Durch einen Schauspieler ist dieser Widerstreit vollständig ins Körperlich-Gestische übersetzt. Die Sinnlichkeit des Mannes entzündet Konstanze, doch Bassa Selims Kopf in ihrem Schoß heißt für sie: »Kummer ruht in meinem Schoß.« Der Leidenschaft so nahe wie dem Treueschwur, kasteit sich die Frau, schneidet sich die Haare ab. Plötzlich steht Konstanze in der Nähe der Emilia Galotti – wenn auch die eine durch die andere nicht zu erklären ist.

Das Finale des Singspiels, mit dem Vaudeville-Schluß nach der Neuen Mozart-Ausgabe, ist eine komplexe musikalisch-dramatische Situation, die Handlungsfäden werden zusammengeführt und erhalten einen neuen Widerspruch, keine Lösung, sondern neue Bewegung in einer anderen Richtung. Bassa Selim läßt die vier jungen Leute laufen, weiß er doch, daß sie in den Tod gehen. Auch der christliche Glaube hat seine Gesetze und Gewalten, und die werden in Bewegung kommen, wenn die Kinder nach Hause gelangen. Der Bassa selbst wendet sich wieder dem Glauben seiner Väter zu. Völlig irritiert irren die vier Engländer durch die ihre Gebetsrituale vollziehenden Moslems, werden von ihnen nicht mehr beachtet. Der Vaudeville-Schluß artikuliert musikalisch deutlich das neue Selbstverständnis der Moslems, und er wird szenisch von verwirrter Hilflosigkeit der Christen kontrastiert: »Der Raum schwankt wie die Figuren. Wo bin ich – wo ist sie? Ich will ihn – ich will ihn nicht. Ich bleibe – ich will fort. Gefangen – fangen lassen. ›Die Freude hat auch ihre Tränen‹.« (Ruth Berghaus)

Irritation durchzieht das ganze Werk, fast jede Person ist betroffen. Die psychische Befindlichkeit ist ins Visuelle übersetzt: Der weiße Raum schrägt sich gegen alle Gesetze der Schwerkraft, bewegt sich herauf und herunter und hängt schief in einer schwarzen Unendlichkeit: Gewinn und Verlust von Aufklärung und Empfindsamkeit.

Ganz so wie in den Inszenierungen der »Elektra«, des »Barbiers« oder des »Freischütz'« wurde hier über die Entschlüsselung und Deutung des einzelnen Werkes hinausgegangen und eine ganze Kunstepoche ins Auge gefaßt.

Abb. 157
Pedrillo: Heinz Meyen,
Konstanze: Faye Robinson,
Blonde: Julie Kaufmann,
Belmonte: Philip Langridge,
v. l. n. r.
Abb. 158
Seite 126 oben links
Pedrillo: Heinz Meyen,
Konstanze: Faye Robinson,
Blonde: Julie Kaufmann,
Belmonte: Philip Langridge,
v. l. n. r.
Abb. 159, 160
Seite 126 oben rechts, Mitte links
Konstanze: Faye Robinson,
Bassa Selim: Edgar M. Böhlke
Abb. 161, 162
Seite 126 Mitte rechts, unten links
Osmin: Gerolf Scheder,
Belmonte: Philip Langridge,
Pedrillo: Heinz Meyen
Abb. 163
Seite 126 unten rechts
Quartett:
Konstanze: Faye Robinson,
Blonde: Julie Kaufmann,
Belmonte: Philip Langridge,
Pedrillo: Heinz Meyen
Abb. 164, 165
Seite 127 oben
Bassa Selim: Edgar M. Böhlke,
Konstanze: Faye Robinson
Abb. 166
Seite 127 Mitte links
Blonde: Julie Kaufmann,
Pedrillo: Heinz Meyen
Abb. 167
Seite 127 Mitte rechts
Bassa Selim: Edgar M. Böhlke,
Konstanze: Faye Robinson
Abb. 168
Seite 127 unten links
Osmin: Gerolf Scheder
Abb. 169
Seite 127 unten rechts
Osmin: Gerolf Scheder,
Belmonte: Philip Langridge,
Pedrillo: Heinz Meyen
Fotos: Mara Eggert

Abb. 170, 171
Belmonte: Philip Langridge,
Pedrillo: Heinz Meyen,
Osmin: Gerolf Scheder
Fotos: Mara Eggert

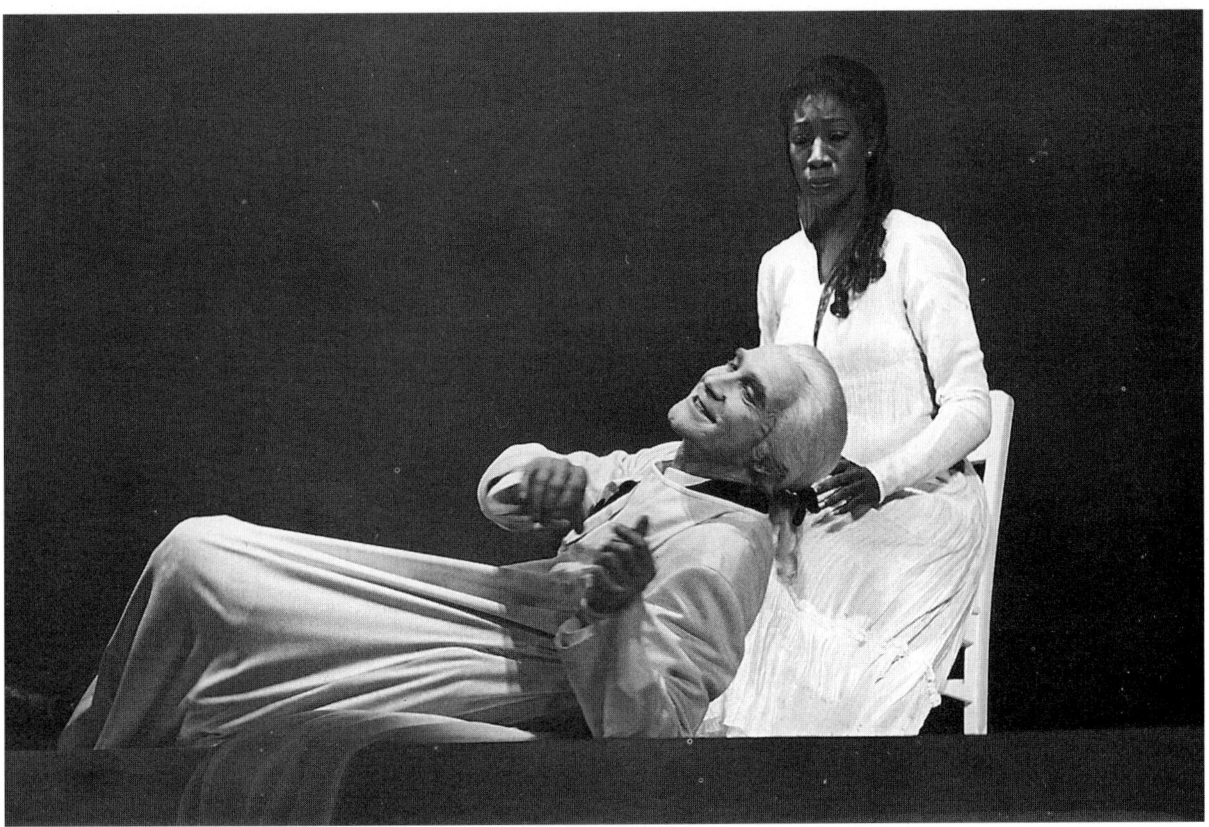

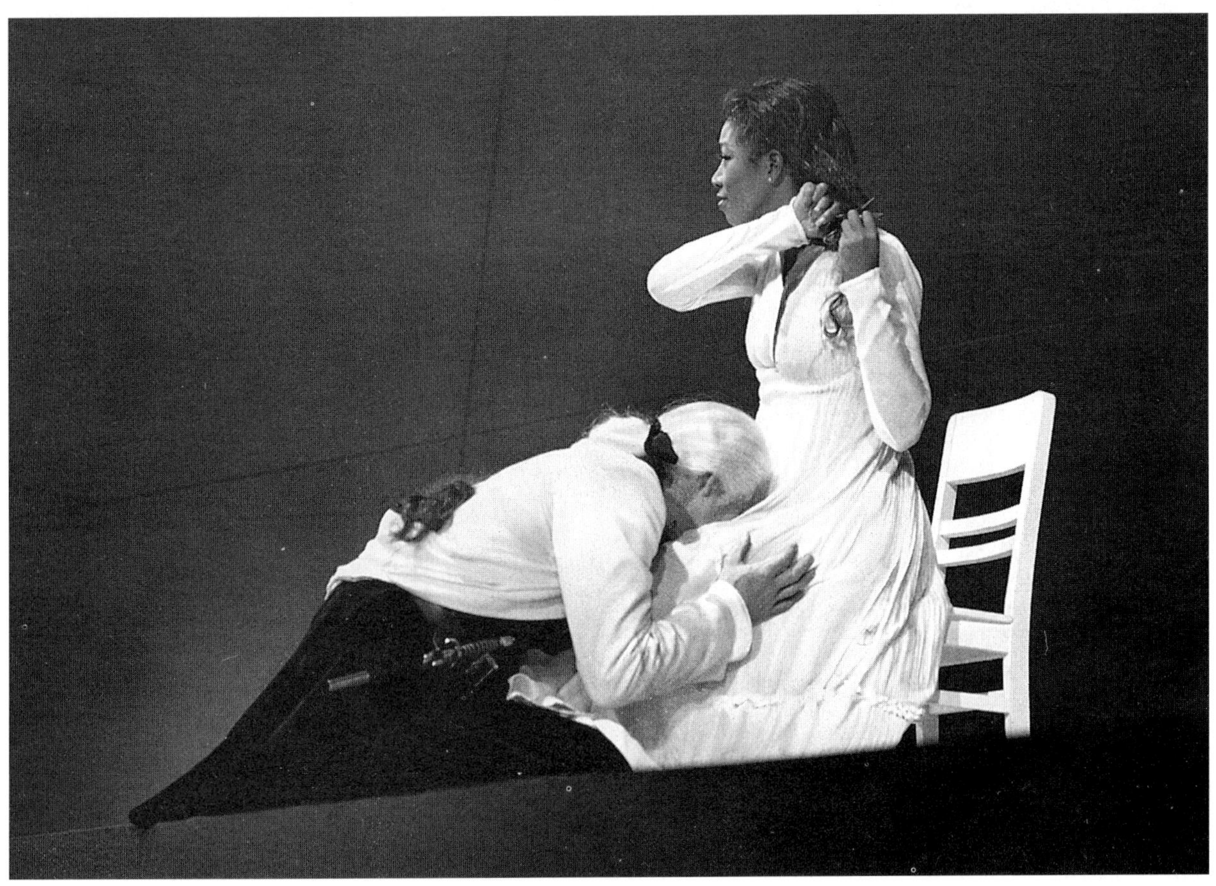

Abb. 172, 173
»Kummer ruht in meinem Schoß …«
Konstanze: Faye Robinson,
Bassa Selim: Edgar M. Böhlke
Fotos: Mara Eggert

Abb. 174–177
»Martern aller Arten ...«
Konstanze: Faye Robinson,
Bassa Selim: Edgar M. Böhlke
Fotos: Mara Eggert

Abb. 178
Konstanze: Faye Robinson
Foto: Maria Steinfeldt

Gegenstand der Oper ist der Don-Juan-Stoff im Zeitalter der Aufklärung. Ruth Berghaus inszenierte die heroisch-komischen Zusammenbrüche, die aus der Konfrontation zwischen adligen und bürgerlichen Tugenden, zwischen Stich- und Schußwaffe, zwischen orientalischem Mannesanspruch und christlicher Einehe resultieren.

Marie-Luise Strandt schuf Bühnenbild und Kostüme. Sie zitierte den Handlungsort Spanien, gab weniger Milieu oder Kolorit, vielmehr einen Assoziationsraum: Hitze, die Erdkruste gerissen, Erdschollen, dürstendes Land wie dürstende Lippen; karges Land, in dem Dolche und Schwerter wurzeln. So in Cardiff. Das Assoziationsfeld war hier weit: weibliche Erde von männlicher Gewalt verletzt, Abwesenheit von Regen wie Abwesenheit von Liebe, zugleich aber auch konkret, Schwert und Kreuz die Zeichen für Spanien, weil beides Waffen, einzusetzen gegen den Körper.

In der Berliner Inszenierung wurde das erste Assoziationsfeld zugunsten des zweiten zurückgedrängt, das Bühnenbild bezog hier seine Struktur aus der musikalischen Schlüsselszene der Oper, dem Finale des ersten Aktes, dem Fest auf Don Giovannis Schloß. Dieses ist ein realer und geistiger Raum, steht für größte musikalische und gedankliche Kühnheit, ein Ort extremer Spannung. Alle Personen des Stücks sind hier vereint, die sonst streng geschiedenen Stände in der Gleichzeitigkeit von Menuett, Kontertanz und Deutschem. Das Fest ist von alters her eine Ordnung, garantiert disparaten Elementen einen Rahmen. Aber es ist hier ein Maskenfest, und bei diesem lauert wie beim Karneval das Chaos, und es wird in den Tänzen entfesselt. Das ist Don Giovannis Programm, er zwingt es herbei mit seinem »Viva la liberta« und vor allem mit der dritten Strophe seiner Arie »Senza alcun ordine/la danza sia ...« (»Ohne Regel/sei der Tanz ...«). Daher flankiert in der Berliner Inszenierung eine Fenster-Schloß-Front mit vielen geheimnisvoll sich öffnenden und schließenden Luken die Szene und das gesamte Geschehen. Zu diesem Ort zieht und treibt es Don Giovanni und alle, die ihm folgen, hier gerät er selbst in die Falle. Ottavios Schußwaffe schlägt Don Giovannis Stichwaffe, die Fensterfront glüht rot auf, was hier vergeht, ist ein Ort der Rebellion, was bleibt, sind kalte Ruinen, ein Friedhof (II. Akt) im buchstäblichen wie übertragenen Sinne.

Don Giovanni wurde in Cardiff mit einem wendigen sehr jungen Sänger besetzt, in Berlin mit einem älteren, nicht ganz so leichtfüßigen. Das brachte Unterschiede, aber den von der dramatischen Konstruktion und Musik vorgegebenen Typus erfüllten beide. Don Giovanni erscheint als ein ganz seinem Leib vertrauender Mann, und wie der hedonistische Adel der Mozart-Zeit huldigt er einem schönen, zur Liebe tauglichen Körper. Dieser Typus war und ist im Begriff, sich aus der menschlichen Geschichte davonzustehlen. Das ist der historische und aktuelle Punkt, an dem die Inszenierung in Cardiff ansetzte: Der letzte Takt der Ouvertüre ist verklungen, da flattert etwas davon, Don Giovannis Hemd. Leporello vermag es gerade noch einzufangen. Sein Herr ist auf der Flucht aus der Geschichte, durch die Oper und vor den Frauen, nie aber vergißt er auf diesem Wege seinen Körper, und der Diener hat alles bei sich, was zur Leibespflege gehört, dazu noch das Bügeleisen, um die Hemden seines sich nach Gelegenheit und Absicht kleidenden Herrn parat zu haben. Hier wird der Kernpunkt der Oper, die körperliche Liebe weder blöd verschwiegen, noch auf den letzten Augenblick, den Vollzug des Geschlechtsaktes reduziert, sondern als Gewinn, als Bewußtheit von Körper und Körperlichkeit inszeniert, dabei mit Witz nicht gespart, wenn sich der Herr auf der Landstraße zurechtmachen muß. Dieser Punkt ging in der Berliner Inszenierung nicht verloren, auch wenn hier die Introduktion stärker auf die Situation des Dieners zielte. Dieser hockt im buchstäblichen Sinne zwischen Tür und Angel, hin und her gerissen zwischen Aufmüpfigkeit und Dienerpflicht, auch hier das Hemd bügelnd, bereit, seinem Herrn ins nächste Abenteuer wie ins nächste Hemd zu helfen.

Vom Typus des Don Giovanni haben sich Jahrhunderte ein Bild gemacht, es ist so wechselnd wie die Jahrhunderte selbst. Hier nun wurde weder an der Verfestigung bestehender, noch am Entwerfen von Gegenbildern gearbeitet. Vielmehr der Versuch unternommen, der Musik in der Zeichnung des Titelhelden genau zu folgen, denn sie gibt diesem Don Giovanni selbst wenig Raum. Mit zwei Arien, eine davon ein Ständchen, hat Mozart für die Titelpartie erstaun-

## Don Giovanni

Dramma giocoso in two acts
by Wolfgang Amadeus Mozart
Italian Text
by Lorenzo da Ponte

Welsh National Opera
27. Oktober 1984

Conductor:
Sir Charles Mackerras
Producer: Ruth Berghaus
Designer: Marie-Luise Strandt
Lighting Designer:
John Harrison
Dramaturg: Karl Mickel

Leporello, servant to
Don Giovanni: Nicholas Folwell
Donna Anna, the Commendatore's daughter: Anne Evans
Don Giovanni, an extremely licentious young gentleman:
William Shimell
The Commendatore:
John Tranter
Don Ottavio, betrothed to
Donna Anna: Laurence Dale
Donna Elvire, a lady from
Burgos, abandoned by Don
Giovanni: Elaine Woods
Zerlina, a peasant girl
betrothed to Masetto:
Beverley Mills
Masetto: Jonathan Best

## Don Giovanni

Dramma giocoso in zwei Akten
von Wolfgang Amadeus Mozart
Text von Lorenzo da Ponte

Deutsche Staatsoper Berlin
13. Oktober 1985

Musikalische Leitung: Otmar Suitner
Inszenierung: Ruth Berghaus
Bühnenbild und Kostüme: Marie-Luise Strandt
Chöre: Ernst Stoy
Wissenschaftliche Mitarbeit: Karl Mickel
Dramaturgie: Sigrid Neef

Don Giovanni, außerordentlich zügelloser Edelmann: Siegfried Vogel
Der Komtur: Fritz Hübner
Donna Anna, Edeldame, seine Tochter: Magdalena Hajossyova
Don Ottavio: Eberhard Büchner
Donna Elvira, Edeldame aus Burgos: Celestina Casapietra
Leporello, Diener Don Giovannis: Gerd Wolf
Masetto: Karsten Mewes
Zerlina, Bäuerin: Carola Nossek

lich wenig Musik komponiert: Don Giovanni definiert sich musikalisch weniger durch sich selbst, mehr durch das, was er bei andern an Musik auslöst.

Mit gutem Recht behauptet die Inszenierung, daß Zerlina und Masetto mit Leib und Seele aneinander gekettet sind, und setzt das deutlich ins Bild. Es wird quasi ein altes bäuerisches Hochzeitsritual zitiert: Braut und Bräutigam, Masetto und Zerlina sind aneinander gefesselt, Leib an Leib, doch Rücken an Rücken. Erst mit der Hochzeit selbst darf sich das wenden und Gesicht an Gesicht einer den anderen im alten biblischen Sinne erkennen. Diese Situation löst, wieder im buchstäblichen wie übertragenen Sinne, Don Giovanni. Er befreit das Mädchen Zerlina aus der Schlinge und reicht ihm den Spiegel, sich selbst und seine Schönheit zu erkennen, sich selbst ins Gesicht zu sehen. Das aber war nur das szenische Vorspiel zu einer wohl der berühmtesten Nummern der Opernliteratur, zum Duettino »La ci darem la mano« (in langlebiger falscher Übersetzung »Reich mir die Hand mein Leben«). Die musikalische Form, das Duettino, war zu inszenieren, und das bedeutete: eine Aktion zweier gleichberechtigter Partner stattfinden zu lassen. Üblicherweise wird dieses Duettino in der Art einer Arie angelegt: Ein Adliger »verführt« ein Bauernmädchen. Doch Mozart hat das Bauernmädchen musikalisch-erotisch dem Adligen gleichgestellt. Diese Kühnheit wurde nicht überhört, die Szene folgte der Musik genau. Fordert Don Giovanni Zerlina zum Liebesduell mit Worten auf, reagiert das Mädchen nicht schüchtern, ist nicht Echo oder Spiegel des männlichen Begehrens. Zur Frau erweckt, ergreift sie einen der Degen. Das männliche Symbol wird zu ihrer Waffe, mit dem sie den Verführer selbst verführt.

So wurde das Duettino zu einer von Mozarts Musik und Eros getragenen Szene, zum aufgelösten Rätsel der Musikwissenschaft, die über diese Musik von jeher ins Schwärmen geriet und sich über den nichtigen Anlaß verwunderte: »Unsägliche Bestrikkung ist in dieser Musik Wirklichkeit geworden: Galante Formvollendung, fordernde Festigkeit und lässige, verhaltene Ungezwungenheit, innig-schlichter Ton und Adel im Gestus. Alles ist Verlockung [...] Alle A-Dur-Seligkeit Mozartscher Liebesduette und Terzette versammeln sich wie in einem Brennpunkt. Im tänzerischen Beschluß des Duetts bekundet sich die beide umgreifende Harmonie, Zerlina und Don Giovanni werden eingefangen in eine unablässig drehende Bewegung.« (Stefan Kunze: Mozarts Opern)

Gleichfalls wurde mit dem seit Generationen gedankenlos weitergeschleppten Vorurteil gebrochen, in Donna Elvira habe Mozart eine der Donna Anna nachgeordnete Figur geschaffen. Angesichts der Neuen Mozart-Ausgabe entschied sich Ruth Berghaus dazu, alles, was Mozart selbst für den »Don Giovanni« komponierte, zur ideellen Einheit des Werkes zu zählen. So nahm sie die für Wien nachkomponierte große Szene und Arie der Donna Elvira »In quali eccessi, o Numi« – »Mi tradi quell' alma ingrata« (Nr. 21c) in ihre Fassung auf.

Elvira hat sich entschlossen, ins Kloster zu gehen. Das bedeutet, zum Schmerz einer unerfüllten Liebe gesellt sich das Leid, nie ein Kind zu bekommen, es heißt auf Mann *und* Kind zu verzichten. Ihr Auftritt: ein weißes Bündel, wie ein Baby im Arm. Sie läßt es fallen, und es entfaltet sich als weißes Gewand: trügerische Hoffnung, Abschied von jeder Hoffnung. Mit diesem weißen Gewand bedeckt sie Schultern, Arme, Hände, das Haar. Die Einkleidung als Nonne – ein Abschied vom Leben, vom Frauendasein.

Mit der Bezeichnung »Dramma giocoso« (Scherzhaftes Drama) ist zwar die autographe Partitur des »Don Giovanni« versehen, doch hat Mozart für das eigenhändige Werkverzeichnis den Gattungsnamen Opera buffa gewählt. Deren Merkmal waren die Ensembles, und diese wiederum haben im »Don Giovanni« ein besonderes Geheimnis. Exemplarisches Beispiel hierfür ist das Quartett Nr. 9 »Non te fidar, o misera« (»Vertraue nicht, Unselge«). Wie schon im Duettino Giovanni-Zerlina scheinen auch hier nichtiger Anlaß und bestürzende musikalische Größe miteinander zu kollidieren. Donna Elvira stößt auf Donna Anna, Don Ottavio und Don Giovanni und mischt sich in deren ungeklärte Beziehungen ein. Die von Giovanni Verratene will vor dem Verräter warnen.

Auf der Szene wird in der Regel nun ein erbärmlicher Vorgang exekutiert: Während Elvira sich erklärt und Giovanni beschimpft, redet dieser auf Donna Anna und Don Ottavio ein, sie hätten es bei Elvira mit

Abb. 179
Don Giovanni: Siegfried Vogel,
Donna Anna:
Magdalena Hajossyova,
Komtur: Fritz Hübner
Foto: Marion Schöne

einer Verrückten zu tun. Der Effekt ist: Die betrogene Frau hat zum Schaden auch noch den Spott. Anders hier. Es wird das höchst seltsame Paradoxon in Szene gesetzt, daß mit fortschreitender Aufklärung der Verhältnisse durch Elvira »te vuol tradir ancor« (»auch dich will er verraten«) die Verwirrung und Betroffenheit aller wächst. Es ist keineswegs, wie der szenische Anlaß vorzugeben scheint, eine komische Szene. Das »dolce maesta«, das Donna Anna und Don Ottavio beim Anblick Donna Elviras ergreift, verrät das Fluidum dieser Frau: Hohe, jede Konvention und Tradition sprengende, selbstmörderische, verzehrende Liebe. Und diese überträgt sich im Quartett auf alle, die Grundbewegung, der schwebende Alla-breve-Takt, zwingt alle, trotz widerstreitender Worte und Interessen in diese Verwirrung der Sinne hinein. Je eindringlicher das »te vuol tradir ancor« sprachlich-vokal und musikalisch-instrumental betont und wiederholt zum Losungswort wird, desto stärker bindet es die vier aneinander, verstrickt sie in

Abb. 180
»Wenn sich das Laster erbricht, setzt sich die Tugend zu Tisch«
Masetto: Karsten Mewes,
Donna Elvira:
Celestina Casapietra,
Donna Anna:
Magdalena Hajossyova,
Don Ottavio: Eberhard Büchner,
Zerlina: Carola Nossek,
Leporello: Gerd Wolf,
v. l. n. r.
Foto: Marion Schöne

einer totalen Verwirrung der Gefühle. Auf der Szene: ein gegenseitiges Berühren, ein Berührtwerden und Berührtsein, einer vom anderen, Verstrickungen zu zweit, zu viert, zu dritt und Vereinzelung, ganz nach der musikalischen Stimmführung.

Es ist eine musikalische Aufklärung über die Aufklärung und darüber, daß Wissen allein dem Menschen noch nicht alles ist. Wieder tritt ein ganzes Zeitalter, die Epoche der Aufklärung, in den Spiegel von Mozarts Musik, kommt es zu jener geheimnisvollen Differenz zwischen Handlungswirklichkeit und musikalischer Wahrheit. Die unmittelbare konkrete Situation geht nicht verloren, aber die Musik transzendiert sie in eine Richtung, von der die handelnden Personen nichts ahnen: Verwirrung nicht als Zustand, sondern als Prozeß, der am Schluß die Wahrheit entbindet, Annas Aufschrei: Giovanni ist der Mörder.

Wie Mozarts Musik die Augenblicks-Situation mit der Frage nach dem Sinn menschlicher Beziehungen und Verhältnisse überschreitet, so folgt ihr die Szene, nicht sklavisch, sondern auf eine eigene, eigenständige Weise.

Die Geschichte der Inszenierungen in Cardiff und Berlin hat eine wunderliche Parallele zur Geschichte des »Don Giovanni« in Prag und Wien 1788. Ein großer Erfolg jeweils beim ersten Mal und am ersten Ort, zwiespältige Aufnahme am zweiten; langsamer, aber wachsender Erfolg dann auch dort. Dazu aus da Pontes Bericht über Wien 1788: »Die Oper kam zur Aufführung, und – muß ich es sagen? Der ›Don Giovanni‹ gefiel nicht! Alle, außer Mozart, glaubten, daß ihm etwas fehle [...] Und was sagte der Kaiser dazu? – ›Diese Oper ist göttlich, vielleicht sogar noch schöner als der ›Figaro‹, aber sie ist keine Kost für die Zähne meiner Wiener.‹ Ich erzählte Mozart diesen Ausspruch, der aber erwiderte ganz ruhig: ›Lassen wir ihnen Zeit, sie zu kauen.‹ Er täuschte sich nicht. Auf seinen Rat sorgte ich dafür, daß die Oper häufig wiederholt wurde. Bei jeder Aufführung nahm der Beifall zu, und auch die Wiener mit den schlechten Zähnen fanden nach und nach Geschmack daran, erkannten ihre Schönheit und räumten dem ›Don Giovanni‹ einen Platz unter den schönsten Opern ein, die je aufgeführt worden sind.«

Nach der Berliner Premiere 1985: Protestbriefe an das Zentralkomitee der SED, Forderungen an die Intendanz der Deutschen Staatsoper Berlin, die Inszenierung abzusetzen. Ein Jahr darauf aber hatte sich bei ständig ausverkauften Vorstellungen das Bild gewandelt. Das Publikumsorgan des Kulturbundes der DDR *Sonntag* veröffentlichte nun eine ganz anders lautende Leserzuschrift.

Und noch etwas anderes bleibt anzumerken.

Wenige Wochen nach der Premiere in Cardiff zeigte das Ensemble der Welsh National Opera die Neuproduktion des »Don Giovanni« zum Festival of Opera in London. Die Presse hatte das hauptstädtische Publikum neugierig gemacht, keine Karte blieb unverkauft, kein Platz in dem 4000 Menschen fassenden Dominio Theatre leer. Als Festival-Patronin hatte die Princess of Wales geladen. Die Spitzen der Gesellschaft waren gekommen, unter ihnen viele Diplomaten. Man hörte Französisch, Russisch, Japanisch. Die Industriebosse aus England und Übersee saßen nicht weit entfernt von Jugendlichen in Jeans und Vertretern des bürgerlichen Mittelstandes. Es schien, als gäbe Don Giovanni sein Fest für Adel, Bürger und Bauer nicht nur auf der Bühne, als fände gerade eine solche gleich spannungsgeladene Vermischung der Stände auch im Parkett statt.

Es sei die »demokratischste ›Don Giovanni‹-Inszenierung gewesen«, die er kenne, bedankte sich ein junger Brite nach der Vorstellung bei Ruth Berghaus. Und das volle Parkett – die Veranstalter hatten zu einem Publikumsgespräch geladen – applaudierte. Könnte mit diesem Wort vom »demokratischsten ›Don Giovanni‹« nicht gemeint gewesen sein, daß hier allen Figuren ihr Recht gegeben wurde?

Ablauf: Don Giovanni

Donna Anna läuft Don Giovanni nach
Der Vater läuft seiner Tochter nach und findet Duell und Tod
Der Diener läuft seinem Herrn nach
Der Bräutigam steht da

Zerlina bietet sich Don Giovanni an
Der Ehemann hält seine Frau fest
Donna Elvira läuft Don Giovanni schon seit Jahren hinterher
Der Diener klärt Donna Elvira auf
Wer alles Don Giovanni hinterherläuft

Donna Anna gesteht dem Bräutigam
Daß sie Don Giovanni verfolgt oder nachläuft
Aber der Bräutigam läuft ihr nicht weg
Don Giovanni stellt zehn Weibern in einer Nacht nach
Die ihm nachlaufen werden
Sobald er ihnen weggelaufen sein wird

Die Ehefrau läuft dem Ehemann nach
Der stellt sie Don Giovanni zur Verfügung
So daß Don Giovanni Zerlina trifft
Und davonläuft vor ihr und Donna Elvira
Und Donna Anna und allen den anderen
Die ihm nachstellen mit Ehemännern und Bräutigamen

Don Giovanni stellt Donna Elviras Zofe nach
Donna Elvira läuft mit dem Diener mit
Don Giovanni treibt die Meute auseinander
Die der Ehemann gegen den Herrn auf die Beine gebracht hat

Der Diener entwischt den Männern und Weibern
Die allesamt ihm versehentlich nachstellen
Und Don Giovanni trifft die Ehefrau des Dieners
Der ihm anklebt wie eine Ehefrau

Und Don Giovanni fordert den Toten auf
Den steinernen: er soll ihm nachlaufen wie Alle

Der Bräutigam läuft Donna Anna hinterher
Die läßt ihn stehen und fliegt in die Lüfte weg
Der blickt ihr nach und bringt Polizei auf die Beine
Niemand läuft Donna Elvira nach

Der steinerne Vater trifft Don Giovanni an
Der ihm nicht wegläuft, sondern entgegentritt
So daß Don Giovanni davonkommt
Unterwärts unter die Erde

Die nachgelassenen Witwen und Waisen
Singen das fröhliche Lied auf die Ordnung.

Karl Mickel: Don-Giovanni-Aufriß
Zur Inszenierung von Ruth Berghaus in: Sinn und Form, Berlin 1986, Heft 6

Leserbrief zu »Don Giovanni«

Sigrid Neef schrieb im *Sonntag* aus Anlaß des Geburtstages von Ruth Berghaus, daß durch sie die Oper wieder zu einer geistigen und intellektuellen Herausforderung wurde. Ein Satz, der auch für den »Don Giovanni« an der Staatsoper gilt. Was daran von manchen eingeschworenen Berghaus-Gegnern und »professionellen« Buh-Rufern bei der Premiere als skandalös oder schockierend empfunden wurde, ging mir leider nicht auf. Des Italienischen (leider) nicht mächtig, war es gerade die (mit der Aufführung in der Originalsprache absichtlich verstärkte?) Wirkung der Berghausschen Bilder- und Symbolsprache, die eine geradezu suggestive Anziehungskraft ausübten und mich in ihren Bann zogen – über die Musik Mozarts noch hinaus.

Das ging mir ein und unter die Haut, spannend in jeder Szene, subtile Bilder, mit überraschenden Wirkungen. Das symbolträchtige Spiel mit dem Degen etwa – zuerst, wie Grabkreuze Opfer andeutend, dann zaghaft berührte und schließlich auch von den Frauen benutzte Zeichen für »männliches Handeln«.

Oder der »Tanz« auf dem Tisch und dann die Götterspeise als Gotteslästerung. Sinnengenuß ganz kurz vorm Ende, wo er doch nach dem religiösen Kodex der Zeit zu erschauern hat. Die Darstellung dieser Rebellion packt, wie auch das Schlußbild, nach dem der Held einen eher beiläufigen Abgang hatte. Man fragt sich, wer da eigentlich zur Hölle gefahren ist, wenn die Übriggebliebenen an ihre gespenstische Tafel gebannt sind, geeint hauptsächlich nur durch ihr Verhältnis zum Protagonisten. *Der* hatte die Freiheit, die Bürger mit ihrer eigenen Losung zu fordern: »Viva la liberta« – gegen den Rest seiner Welt – Lakaien im Grunde, grau. Die sich immer dann davon machen, wenn es Ernst zu werden beginnt. Vielleicht Flucht vorm Denken der eigenen Freiheit, die sie verzerrt in den Ausschweifungen ihres Herren sehen? Don Giovanni, der Egoist und rigorose Verführer – ja auch –, er verführt und erniedrigt. Aber die Verführten haben daran Anteil – das bekommt man vorgeführt.

Dennoch – die Begegnungen mit dem Helden setzen Seiten in ihnen allen frei, die sie selbst nicht kannten oder für möglich hielten. Das ist eine Dimension, die in dieser Inszenierung ganz deutlich wird. Die Abgründe, das Verhaftetsein in Gier und Konvention. Vielschichtigkeit bei aller Spannung bis zum Schluß. Sicher ist da manches ungewohnt. Aber ich würde dem zitierten Satz von Sigrid Neef ein »Bravo Ruth Berghaus« hinzufügen!

Die Bravos, die es am 19. August bei der Wiederaufnahme des »Don Giovanni« für die Darsteller gab, waren vor allem von Siegfried Vogel wirklich erspielt und ersungen.

Dr. Joachim Lange, Halle
*Sonntag* Berlin, 39/1987

Ruth Berghaus, was reizt Sie als Regisseurin daran, eine so viel gespielte Oper zu inszenieren?

Ruth Berghaus: Über 20 Jahre stand eine »Don Giovanni«-Inszenierung in italienischer Sprache mit einer erstrangigen Besetzung erfolgreich im Spielplan der Deutschen Staatsoper Berlin. Dennoch entschloß sich die Leitung der Deutschen Staatsoper für eine Neueinstudierung. Der Blick des Zuschauers auf die Meisterwerke ändert sich mit seinen Erfahrungen, Erkenntnissen, Bedürfnissen. Diesem Anspruch stellen wir uns mit aller Verantwortung in diesem traditionsreichen Haus.

Wie sehen Sie den »Don Giovanni«? Als einen sich auslebenden Kraftprotz, wie ihn einst Felsenstein in seiner Inszenierung sah?

Ruth Berghaus: Gegenstand der Oper ist der Don-Juan-Stoff im Zeitalter der Aufklärung. Die Genrebezeichnung Dramma giocoso, scherzhaftes Drama, nimmt unsere Aufführung beim Wort, und ich inszeniere die heroisch komischen Zusammenbrüche, die aus der Konfrontation zwischen Stich- und Schußwaffe, adliger und bürgerlicher Tugend, orientalischem Mannesanspruch und christlicher Einehe resultieren. Der Don-Juan-Typ ist der Leib, der, jeden Schimmers schlechten Gewissens entkleidet, nahezu bewußtlos auf sein Recht pocht. Nicht zufällig entstammt er der spanischen Kultur; spanische Moral war die ausgeformteste Spielregel, also ihrer Leugnung am nächsten. Die Wucht der Rebellion des Protagonisten wird in Mozart/da Pontes Oper hörbar, sichtbar, meßbar an den Frauengestalten. Die Begegnung mit Don Giovanni desozialisiert sie gänzlich. Sie werden aus dem Regelsystem herausgeworfen. Donna Anna wird Heroine, Männin; sie okkupiert die den Männern vornehmste Tugend: die Willenskraft, Donna Elvira Landstreicherin, Zerlina kleine Hexe. Don Giovanni erregt das rebellische Potential der anderen Hälfte der Menschheit. Das klassische Inquisitionshandbuch von Sprenger und Institoris definiert Hexen als Weiber, die nicht unter Kontrolle zu bringen sind.

Häufig geht der Streit darum, ob die Interpretationen der Werke Mozarts auch immer in genügendem Maße aus der Musik heraus geschehen. Karl Böhm hat im Alter in Mozart das Bild des Revolutionärs zu erkennen geglaubt. Ließen Sie sich in Ihrer Inszenierung von solchen Überlegungen gleichfalls leiten?

Ruth Berghaus: »Die Unberührtheit und Unberührbarkeit der Musik Mozarts ist von jeher Gegenstand der Forschung und ihrer Resignation gewesen. Jede Zeit hat ihn freilich anders gesehen: Höfisch, heiter, dämonisch, revolutionär in all den vielfältigen Erscheinungsformen und Brechungen seines Genies«, sagte der Komponist Bernd Alois Zimmermann. Mozarts Opernfiguren sind mitten im Kampf zwischen Adel und Bürgertum, untrennbar in privater und gesellschaftlicher Identität mit dem Sein, ringen um reine Existenz und werden doch ständig fortgerissen vom Fluß der Zeit. Es gibt keinen Stillstand; Ankunft und Abschied vereinen Lust und Trauer. Die permanente Bewegung ist mir Faszination. Im »Don Giovanni« bewegt sich selbst der Stein.

Von der Gegenwartskunst erwartet der Zuschauer, daß sie Fragen aufgreift, die uns heute beschäftigen, daß sie Menschen gestaltet, die Träger unserer sozialistischen, kommunistischen Ideale sind. Welchen Beitrag könnte Ihrer Meinung nach dabei die Oper leisten?

Ruth Berghaus: Auf der Opernbühne treffen viele Künste aufeinander. Wenn sie in ein Spannungsfeld gebracht werden, das heißt, wenn die einzelnen Elemente ihre eigenen Ausdrucksmöglichkeiten entfalten können und zueinander oder ineinander gefügt werden, hat die Oper eine große Zukunft. Es ist selbstverständlich eine Frage des Inhaltes, den der Autor vorschlägt, es ist niemals in der Oper eine Frage der Form. Sie ermöglicht das kleinste reale Detail und auch den großen utopischen Entwurf. Denn von allen Künsten ist sie diejenige, die dem Betrachter und Zuhörer große Freiheit und Wahl läßt. Und selbstverständlich ist dem Zuschauer nicht benommen, alles zur gleichen Zeit erfassen zu wollen und zu können oder gar: spielerisch damit umzugehen, selbst zu kombinieren, zu verändern. Das heißt, der Unterhaltungsraum der Oper kann sehr groß sein. Voraussetzung allerdings ist, daß Theaterleiter und Zuschauer aufgeschlossene Zeitgenossen sind, die das Fortschreiten lieben und Dynamik zum Leben brauchen.

Ihre Arbeiten sind durch Allegorien, Bildmetaphern gekennzeichnet. Mit manchem hat das Publikum Schwierigkeiten bei der Entschlüsselung. Stört das nicht Ihre erklärte Absicht, mit dem Publikum in einen Dialog zu treten?

Ruth Berghaus: Immer entstehen Bilder auf dem Theater. Das Theater ist nicht die Wirklichkeit, es hat andere Maße, Zeiten, Vorgänge. Die Natur des Menschen zu zeigen, in der »zweiten Natur«, in der Kunstwirklichkeit, bedeutet, Zeichen zu finden, Zeichen zu setzen. Und schon entstehen Bilder. Allerdings halte ich ungeheuer viel davon, daß diese Bilder im Theater in Bewegung bleiben. Bilder, die in Bewegung sind an einem statischen Ort. Wehe, wenn die Bilder auch statisch werden. Die einzelnen Zeichen allerdings, die ich wähle zu einer bestimmten Zeit, für ein bestimmtes Stück, für eine bestimmte Opernfigur sind eine Auswahl. Die Auswahl wird getroffen aus politischen Gründen. Das Spannungsfeld von jetzt und hier zum Zeitort des Stückes muß sowohl emotional als gedanklich erfaßbar werden.

In welchem Verhältnis steht in Ihrer Arbeit Spontaneität und das Verfolgen einer genauen Konzeption?

Ruth Berghaus: Die Opernarbeit ist im Wandel begriffen, wie alles ist sie von der Ökonomie bestimmt. Das gilt es zu akzeptieren, ohne den ideologischen Auftrag zu vernachlässigen. Eine genaue Konzeption ist schon aus diesen Gründen bis ins Detail notwendig. Will ich nicht ableiten, gleichgültig werden gegenüber den Inhalten der Werke, das Repräsentative mehr betonen statt das Eigentliche, das den Zuhörer befördern und bereichern kann im Sinne unserer politischen Aufgabe, muß höchste Effektivität in den künstlerischen Abteilungen herrschen. Dazu ist eine konzeptionelle Arbeit, die eingehalten wird, und zwar planmäßig, unabdingbar. Improvisation, ein Phänomen, eigentlich unverzichtbar für Kunst, kann ich mir, wo auch immer ich arbeite, im Moment nicht leisten. Ich verzichte auf einen Aspekt der Kunstproduktion auf Zeit, nicht auf Dauer. Die theoretische Vorarbeit muß so stabil und die Probenarbeit so professionell sein, daß sie jegliche schöpferische Mitarbeit des Ensembles ermöglicht und sie einbeziehen kann.

Spontaneität kann ich mir nur leisten, wennn sie effektiv ist.

Das Gespräch führte Günter Görtz

*Neues Deutschland*, Berlin, 26.9.1985

## Così fan tutte
ossia la scuola degli amanti

## So machen's alle
oder die Schule der Liebenden

Dramma giocoso in due atti
Libretto von Lorenzo da Ponte
Musik von
Wolfgang Amadeus Mozart
Freiburger Theater
23. Mai 1985

Musikalische Leitung:
Eberhard Kloke
Inszenierung: Ruth Berghaus
Bühnenbild: Ruth Berghaus/
Max von Vequel-Westernach
Kostüme/Requisiten:
Marie-Luise Strandt*
Dramaturgie: Sigrid Neef
Chöre: Hans Tschäppät

Fiordiligi: Sue Patchell
Dorabella: Susanne Klare
(Damen aus Ferrara und
Schwestern, in Neapel wohnend)
Guglielmo, Liebhaber derselben:
Neal Schwantes
Ferrando: Thomas Dewald
Despina, Kammermädchen:
Melinda Liebermann
Don Alfonso, alter Philosoph:
Michael Glücksmann

Die Freiburger Inszenierung war *eine* Möglichkeit, dieses Meisterwerk des 18. Jahrhunderts für die Opernbühne zurückzugewinnen, die Bilder, die sich das 19. Jahrhundert von ihm gemacht hat, zu sprengen, und einen direkten Zugang zum Werk selbst zu finden.

Wie bekannt lautet das mildeste Urteil über »Cosi fan tutte«: Herrliche Musik zu einem nichtigen, läppischen Anlaß. Das härteste Urteil fällte Walter Felsenstein. Der Leiter und Gründer der Komischen Oper Berlin hatte sich einer Einstudierung dieses Werkes für sein Haus verweigert, weil der frivole Anlaß, die in einem Kaffeehaus ausgeheckte Wettprobe auf die Treue zweier Frauen, die schäbigen Tricks und niederträchtigen Verwechslungsspiele seiner humanistischen Grundauffassung von Theater widersprachen. Mozarts Musik folgend, bezog Ruth Berghaus *alle* Personen in das aus der Wette folgende Liebesexperiment ein, und dieses führt bei allen zu einer existentiellen Erschütterung, es bringt Gewinne wie Verluste, erzeugt Gefühle und Verwirrungen, die keiner ohne dieses Experiment erfahren hätte.

Das war schon keine Auseinandersetzung mit Mozart als tändelndem Rokoko-Komponisten, da wurde vielmehr ein Komponist ernst genommen, der es ernst meinte, der wußte, daß das Zusammenleben von Frau und Mann auf des Messers Schneide steht, und das nicht nur einmal und infolge einer Wette. Jeder Szene wurde ihre eigene Gefahrensituation gegeben, in der jede Entscheidung oder Nicht-Entscheidung über Leben oder Tod bestimmt.

Versteckte Sinnschichten wurden freigelegt. So ist in da Pontes Texten die Sprache der Liebe die Sprache des Krieges oder umgekehrt, und diese wird von allen gesprochen und verstanden, sowohl von den Männern, die ja tatsächlich Krieger sind, als auch von den Frauen, vom Philosophen Alfonso und der Praktikerin Despina. Ein Zeichen, daß hier nicht nur der Kampf der Geschlechter, sondern auch der Kampf zwischen Theorie und Praxis, zwischen Herren- und Dienermoral, zwischen Aufklärung und Empfindsamkeit gemeint ist, vor allem aber, daß es um Extreme – Krieg und Liebe – und deren unauflösliche Verknüpfung geht.

Um dieses Gedachte für die Sinne, für Auge und Ohr, begreifbar zu machen, schuf sich Ruth Berghaus, wie schon in der »Entführung aus dem Serail« gemeinsam mit Max von Vequel, dem technischen Direktor der Oper Frankfurt, einen Spielraum, der zwei scharf voneinander getrennte extreme Zonen hat: eine der Hitze und eine der Kälte, links eine Wiese mit Wasser, rechts eine eiskalte spiegelnde Fläche. Das Experiment der Gefühle sollte nicht geistig abstrakt, sondern als Hitze und Kälte ganz körperlich konkret erlebt und dargestellt werden: Frieren aus Gekränktsein, in Verlassenheit und Einsamkeit; Wärme suchen beim anderen und in Hitze geraten. Wie Mozarts Musik die Gefühle in die Extreme treibt, wurden Hitze und Kälte bildlich-räumlich gegenübergestellt. Zwischen diesen Zonen wechselt das Wasser, uraltes Element und Symbol von Leben und Liebe, seinen Aggregatzustand, fließt anfangs wie der »Odem der Liebe«, friert dann zur spiegelnden Eisfläche. Über beide Zonen hinweg legt sich immer wieder Nebel, in Form dünner Schleier, dieser das Sinnbild für Wasser, das in der Hitze aufwallt und verdunstet oder in der Kälte als Schwaden herabsinkt und die totale Verwirrung, die Täuschung der Figuren anzeigt.

Den Anstoß für diese »Verschleierung« gab das musikalisch-dramatische Prinzip dieser Oper: Was im Sologesang den einen bewegt, betrifft auch alle anderen. Und da jeder mit jedem verstrickt ist, wurden die Arien solo zwar gesungen, aber als Quartett gespielt.

Ein Beispiel: Das Rondo der Fiordiligi im II. Akt. Der Tausch der Liebespfänder und Herzen hat sich zwischen Dorabella und Ferrando bereits vollzogen. Fiordiligi aber ist noch im Widerstreit der Gefühle. Sie hat die Sehnsucht nach dem früheren Geliebten und die Neigung zum neuen Mann in ihrem Herzen, sie liebt den Fremden und hat den Verlobten nicht vergessen und zu lieben aufgehört: eine tiefe Spaltung der Gefühle, eine unheilbare Wunde, Verschleierung der Sinne. Diese innere Situation wird ins äußere gewendet: Im nebligen Schleiergehänge sucht und flieht sie ihre beiden Geliebten, und umgekehrt nähern sich ihr der alte und der neue Mann, bald kosend, bald abwehrend. Dorabella hingegen hat sich bereits in der neuen Situation eingerichtet, sie sitzt im Stuhl und rührt sich nicht, das Sinnbild fester Entschlossenheit. Nur wenn jene berühmt ge-

wordenen Hörner, jene seltsamen Rufe aus der Ferne ertönen, fallen alle, auch die flüchtigsten Paarbildungen auseinander, und alle lauschen, jeder für sich, diesem »Ruf ins Entbehrte«, der Erinnerung oder Utopie einer »Liebe ohne Leiden«, während da Pontes Text auf dem »Leiden der Liebe« insistiert.

Das Finale dieser Freiburger Inszenierung war von einer zauberischen Merkwürdigkeit. Die Musik, das heißt die Musiker (Statisten) mit ihren Instrumenten – Fideln, Celli, Kontrabässen, Pauken und Trompeten – überschwemmen die Szene, wie Natur, wie Meereswasser, aber auch wie Krieger, aggressiv und furchtsam zugleich: Der Fidelbogen als Stichwaffe, das Cello als Schild. Die von Liebe Betroffenen und Getroffenen, die verwundeten Liebesleute scheuen zurück, fühlen sich angegriffen, dann angezogen, suchen Schutz und finden Halt am Instrument. In die Auflösung der Wette, das Finden zu neuer alter Paarigkeit bricht die Musik ein und befriedet. Der Vorgang selbst ist nicht eindeutig, denn die sichtbaren Instrumente sind nicht identisch mit den zu hörenden, zwischen Szene und Musik waltet Differenz.

Die Inszenierung bekennt sich dazu, daß Mozarts Musik, in ihrer einzigartigen Fähigkeit, Empfindungen zu modulieren, Extreme zu formulieren, ohne Rationalität und Form aufzugeben, daß diese Musik allein hält und bindet, was sonst unheilbar auseinanderfallen müßte.

Abb. 181
Ferrando: Thomas Dewald,
Guglielmo: Nael Schwantes,
Fiordiligi: Sue Patchell,
Despina: Melinda Liebermann,
Don Alfonso:
Michael Glücksmann, v. l. n. r.
Foto: Klaus Fröhlich

Abb. 182
Rondo der Fiordiligi:
Sue Patchell,
dazu Ferrando: Thomas Dewald,
Guglielmo: Nael Schwantes,
Dorabella: Susanne Klare,
v. l. n. r.
Foto: Klaus Fröhlich

Abb. 183
Alfonso: Michael Glücksmann, Despina: Melinda Liebermann, Guglielmo: Nael Schwantes, Dorabella: Susanne Klare, Fiordiligi: Sue Patchell, v. l. n. r.

Abb. 184
Ferrando: Thomas Dewald, Fiordiligi: Sue Patchell, Guglielmo: Nael Schwantes, Dorabella: Susanne Klare, Don Alfonso: Michael Glücksmann, Despina: Melinda Liebermann, v. l. n. r.

Fotos: Klaus Fröhlich

# Ablagerungen von Geschichte oder Archäologie der Oper

Inszenierungen in Frankfurt:
»Die Trojaner« 1983 und »Parsifal« 1982

Zum Programm der Frankfurter Oper unter Michael Gielens Leitung gehörte es, bekannten Werken auf den Grund zu gehen und vergessenen oder unbekannten Werken einen Platz im Repertoire zu schaffen. Unter diesem Aspekt realisierte Ruth Berghaus ihre Inszenierungen von »Die Zauberflöte« 1980, »Die Entführung aus dem Serail« 1981, »Die Sache Makropulos« und »Parsifal« 1982, »Die Trojaner« 1983 sowie zuletzt den »Ring des Nibelungen« 1985–1987.

## Die Sache Makropulos

Oper in drei Akten
nach Karel Čapek
Musik von Leoš Janáček
Neue deutsche Übersetzung
von Sona Cervena und Christof Bitter

Oper Frankfurt
28. März 1982

Musikalische Leitung: Michael Gielen
Inszenierung: Ruth Berghaus
Bühnenbild: Erich Wonder
Kostüme: Nina Ritter
Dramaturgie: Klaus Zehelein
Choreinstudierung: Marcel Seminara

Emilia Marty: Anja Silja
Albert Gregor: William Cochran
Vitek, Rechtsanwaltsgehilfe: Willy Müller
Krista, seine Tochter: Julie Kaufmann
Jaroslav Prus: Günter Reich
Janek, sein Sohn: Heinz Meyen
Advokat Kolenatý: Bodo Schwanbeck
Ein Maschinist: Carlos Krause
Eine Aufräumefrau: Margit Neubauer
Hauk-Schendorf: Alfred Vökt
Kammerzofe: Marlise Wendels

Abb. 185
III. Akt
Krista: Julie Kaufmann, Jaroslav Prus: Günter Reich, Advokat Kolenatý: Bodo Schwanbeck, Vitek: Willy Müller, Albert Gregor: William Cochran, Emilia Marty: Anja Silja, v. l. n. r.

Abb. 186
II. Akt
Emilia Marty: Anja Silja, Janek: Heinz Meyen, Jaroslav Prus: Günter Reich, v. l. n. r.
Fotos: Roman Soukup

## Die Trojaner

Große Oper in fünf Akten
von Hector Berlioz
Deutsche Übertragung von
Lida Winiewicz
und Anneliese Felsenstein

Oper Frankfurt
18. Dezember 1983

Musikalische Leitung:
Michael Gielen
Inszenierung: Ruth Berghaus
Bühnenbild: Hans Dieter
Schaal, Max von Vequel
Kostüme: Nina Ritter
Dramaturgie: Klaus Zehelein
Choreinstudierung: Marcel
Seminara, Volkmar Olbrich

Aeneas, trojanischer Held,
Sohn der Venus und des
Anchises: William Cochran
Kassandra, trojanische
Prophetin, Tochter des
Priamus: Anja Silja
Choroebus, junger asiatischer
Prinz, Verlobter Kassandras:
Barry Mora
Pantheus, trojanischer
Priester, Freund des Aeneas:
Gerolf Scheder
Priamus, König von Troja:
Bodo Schwanbeck
Ascanius, junger Sohn des
Aeneas, 15 Jahre: Alison Browner
Helenus, trojanischer Priester,
Sohn des Priamus: Heinz Meyen
Hekuba: Tamar Rachum
Andromache, Witwe Hektors:
Sevgi Özdamar
Astyanax, ihr Sohn, 8 Jahre:
Daniel Otto
Ein griechischer Heerführer:
Carlos Krause
Ein Soldat: Joachim Debik
Dido, Königin von Karthago,
Witwe des Sichaeus, Prinz von
Tyros: Rachel Gettler
Anna, Schwester Didos:
Margit Neubauer
Narbal, Minister Didos: Tom Fox
Iopas, tyrischer Dichter am
Hofe Didos: Alejandro Ramirez
Hylas, junger phrygischer
Matrose: Jerold van der Schaaf
Zwei trojanische Wächter:
Franz Mayer, Carlos Krause
Der Geist Hektors,
trojanischer Held, Sohn des

Die Frankfurter Operndirektion hatte den Mut, zur Weihnachtszeit von 17.00 bis 22.30 Uhr ihr Publikum ins Opernhaus zu bitten. Premiere hatte Hector Berlioz' Große Oper »Die Trojaner«, die als unspielbar galt, wegen ihrer Länge und ihrer verqueren Dramaturgie, den vielen orchestralen Nummern, die der Komponist nicht als Einlage behandelt haben wollte, obgleich sie es dem Zeitverständnis nach waren.

Erzählt wird von der Eroberung Trojas und vom Schicksal der Karthager unter den Trojanern. Es sind zwei Geschichten, die aufeinander verweisen. Von den Griechen durch List zu Fall gebracht, besiegt und geflohen, erobern die Trojaner Karthagos Königin im Sturm der Liebe und flüchten als Sieger aus dem Gastland. Dieser Durchzug von Männern, die wie Achill in Troja oder Aeneas in Karthago, zu Siegern hochgepeitscht werden, hinterläßt eine Spur toter und unglücklicher Frauen: Andromache, Kassandra, Dido. Kassandra und Dido verweisen wieder aufeinander. Die blinde Seherin sagt den sehenden Blinden, ihren Landsleuten, den Fall der Stadt voraus; die sehende Dido rennt blind in die Liebe und wird durch das Unglück zur Seherin, sie sagt die Rache für Karthago, sagt Hannibal voraus.

Ruth Berghaus prägte für die Arbeit an den »Trojanern« die Formel: Bleiben und Gehen: »Kassandra sagt zu ihrem Geliebten: Geh, sonst wirst du sterben, verlasse dies untergehende Troja. Dido sagt zu ihrem Geliebten, zu Aeneas: Bleib – bei mir. Dido kann das Weggehen von ihr nicht verstehen, Kassandra nicht das Bleiben in Troja.

Die Jagd, die Königliche Jagd, die Chasse royale, ist der Treffpunkt des Stückes. Hier trifft beides aufeinander; das Gehen und Bleiben, das Finden und Suchen, das Treffen und Fliehen, dies auch in der musikalischen, der sinfonischen Form.

Der Ort der Jagd ist ein Wald, eine Wiese, sind die Menschen selbst, ihr inneres wie ihr äußeres Sein. Dido und Aeneas sind ineinander und mit den anderen verstrickt, unauflöslich, jede Bewegung trennt und bindet, Schmerz und Lust in eins.«

Ruth Berghaus: Die Seherin Kassandra, die in sich hineinhorcht und ihre Umwelt abtasten und die realen Vorgänge ablauschen muß gegen den Lärm und das Nichtsehen der Menge, scheint wie blind für den Alltag zu sein. Ihr Bewußtsein schreit sie heraus, als müßte sie ihr Wissen gebären: Und das ist zu anstrengend für ihre Umgebung, da hört keiner zu.

Wenn sie die Trojaner verliert, das Volk erstirbt, verliert sie auch ihre Sehergabe. Der Tod hat kein glückliches oder unglückliches Sein.

Dido, die ein glückliches Sein mit den Karthagern hat, kommt durch das Erbe, das ihr von Aeneas nach Karthago gebracht wird, in ein unglückliches Sein.

Sie löst sich durch die Liebe zu Aeneas von ihrem Amt und den Karthagern. Als Aeneas geht, hat sie keinen Halt: Das unglückliche Sein beherrscht sie, und bevor sie stirbt, wird sie zur Prophetin.

Die Umkehrung der beiden Frauenfiguren – Sehen, Blindwerden – an der Schwelle des Todes ist ein genialer Gedanke Berlioz'!

In: *Musiktheater* – Hinweise Oper Frankfurt, September/Oktober 1985

Priamus: Tom Fox
Der Geist Kassandras: Annemarie Roder
Der Gott Merkur: Franz Mayer
Amor: Alexander Hohenadel

Abb. 187
I. Akt
Kassandra: Anja Silja
Abb. 188
I. Akt
Fotos: Mara Eggert

Abb. 189, 190
V. Akt
Dido: Rachel Gettler, Mitte
Fotos: Mara Eggert

Das Stück spielt an zwei Schauplätzen, die jeweils durch Krieg total ausradiert waren, und auf der Opernbühne erwachen diese beiden Orte radikalen Terrors wieder zum Leben. Das Vergessen, die Ortlosigkeit von Geschichte ist Kern der Konzeption des Werkes.

Das Verdrängen der Vergangenheit findet in Paris zur Zeit der »Trojaner« sichtbaren Ausdruck: Durch Haussmanns Bautätigkeit war Paris eine Baustelle und was sich in dieser Veränderung von Paris, in dieser totalen Umgestaltung ausdrückt, ist die Behauptung der Gegenwart, die die Vergangenheit als festen Besitz reklamiert. So versteht sich das 19. Jahrhundert als das des Aufbruchs: in die Industrialisierung, in die Kolonisierung, in eine neue Gesellschaft, die die Bewegung zu einem großen Ziele hin imaginiert. Hier ist die Konzeption der »Trojaner« eingebettet in eine gesellschaftliche – von Berlioz allerdings in aller Widersprüchlichkeit gezeigt.

Klaus Zehelein in: *Musiktheater* – Hinweise Oper Frankfurt, September/Oktober 1985

Bühnenbild »Die Trojaner«

1. Teil, Troja
Nach 10 Jahren Krieg, Angst, Gefangensein, die vermeintliche Befreiung in einem vermeintlichen Außenraum. Spatenstich, Burghof, Gefängnishof.

Baugrube, archäologische Situation, Innenraum im Rumpf des trojanischen Pferdes, Kopfraum ...

Im Verlauf der Handlung schließt sich dieses »Troja«, brennend und einstürzend, langsam zum sargartigen Schacht.

In der Ferne das Meer, der offene Raum der möglichen Weiterentwicklung und Weiter-Planung.

2. Teil, Karthago
Nach 7 Jahren Frieden und Aufbau wird das Erreichte gefeiert. Karthago ist als Ort definiert, in dem der Versuch, mit Architektur eine Heimat zu schaffen, schon fortgeschritten ist. Aber die Motive von Schiffswand und Schiffsdeck verraten das Provisorium, die gefährdete Seßhaftigkeit. In den Mulden der architektonischen Landschaft möchte man bleiben, auf dem geneigten Deck, das sich zum Horizont hin in Wege und Stege auffächert, möchte man fortgehen, dem Glück zu. Bleiben und Gehen. Sehnsucht. Iphigenie. Roma.

Hans Dieter Schaal in: *Bauwelt*, Heft 8, 1984, Berlin (West)

## Parsifal

Ein Bühnenweihfestspiel
in drei Aufzügen
von Richard Wagner

Oper Frankfurt
28. November 1982

Musikalische Leitung:
Michael Gielen
Inszenierung: Ruth Berghaus
Bühnenbild und Kostüme:
Axel Manthey
Dramaturgie: Klaus Zehelein
Choreinstudierung:
Marcel Seminara

Amfortas: John Bröcheler
Titurel: Heinz Hagenau
Gurnemanz: Manfred Schenk
Parsifal: Walter Raffeiner
Klingsor: Tom Fox
Kundry: Gail Gilmore
1. Gralsritter: Alfred Vökt
2. Gralsritter: Franz Mayer
1. Knappe: Julie Kaufmann
2. Knappe: Margit Neubauer
3. Knappe: Heinz Meyen
4. Knappe: Tadao Yoshie

Ruth Berghaus schuf mit dem »Parsifal« eine Inszenierung, in der sie das 19. Jahrhundert befragte, wieweit es als Fundament ein Ideengebäude trägt, das im 20. Jahrhundert um einige Stockwerke gewachsen ist.

Der Gral wird als das genommen, was er ist: eine Metapher, die Wagner gegen die Bewegung in seiner Zeit, gegen die Veränderungen und das Vergessen gesetzt hat. Sie läßt sich weder auf eine logische Abstraktion bringen, noch auf nur eine Bedeutung. In ihr ist der Traum von der vollendeten Gesellschaft aufgehoben.

Für viele Denker war und ist die vollkommene Gesellschaft eine ab-geschlossene Gesellschaft, das heißt eine Sozietät ohne innere Konflikte und Widersprüche. Im 19. Jahrhundert wurde diese Idee in Männerbünden ausprobiert.

Die weitaus ältere Vorstellung aber vom Staat als eines ständiger Erneuerung fähigen organischen Körpers ließ sich mit diesen Männerbünden nicht realisieren. Eine Fülle von Riten wurde konserviert, innere Konflikte fernzuhalten, Frauen ersetzbar zu machen, die Männerbünde zu retten. Auf diesen Punkt hat Ruth Berghaus den Gral und die Gralsritter gebracht, ohne in der konkreten historischen Bedeutung die Metapher vollends aufgehen zu lassen. Der Gral ist ein Ring, das Zeichen für Ab-Geschlossenheit. Das Fehlen von inneren Widersprüchen in der Gralsgemeinschaft führt zu Bewegungslosigkeit. Weil man auf den Anstoß von außen angewiesen ist, muß man warten. Dem Wortbild entsprechend, leben denn nun auch die Gralsritter »mit gepackten Koffern« und »aus dem Koffer«. Es ist ein Warten, das Aufbruch vortäuscht. Das Ritual der Speisung (Abendmahl) erschöpft sich im Öffnen und Schließen der Koffer. Die Wegzehrung ist während des Wartens längst aufgebraucht. Die Koffer sind leer.

Mit Michael Gielens musikalischem Konzept ergreift die Musik von der dramatischen Handlung Besitz. Er entschlüsselt Wagners »Parsifal«-Partitur als Anweisung zum zeitgemäßen Musizieren. Das bedeutet, es gibt bei ihm keine Geste der Präsentation, des weihevollen Zelebrierens. Gielen wählt ein überraschend langsames Zeitmaß und erfüllt es, indem er es auf das Hörbarmachen von Strukturen anlegt, die in den Kern des Dramas führen: Unruhe bringt Bewegung zwar noch, kaum aber Veränderung; aus der Bewegung erwächst Wiederholung; die Wiederholung fixiert das Wiederholbare und löst es auf, die Zeitspannen zwischen Anfang und Ende einer musikalischen Geste werden länger, der Druck wird stärker, die Anstrengung größer, die Klänge werden eisiger, leichter, gerinnen, kreisen. Der Knabenchor im Gralsbild des ersten und letzten Aktes wird tatsächlich von Knaben gesungen, und Michael Gielen hält sich an Wagners Anweisung »aus höchster Höhe«: Der Klang des reinen strengen Knabenchors kommt von weit oben (aus dem Rangfoyer). Gielen weiß, warum er das wagt. Die zeitgenössische Musizierhaltung ist in der Tradition verankert. Wagner steht auf zwei Beinen, auch musikalisch, mit dem einen in der Zukunft, also im Heute, mit dem anderen in der Tradition, bei Bach unter anderem.

Axel Manthey, der Bühnenbildner, baut als erstes ein großes flaches Bild. Die Zeichen für Himmel und Wald sind nach unten hin von einem blauen Wasserband diagonal abgeschnitten. Die Erde darunter ist eine dreieckige Schiefertafel. Einstmals beschrieben. Jetzt leer gewischt. Kreidespuren noch zu erkennen. Eine Schulbank ist so groß, daß sie Unterkunft und Behausung für Gurnemanz und seine Schüler, die Knappen, ist. Eine ablesbare Oberfläche, eine erlernbare Welt: So setzt Manthey ein Zeichen für Welt-Anschauung. Und Gurnemanz lehrt als deutscher Schulmeister mit dem Zeige- und Rohrstock Zeitgeschichte.

Das so »gelehrte« Welt-Bild erhält einen Riß, wenn das Anarchische das Ungezähmte, das Unge- und Unbelehrte, wenn die Farbe Rot wie Blut und Flamme mit Parsifal ins Bild einbricht. Der Riß in diesem Weltbild wird sich so wenig schließen wie Amfortas Wunde. Das Stück wird auf keine negative oder positive Utopie hin durchgespielt. Die gibt es nicht. Das musikalische Material erschöpft sich. Es gibt keine Erneuerung und nichts Neues. Die Inszenatoren folgen der Musik genau.

Axel Manthey hat mit Ruth Berghaus und dem Dramaturgen Klaus Zehelein eine Farbdramaturgie entwickelt, die erzählt, wie Körper mit Ideen in Konflikte kommen, welche Wirkung Ideen auf Körper haben.

Es gibt drei Farben, neben den Grundfarben

Schwarz und Weiß. Das sind Rot, Gelb und Blau. Das aggressive Gelb tragen die Gralsritter auf der Innenseite ihrer schwarzen Mäntel. Klingsor hat seinen Umhang gewendet. Er trägt das Gelb und das rote Blutmal seiner Kastration offen und unverhüllt zur Schau.

Klingsor hat seinen Platz exakt vermessen in dieser Welt, mit klaren Linien und abgeschlossenen Gevierten. Doch sind diese leer, so wie er selbst ohne Geschlecht ist.

Parsifal ist ganz in Rot. Zuerst ist es die Montur eines jugendlichen Helden, der anarchisch in die festgeschriebene Welt eindringt. Ein vollkommen anderer ist er dann, wenn er, den Blick suchend am Boden, Spuren nachgeht, vom Schwert niedergedrückt wird und Klingsor in die Arme läuft. Der Blick zum Boden verhindert die Sicht nach vorn. Wenn dieser Parsifal mit den Blumenmädchen spielt, entdeckt er Kindheit. Das Spiel mit den Blumenmädchen ist ein Vorspiel und ein Spiel, Kindheit zu gewinnen, so wie er dann in logischer Fortsetzung mit und in Kundry die Mutter findet, dann erst das Weib entdeckt. Anderes bedeutet das Rot, wenn Parsifal seine Ritterrüstung abgelegt hat, als König gewaschen und gesalbt ist. Dann ist das rote Gewand sein Leib.

Parsifal ist so vielgestaltig, wie die Vorstellungen von Helden überhaupt nur sein können. Er spielt das Held-sein-Wollen, Werden, das Nicht-mehr-Wollen, das Müssen und die Angst. Die Symbole von Herrschaft, wie Stab, Speer oder Mantel, sind ihm Lustobjekt, Spielzeug, Last, Bürde, Schutz, Zuflucht.

In dem Maße wie Parsifal Funktionen auf sich nimmt, hört Kundry auf, das Geschlecht zu sein.

An ihr allein sind alle drei Farben zu finden. Das Rot umflammt und krönt ihren Kopf, blau ist ihre Schwimm- und Schmeichelhand, gelb lodert die andere. Sie ist das von Gurnemanz nicht gelehrte, aus dem Welt-Bild der Gralsritter ausgeschlossene andere Geschlecht, das konfliktbringende Übel im Vogelgewand. Kundry reizt die Knappen und Ritter zu sexueller Aggressivität. Später dann ist sie für Parsifal Mutter, Schwester, keusche Liebe, Hure, das den Mann zum Idol vergötzende Weib. Als dienende Magd wird sie Gegenstand unter Gegenständen, ist in Gurnemanz Haus eingewachsen. Sie ist so vielgestaltig, wie die Vorstellungen von der Rolle der Frau aus der Sicht des Mannes sein können. Aber sie ist es immer konkret und genau. Nie gibt es eine allgemeine Geste unter dem Stichwort: Verführerin. Sie und Parsifal müssen ihr Spiel von Mann und Frau bis zu Ende spielen.

Und das Spiel endet damit, daß der gekrönte Parsifal, den roten Königsmantel des Amfortas schaudernd um sich geworfen, in den glühenden Gralsring tritt. Dort wird er nicht erwärmt, sondern er zittert und friert und vergeht im Eiseshauch, in der Kälte der Macht. Die Taube, Symbol des Heiligen Geistes und in älterer Vorstellung der altgriechische Seelenvogel, flattert neben ihm empor, kann aber den geschlossenen Ring nicht verlassen. Kundry, nach Wagners Anweisung »entseelt«, legt sich still und unzeremoniell auf Titurels Grab: Das sieht nur, wer will, und man weiß nicht, ist sie lebend oder tot. Zwischen ihr und dem in der kalten Macht vergehenden Parsifal ist Distanz, neben ihr Amfortas, der nicht leben und nicht sterben kann, mit seinem Kopf an den Felsen schlägt, den Stein zu erweichen.

Der »Parsifal« wird hier zum Endspiel. Bestimmte Vorstellungen von Geschichte, Gesellschaft, von den Beziehungen zwischen Mann und Frau sind bis auf ihre Struktur entblößt worden. Hoffnung ist bei dem offenen Riß, der blutenden Wunde des Amfortas, bei dem nicht erfüllten Wunsch Kundrys, Weib und Mensch zu sein, und bei einem Publikum, das die Erfahrungen dieses Stückes aushält.

Abb. 191–194
... Was zog dich her, wenn nicht der Kunde Wunsch? ...
...
Ich sah das Kind an seiner Mutter Brust ...
...
ihr brach das Leid das Herz, und Herzeleide starb.
Wehe! Wehe! Was tat ich? Wo war ich?
Mutter! Süße, holde Mutter!
...
Was alles vergaß ich noch?
Wes war ich je noch eingedenk?
...
Die Liebe lerne kennen ...
sie beut dir heut als Muttersegens letzten Gruß,
der Liebe ersten Kuß.

Amfortas! Die Wunde! Die Wunde!
Sie brennt in meinem Herzen ...
...
O! Qual der Liebe! ...
...
Erlöse, rette mich aus schuldbefleckten Händen! ...

II. Akt
Kundry: Gail Gilmore,
Parsifal: Walter Raffeiner
Fotos: Maria Steinfeldt

»Parsifal« erregt die Gemüter
Diskussion mit Ruth Berghaus in der Frankfurter Oper

Es spricht sich herum, daß die Diskussionen über Inszenierungen an der Frankfurter Oper gute Gelegenheiten sind, Fragen zu stellen und am Ende vielleicht ein wenig wissender zu sein. Das wollten diesmal viele, ältere und jüngere und ganz junge Menschen, denn der »Parsifal« der Ruth Berghaus erregt die Gemüter. Als sie zusammen mit Michael Gielen, dem Dramaturgen Klaus Zehelein und dem Bühnenbildner Axel Manthey am Sonntagmittag das Opernfoyer betrat, galten ihr gleichermaßen Buhs und Beifall. Indessen war in der Diskussion die Sympathie für ihre Inszenierungen, ja die Dankbarkeit weitaus stärker.

Kein größeres Lob für die Regisseurin, als wenn ein junges Mädchen erzählt, es habe durch diesen »Parsifal« überhaupt erst einmal Zugang zu Wagner gefunden. Es überrascht sowieso, daß gerade die jungen Leute ganz selbstverständlich die Fülle psychologischer Bedeutungen bewältigen, die Mehrschichtigkeit der Bilder verstehen – vielleicht, weil sie auch vor sexueller Deutlichkeit nicht die Augen verschließen.

Keine Überraschung, weil man das von ihr gewohnt ist: wie sich die Berghaus sorgfältig und ernsthaft mit den einzelnen Diskussionsbeiträgen auseinandersetzt, wie sie zu ergründen versucht, was dem Fragenden zur Klärung nützen könnte. Bei aller Offenheit für Argumente ist sie freilich – wie es einem Künstler gebührt – nicht bereit, Konzessionen zu machen, geht keinen Deut ab von der Notwendigkeit ihrer Bilderfindung, von der Schlüssigkeit auch des kleinsten Details, in einem Zusammenhang allerdings, der nie nur eindeutig und logisch kausal zu erklären ist. Daß ihr Bild auf der Szene aus einer eindringlichen Beschäftigung mit der Musik Wagners erwachsen ist – »Es ist zuwenig bekannt, wie abhängig Regisseure von Dirigenten sind!« –, kann sie beweisen. Wenn Wagner zum Beispiel dem Schluß seiner Oper überhaupt kein neues musikalisches Material zugedacht hat, dann darf man in der Handlung auch nicht von einem Neubeginn ausgehen, obschon doch nun Parsifal die »untergehende Männergesellschaft« (Berghaus) anführt. Mit Michael Gielen, so berichtet die Regisseurin, habe sie sich erst einmal grundsätzlich über die Länge, das Tempo des Ablaufs geeinigt; und da nach seiner Auffassung gerade der erste Akt besonders stockend und unbeweglich klingen muß, habe sich das auch in der Zeitlupen-Bewegung der Figuren umgesetzt.

Allgemeinplätze hatten in dieser erfrischenden Diskussion keine Chance. Und wenn da einer dem Dirigenten vorwarf, seine angegebenen Tempi hätten ja geradezu an den (behäbigen) Knappertsbusch erinnert, dann wußte Gielen, launigster Fürsprecher seiner selbst, solche fruchtlosen Beiträge abzubiegen: »Wenn sich das trifft, dann kann ich Knappertsbusch ja nur gratulieren.«

Frankfurter Presse, 3.1.1983

# Der Rhein strömt: rastlos von rechts nach links

»Der Ring des Nibelungen« an der Oper Frankfurt 1985 bis 1987

Das Rheingold,
7. Dezember 1985
Die Walküre, 1. Mai 1986
Siegfried, 9. November 1986
Götterdämmerung, 8. März 1987
Ein Bühnenfestspiel
für drei Tage
und einen Vorabend
von Richard Wagner

Mit der Inszenierung der »Ring«-Tetralogie schlossen Ruth Berghaus und Michael Gielen zehn gemeinsame Frankfurter Jahre ab. Das Besondere dieser gemeinsamen Wegstrecke war: Unter Michael Gielens Direktorat konnten am Frankfurter Stadttheater die traditionellen, bekannten und unbekannten Opernwerke des Repertoires ohne Rück-Sicht auf Vor-Urteile befragt, erkannt und dargestellt werden. Das brachte zwar Verluste, es gab kaum Uraufführungen, dafür aber einen Gewinn, die Gattung nahm einen zentralen Platz in den geistigen Auseinandersetzungen der von sozialem Sprengstoff explodierenden Handels-, Bank- und Universitätsstadt Frankfurt ein.

Die Inszenierungen zogen ein internationales, an Oper und Auseinandersetzung interessiertes Publikum in ihren Bann.

Der »Ring des Nibelungen« erschien dem Frankfurter Team als eines der befragenswürdigsten und gefährdetsten Werke der Gattung, und es stand folgerecht am Ende des gemeinsamen Weges, in dessen Verlauf sich das Publikum stark gewandelt, verjüngt hatte, und ein Ensemble sich bildete, mit dem das Haus nach einem Intervall von fünfzig Jahren den »Ring« herausbringen und fast vollständig mit fest engagierten Sängern besetzen konnte. Zugleich trat das für Kunst so Wunderbare ein: Catarina Ligendza, eine der ganz Großen ihres Faches, unter normalen Bedingungen unbezahlbar für das Stadttheaterbudget, bewarb sich um die Partie der Brünnhilde. Sie vertraute sich der Regisseurin Ruth Berghaus an, um neue Erfahrungen mit einer bereits allzubekannten Rolle zu gewinnen.

Die letzte Vorstellung der Direktion Gielen war 1987 eine Aufführung der »Götterdämmerung« vor einem Publikum, das mit stehend dargebrachten Schlußovationen von 75 Minuten dem unwiederholbaren, von großer Kunst »erfüllten Augenblick« Dauer verleihen wollte.

Ruth Berghaus hat sich selbst mit ihrer »Ring«-Inszenierung immer wieder in Kontext zu den großen Interpretationsleistungen nach 1945 gesetzt, der Annäherung an ein Werk, das durch den deutschen Nationalsozialismus vereinnahmt worden war und durch die ihm selbst innewohnenden Widersprüche, so seinen partiellen Antisemitismus, gefährdet war und ist.

Von allen groß angelegten Erneuerungsversuchen mit Wagners Werk bezog sich Ruth Berghaus vor allem auf Wieland Wagners Deutungen im sogenannten Neu-Bayreuth, auf Joachim Herz' »Ring«-Einstudierung zwischen 1973 und 1976 an einem Stadttheater, in Wagners Geburtsstadt Leipzig, und Patrice Chéreaus fremdäugige, französische Sicht im Festspielhaus Ende der 70er Jahre. Ihr Verhältnis war von historisch-kritischer Distanz geprägt, hier waren bereits bestimmte Positionen im Umgang mit Wagners Werk geklärt worden, und das gab ihr die Freiheit, mit Michael Gielen, Axel Manthey und Klaus Zehelein den für die 80er Jahre gültigen neuen Ansatz zu finden. Das Werk wurde nicht aus *einem* Punkt heraus erklärt, weder auf das Mythologische, noch auf das 19. Jahrhundert eingeschränkt.

Dabei konnte sich Ruth Berghaus hilfreich auf ihren ersten abgebrochenen Versuch, die »Rheingold«-Inszenierung 1979 an der Deutschen Staatsoper Berlin, beziehen. Schon damals hatte sie den »Ring« als ein »phantastisches Epos« bezeichnet und vom »ungeheuren Reichtum der Motive und Gedanken« gesprochen. Zugleich aber verabschiedete sie sich mit ihrem Frankfurter »Ring« auch strikt von ihrem Berliner Konzept, mit dem »Rheingold« einen Uranfang zu zeigen, eine kontinuierlich fortlaufende Geschichte von Göttern, Menschen und Riesen.

Die Berliner »Ring«-Einstudierung war 1979 nach der Inszenierung von »Rheingold« abgebrochen worden. Das gedankliche und ästhetische Konzept, dazu gehörte auch, alle Partien mit jüngeren Ensemblemitgliedern zu besetzen, war vom Haus und vor allem vom Dirigenten nicht konsequent und entschieden mitgetragen worden. Das Neugesehene und Angestrebte nur halbherzig erfüllt und ausgeführt, geriet mißverständlich, erhielt einen als Ironie gedeuteten Gestus. Obgleich das Publikum in Scharen zu den Vorstellungen drängte, die Berliner wollten »ihren« neuen »Ring«, wurde die Inszenierung nach der zweiten Vorstellung abgesetzt, bekam so keine Chance, sich in der Begegnung mit dem Publikum zu erweisen und durchzusetzen.

Ruth Berghaus und Michael Gielen vergaßen in ihrer Arbeit am Frankfurter »Ring« die gemeinsamen Erfahrungen mit Mozarts Opern keineswegs. Das Paradoxon war vielmehr: Ihre Mozart-Inszenierungen gaben die beste Voraussetzung, Wagners Werk szenisch wie musikalisch gleichermaßen neu zu erschließen.

Mozarts Musik durchbricht die jeweiligen dramatischen Situationen, ohne sie je ganz zu verlassen, und wenn in Mozarts Opern geweint, gelacht, geliebt oder gehaßt wird, dann immer im Kontext zur geschichtlichen Situation. Der Komponist zieht das Jahrhundert – Gewinn und Verlust der Aufklärung – in den kleinen Raum der Arie oder des Ensembles. Im Herstellen des zeitgenössischen Kontextes, der Korrelation zwischen dramatischem Anlaß und geschichtlicher Situation des Menschen im 20. Jahrhundert, bestand die musikalische und inszenatorische Arbeit von Michael Gielen und Ruth Berghaus bei Mozarts Werken. Dieses Prinzip vollendeten sie in der gemeinsamen Arbeit am »Ring«. Eines der schönsten Beispiele hierfür hat Michael Gielen wiederholt selbst beschrieben. »Ich hoffe, daß nicht die kleinste Spur von musikalischer Großspurigkeit, Schwulst, auszumachen ist, sondern nur Größe, die an sich da ist, wie etwa im berühmten Trauermarsch. In der Frankfurter Inszenierung wird diese Größe der Musik von der Bühne her gebrochen durch die Art, wie die Agenten oder Militaristen den Körper des Helden mit Fußtritten aus dem Weg befördern. Indem die Bühnenaktion ihr widerspricht, wird das Bewußtsein des Publikums dieser Größe gegenüber erhöht. Eine solche Dialektik findet man in allen Berghaus-Inszenierungen. Dadurch wird deutlich, daß der Trauermarsch nicht nur von Siegfried, dem Helden, als Individuum handelt, sondern von allen den Sehnsüchten und Wünschen, die Wotan durch die Schaffung Siegmunds und Siegfrieds sich zu erfüllen hoffte. Alles das ist nun begraben, les illusions perdues. Diese ungeheuren Werke Wagners sind wie die großen alten Legenden, welche eine ganze Welt darstellen, oder sogar andere Welten. Und der Trauermarsch im letzten Akt des »Rings« drückt auch Wagners persönlichen Schmerz darüber aus, daß zur Zeit der Fertigstellung von »Götterdämmerung« alle diese humanistischen Ideale, welche die jungen Revolutionäre von 1848 hatten, zum Teufel gegangen waren.« (Michael Gielen in einem Gespräch mit Andrew Clark. In: *Opernwelt*, August 1987)

Die Arbeit am »Ring« steht in einer merkwürdigen Spannung zu Ruth Berghaus' vorangegangenen Inszenierungen. Der zyklische Charakter, der Zwang, für vier Abende differenzierende, kontrastierende und zugleich Zusammenhang stiftende Zeichen zu finden, brachten ihr Prinzip der szenischen Metapher zu einer auch für sie selbst ungeahnten Konsequenz und Qualität: Sie erfand und inszenierte ein komplexes theatralisch-szenisches Analogon zur musikalischen Struktur. Kehren in Wagners Musik Leitmotive in fast nie identischer Gestalt wieder, wird diese horizontale Spur durch vertikale Schübe oder Staus, durch die sogenannten »großen« Stellen, wie den Einzug der Götter in Walhall, das Waldweben oder den Trauermarsch durchkreuzt und aufgebrochen, wird, was im Großen geschieht, auch im Kleinen fortdauernd vollzogen. Dieser Struktur entsprechend, setzte Ruth Berghaus fortlaufend bestimmte Zeichen, ließ sie leitmotivisch wiederkehren, wobei sie sich in ihrer Bedeutung verändern und wandeln. Grundlegend wurde das Motiv Wotans und der Wotan-Kinder: ein Auge mit der Hand zu bedekken. Diese Geste durchzieht die gesamte Tetralogie, ist analog zum Wälsungen-Leid und zum Blick-Motiv angelegt, bedeutet am Anfang ein Konkretes, Wotan verbirgt das fehlende Auge, und wird dann immer allgemeiner, vieldeutiger. An dieser Geste erkennen sich die Wotan-Kinder, sie verhindert, die Welt zu se-

## Das Rheingold

Vorabend

Der Ring des Nibelungen
Ein Bühnenfestspiel
für drei Tage
und einen Vorabend
von Richard Wagner

Deutsche Staatsoper Berlin
23. September 1979

Musikalische Leitung: Otmar Suitner
Inszenierung: Ruth Berghaus
Ausstattung: Marie-Luise Strandt
Dramaturgie: Sigrid Neef

Wotan: Siegfried Vogel
Donner: Heinz Reeh
Froh: Horst Gebhardt
Loge: Eberhard Büchner
Alberich: Peter Olesch
Mime: Peter Menzel
Fasolt: Waldemar Wild
Fafner: Fritz Hübner
Fricka: Ute Trekel-Burckhardt
Freia: Eva-Maria Bundschuh
Erda: Annelies Burmeister
Woglinde: Carola Nossek
Wellgunde: Nannita Peschke
Floßhilde: Ingeborg Springer

**Das Rheingold**
Vorabend

Der Ring des Nibelungen
Ein Bühnenfestspiel
für drei Tage
und einen Vorabend
von Richard Wagner

Oper Frankfurt
7. Dezember 1985

Musikalische Leitung: Michael Gielen
Inszenierung: Ruth Berghaus
Bühnenbild und Kostüme: Axel Manthey
Dramaturgie: Klaus Zehelein

Wotan: Bruce Martin
Donner: Barry Mora
Froh: Otoniel Gonzaga
Loge: Heinz Zednik
Alberich: Adalbert Waller
Mime: Helmut Pampuch
Fasolt: Manfred Schenk
Fafner: Heinz Hagenau
Fricka: Gail Gilmore
Freia: June Card
Erda: Cornelia Berger
Woglinde: Paula Page
Wellgunde: Ilse Gramatzki
Floßhilde: Margit Neubauer

hen, wie sie ist, befördert Erkennen und verhindert es. So wie die musikalischen Motive verfallen auch die szenischen, sie alle erleiden das gleiche Schicksal wie der Ring, werden allgemeiner, alltäglicher, am Anfang Symbol für die Macht der Welt wird er zum Liebespfand. Besondere Aufmerksamkeit fand die Schlußmetapher, die Witwe Siegfrieds, Gutrune, begibt sich an ein Fernrohr und blickt »einäugig, mittels Technik ins All« (Ruth Berghaus), und zwar – in Richtung Zuschauerraum. Die besondere Struktur dieser Metapher: Kein So-ist-Es, So-war-Es, sondern vielmehr: wieso war es so, und was kommt jetzt?

Neu an der »Ring«-Arbeit war auch, szenische Metaphern miteinander zu verbinden, wie das Hand-Auge-Spiel mit dem roten Theatervorhang, dessen steinern-wallender Faltenwurf zu Beginn das Wasser des Rheins nicht imaginiert, sondern ein Losungswort gibt für all das, was Rhein bedeuten kann, an dem das Pferd Grane mit Brünnhilde und Sieglinde auf den Walkürenfelsen stürzt, und mit dem die Nornen zu Beginn des letzten Abends das kommende Unheil verdecken wollen, doch reißt ihnen der Vorhang, wie das Seil, und die »Götterdämmerung« liegt für alle Augen offen. Auf dieser Ebene ist der rote Theatervorhang eng mit dem Blick-, dem Augen-und-Händemotiv verbunden: Augen und Hände sind die Organe des Sehens, Ergreifens, Begreifens, des Erkennens und Verkennens. Zugleich bezeichnet der rote Theatervorhang ein Prinzip des Frankfurter »Ringes«, darauf zu achten, daß Wagners Wunderwelt und Weltbild immer eine Theaterrealität bleibt. Dies gehörte zum Programm, zur Ästhetik, zur Sprache dieser Inszenierung. Es sollte nicht behauptet werden, man könne oder wolle diesen Reichtum an Gedanken und Motiven vollständig zur Darstellung bringen. Mit der Betonung der Theaterwirklichkeit brachten die Inszenatoren immer wieder zur Sprache, daß sie sich die Freiheit genommen hatten, aus dem unerschöpflichen Stoff auszuwählen und daß sie auch dem Publikum das Angebot machten, eine Auswahl zu treffen, einen Spiel-Raum zum Mit-Denken, Ergänzen, zum Fragen für sich zu bestimmen.

Bei einem solchen Prinzip, daß auf das kombinierende, mitdenkende Publikum setzt, war es nicht verwunderlich, daß dieses Publikum sich dann auch drängte, Fragen zu stellen, mit den Interpreten ins Gespräch zu kommen.

So bat die Mainzer Johannes-Gutenberg-Universität Ruth Berghaus zu einem Gespräch im Musikwissenschaftlichen Institut mit Studenten aller künstlerischen Fachbereiche. Ihr frei gesprochenes Statement dort ist eines der schönsten Dokumente. Nicht nur berührt sie hier viele der für sie wichtigen Punkte ihrer »Ring«-Konzeption, diese Worte und auch die anschließende Diskussion zeigen sie in ihrem freimütigen, leidenschaftlichen, präzisen Denken, ihrer absoluten Offenheit, der Begabung, sich zu interessieren und zu interessieren, ihrem Witz und ihrer Fähigkeit, Menschen mit Wissen nicht zu erschlagen, sondern zum Denken anzuspornen, Spaß am Denken zu vermitteln. So wie sie die Sänger gewinnt, den Ton mit dem ganzen Körper zu produzieren, so gewinnt sie Gesprächspartner, mit allen Sinnen zu denken. Dabei ist sie nicht bequem, ihre Anforderungen sind hoch, sie denkt schnell und auf der Grundlage eines enormen Wissens, und sie kann auch streng und entschieden sein, Meinungen zurückweisen, dabei aber – welch hohe Tugend – verletzt sie nicht, hält eine Kooperation bis zuletzt immer noch für möglich.

Über die »Ring«-Konzeption hinaus vermittelt das Mainzer Gespräch wichtige Prinzipien ihres Arbeitens, des Verhältnisses von Theorie und Praxis, ihrer Definition der Gattung und ihres Arbeitens in bezug auf ein waches, gern und schnell denkendes Publikum.

Abb. 195
»Das Rheingold«, 1985
Die Rheintöchter:
Paula Page, Margit Neubauer,
Ilse Gramatzki,
Alberich: Adalbert Waller,
v. l. n. r.
Foto: Mara Eggert

Ruth Berghaus
Gespräch zur »Ring«-Konzeption an der Johannes-Gutenberg-Universität Mainz am 26. Juni 1987

Ich danke Ihnen sehr für die Einladung. Was mich bewogen hat, sie anzunehmen, war: In Mainz habe ich meine erste Inszenierung gemacht und – es ist der Geburtsort von Anna Seghers.

Also, warum sollte ich nicht nach Mainz kommen.

Natürlich kann ich Ihnen keine Vorlesung halten über die Inszenierung des »Ring des Nibelungen«. Eine Inszenierung erklärt sich nicht durch Worte, besonders nicht eine Operninszenierung. Die Oper hat den ungeheuren Vorzug und Reichtum, daß sie die verschiedenartigsten Künste vereint, das heißt, sie arbeitet auf verschiedenen Ebenen und mit verschiedenen Kunstformen und Mitteln, und die gilt es, ins Verhältnis zu setzen. Das ist bei jedem Komponisten anders.

Grundlegendes Material für die Oper bleibt für mich das dialektische Verhältnis von Ton und Wort. Aus diesem Spannungsfeld heraus oder zu diesem Spannungsfeld verhalten sich die anderen Künste und Künstler, der Mensch, der Sänger, Bild, Kostüm, Licht und alles, was sie auf der Bühne sehen. Sie stehen entweder im Kontrapunkt oder sie laufen parallel, bilden einen Kontext oder schließen ihn aus. In meiner Arbeit gibt es auf keinen Fall eine Vereinnahmung eines Elementes für alle anderen. Das zunächst.

Als zweites etwas zu meiner Arbeitsmethode. Das Kollektiv der Künste, die einzelnen Elemente, die die Oper vereint, verlangen natürlich eine kollektive Arbeit. Das heißt, je größer, wichtiger, prononcierter und eigenständiger die Künstler sind, die an solchem Projekt arbeiten, an erster Stelle natürlich Dirigent, Sänger, Bühnenbildner, Dramaturg und nicht zuletzt die technischen Abteilungen, um so reicher kann natürlich ein solcher Abend werden, weil jeder seine Interessen, die er am Werk hat, einbringt. Und Theater besteht ja aus Interessen, das heißt aus Interessen des Publikums oder der Zuschauer und aus den Interessen von denjenigen, die das Theater machen.

Das ist etwas Wichtiges, über das wir auch sprechen sollten. Die Vielschichtigkeit dessen, was an einem Opernabend geschieht, macht heute das Interesse an Oper aus. Sicher hängt das mit unserem Leben zusammen, mit unserem Alltag und der Welt. Da so viele Einflüsse und Informationen schon im Kindesalter auf den Menschen einwirken, ob das die Eltern wollen oder nicht, es geschieht einfach, ist er gewöhnt zu sehen, zu hören und sich seine eigenen Gedanken zu machen, alles zur gleichen Zeit. Ob es bewußt ist oder nicht, ich bin davon überzeugt, daß wir uns in einem Umwandlungsprozeß befinden, auch durch die Medien der verschiedensten Art, ob man sie nun scheut oder nur unbewußt aufnimmt oder ob man damit Langeweile verdrängt. Sie üben immer Einfluß aus. Die Signalwirkung auf der Straße ist groß, und

# Die Walküre

Erster Tag

Der Ring des Nibelungen
Ein Bühnenfestspiel
für drei Tage
und einen Vorabend
von Richard Wagner

Oper Frankfurt
1. Mai 1986

Musikalische Leitung:
Michael Gielen
Inszenierung: Ruth Berghaus
Bühnenbild und Kostüme:
Axel Manthey
Dramaturgie: Klaus Zehelein

Siegmund: Walter Raffeiner
Hunding: Manfred Schenk
Wotan: Wolfgang Probst
Sieglinde: Helena Doese
Brünnhilde: Catarina Ligendza
Fricka: Gail Gilmore
Helmwige: Gabriele Maria Ronge
Gerhilde: June Card
Ortlinde: Paula Page
Waltraute: Karen Rambo
Siegrune: Margit Neubauer
Grimgerde: Ilse Gramatzki
Schwertleite: Elisabeth Hornung
Roßweiße: Marianne Rørholm

keiner kann sich der Umwelt entziehen. Nun ist in der Oper das Ganze von den Autoren, von den Künstlern geformt. Der Kontext, der hergestellt werden kann, sollte in einer solchen Weise inszeniert werden, daß dem Zuschauer überlassen bleibt, selbst zu kombinieren. Daher in meinen Aufführungen die Betonung der einzelnen Künste und ihrer Eigenständigkeit. Das heißt, da die Leute das heute sowieso täglich tun, findet es dort in einer organisierten Form statt, organisiert sowohl vom Autor als auch vom Interpreten. Im Werk liegen Absichten, und diese muß man bloßlegen und aufreißen, und der Zuschauer kann sich dann sein Bild machen. Deshalb ist das Kontroverse gar nicht auszuschließen.

Vielleicht das kurz als Einleitung.

Zum »Ring« möchte ich folgendes sagen. »Das Rheingold« ist eine Introduktion, ein Vorabend, und der kluge Theatermann Wagner hat uns hier bereits durch seine Szenenanweisungen gesagt, daß wir seine Motivtechnik nicht nur horizontal hören dürfen, sondern auch vertikal. Das ist für ein Verständnis oder ein Begreifen oder einen Genuß der Wagnerschen Musik sehr wichtig. Im »Rheingold« geht es von der Tiefe des Rheins zur lichten Höhe, dann hinab in die Erde und wieder zur lichten Höhe. Das ist ein großer Wechsel in vertikaler Richtung. Kontrapunktisch-horizontal setzt dann Wagner den Rhein hinzu, der von »rechts nach links« strömt. Das hat mich sehr verwundert, als ich es das erste Mal las. Wagner sieht den Rhein von Frankreich aus, das heißt, er hat eine Sicht auf die deutsche Situation, er sieht die Vorgänge mit Distanz, er hatte also nicht nur ein deutsches Stück oder die deutsche Geschichte des 19. Jahrhunderts im Auge, vielmehr steckt im »Ring« sein Bild der Welt oder Weltbild und nicht nur ein deutsches Bild. Darin liegt auch die enorme Leistung der Inszenierung von Patrice Chéreau und Pierre Boulez in Bayreuth.

Uns interessierte bei Wagner die Masse des Stoffes und seine Heterogenität, was er an Alttestamentarischem, Germanischem, Griechischem, Philosophischem, Mythologischem aufgesaugt hatte, wie er in der Geschichte vor- und rückwärts ging. Wir mußten durch die Analyse herausfinden, was braucht er wann, wozu. Wir erzählen in der Tetralogie eine Göttergeschichte, eine Familiengeschichte, soziale und historische Vorgänge. Das überlagert und überlappt sich in den Szenen aller Stücke. Aber ich würde es eine Beschädigung Wagners nennen, wenn man sich nur für *einen* der genannten Prozesse entscheidet.

Im »Rheingold« wird das Thema – Macht und Liebe schließen einander aus und bedingen einander – gesetzt, und dieses Thema wird bis zur »Götterdämmerung« durchgeführt, so durch das Fluch-Motiv, ein Signal und Achtungszeichen, meist nicht zur Kenntnis genommen.

In der »Walküre« war mir wichtig, das Jagen und Fliehen als Grundmotiv zu zeigen, das heißt die Flucht Wotans weg von Walhall, das er sich durch Vertragsbruch hat bauen lassen, zurück zu Erde, zum Nomadendasein. Wotan bewegt sich, entweder seiner Zeit voraus, oder er bewegt sich, historisch gesehen, in der Geschichte zurück. Er nimmt die historische Zeit, die er gerade braucht. Fricka geht die Geschichte vom Bau und Einzug in Walhall kontinuierlich weiter zu dem Punkt, wo sie auf dem Inzest-Verbot besteht. Wotan versucht in der »Walküre« auszubrechen, und er schafft es durch Erda, seine »ewige Jugend« weiterzuleben. Siegmund und Sieglinde, die beiden Wölfekinder, wachsen auch als Nomaden oder Herumtreiber auf. Es sind heute die Zigeuner oder die Türken. Sieglinde ist seßhaft geworden, der Bruder zieht sie wieder heraus. Der Fluch ist immer präsent: Wotan verliert sein Lieblingskind an Fricka, die historisch recht hat. Es hat uns besonders interessiert, daß Wagner keinen konkreten Geschichtsablauf gibt. Es spielt weder im 19. Jahrhundert noch in einem historischen Zusammenhang, sondern Wagner nutzt den Mythos, um Geschichtsabläufe vorwärts *und* rückwärts laufen zu lassen. Das heißt, eine Person ist einer historischen Phase schon voraus, wie Fricka, die gegen den Inzest ist. Wotan hat den Inzest schon längst erlebt, aber er behauptet ihn als eine Neuerung: »Heut hast dus erlebt.« Wagner kreuzt die Geschichtsabläufe. Deshalb war uns wichtig, nicht *eine* Geschichte, *einen* Ablauf zu zeigen, sondern durch die Personen Geschichtsabläufe in ihrer Kontinuität und Diskontinuität, in der Geschichte der Götter die alltägliche normale Geschichte einer Familie. Dadurch werden die sozialen Prozesse aufgerissen und zugleich auch die psychologischen Vorgänge.

Man schaut in tiefe Abgründe nicht nur im Bild, man schaut ins Gebirge im Rhein, also auch in Tiefen und Abgründe der Seele. Mythos wird vom Unterbewußtsein rekapituliert.

In diesem Sinne ist für uns »Siegfried« ein Erziehungsstück. Wir haben in einer Arbeitsphase gesagt: Nicht für die Schule lernen wir, sondern für den Tod. Siegfried wird für das Töten erzogen, und das gleiche gilt für Hagen, Alberichs Sohn. Der erste Akt spielt das durch. Siegfried wird so erzogen, daß er jeden Tag mit einem neuen Schwert in die Landschaft hinauszieht und mit einem kaputten zurückkommt. Das ist der Anfang der Erziehung. Man muß sich fragen, was sie ihm nutzt. Keiner nennt ihm die Gefahren, selbst der Waldvogel nicht, der ja eigentlich ein Todesvogel ist. Was Wotan am Anfang gesagt wird, Liebe und Macht schließen sich aus, das gibt er nicht weiter, bis auf eine Ausnahme, Brünnhilde vertraut er sein Ich.

Es ist eine Merkwürdigkeit, daß die musikalischen Vorspiele, sowohl in der »Walküre« als auch in »Siegfried« immer das beinhalten, was dann im Stück durchgespielt wird. In der »Walküre« das Flucht-und-Jagen-Motiv, im »Siegfried« dieses Grübel-Motiv, die Frage Mimes, wie man am besten erzieht, wie man aus dem Grübeln herauskommt. Wobei das ganze Stück ein Erwachen des Siegfried zum Mann ist, zugleich der Schlaf der Brünnhilde, und es führt hin zum Erwachen der Brünnhilde. Das ist von Wagner genau gesetzt, das ist an den Tonarten, am Einsatz der Motive und ihren Veränderungen zu verfolgen. Das alles bricht dann in der »Götterdämmerung« ab. Dort sind die Motive alltäglicher geworden, zerbröckelt, zerstückelt. Der letzte Abend heißt ja nicht umsonst »Götter*dämmerung*«. Es ist eine Dämmerung des Abends und des Morgens. Auch hier muß ein eigenständiges Kombinieren einsetzen, was ist Götterdämmerung, und was ist das Gegenteil davon.

Man darf sich hier nicht festlegen. Wagner tut es auch nicht. Nur eins vollzieht er, er läßt die Figuren dahindämmern, es wird keiner wirklich wach, und keiner sieht die Welt so, wie sie ist, wie sie durch Text und Musik konstituiert wird. Es treibt von Mythologie in Zivilisation und zurück. Die einzige, die alles begreift, ist Brünnhilde.

Wir sind in der »Götterdämmerung« in einer anderen gesellschaftlichen Phase. Es ist wohl schon die bürgerliche. Die Mythologie stößt auf die Zivilisation. Siegfried ist wie Hagen mythischer Handlungen fähig, im Unterschied zu Gutrune und Gunther, die der anderen Ordnung zugefügt sind. Dieser Aufeinanderprall interessiert mich, von mythologischen Vorgängen und Gegebenheiten auf sachliche zivilisatorische, und es interessiert mich der Wunsch, daß die Menschen doch erwachen mögen. Schon in der »Walküre« wird durch das Einschlafen der Brünnhilde ihr späteres Erwachen betont. Siegfried erwacht zum Mann. Die »Götterdäm-

Abb. 196
»Die Walküre«, 1986
Brünnhilde: Catarina Ligendza,
Wotan: Wolfgang Probst
Foto: Mara Eggert

merung« hofft nun, daß mit diesen erwachten Figuren die Welt zu erkennen ist. Ein großer Irrtum. Welt wird nicht gesehen, wie sie ist, Welt wird gesehen, wie man sie sich wünscht. Brünnhilde weiß, was sie an Siegfrieds Leiche sagt: »Schweigt eures Jammers ...«

Der Jammer wird noch größer.

Und jetzt fragen Sie vielleicht.

Diskussion

Eine Frage zum Schluß der Tetralogie in Ihrer Interpretation. Brünnhilde ist die einzige, die begreift. Steht sie deshalb nur noch da und schaut auf die Götterburg in Flammen. Es passiert praktisch auch mit ihr nichts mehr. Ist das so gemeint?

Ruth Berghaus: So ist das gemeint. Eine Szene ist natürlich nie durch eine Figur allein oder nur einen Teil des Bildes zu erklären. Die anderen Faktoren, die hinzukommen, dürfen nicht vergessen werden. Ich kann Brünnhilde nicht so stehen lassen, wenn ich nicht Siegfried vorn, unbeobachtet, tot liegen habe, und nicht das Pferd Grane. Dieses alles blieb Brünnhilde, um mit jemandem zu reden. Die Einsamkeit von Brünnhilde vor dem brennenden Walhall, wie immer man das ästhetisch finden mag, entsteht nur in diesem Kontext, zu dem, was vorher geschehen ist und wie die anderen sich verhalten.

Teilnehmer: Es ist damit ja auch nicht zu Ende, es geht bei Ihnen ja noch weiter. Denn dann kommt Gutrune und geht zu dem Fernrohr und schaut durch. Das ergibt eine genaue Achse zwischen Gutrune und Brünnhilde. Auch vorher fällt schon auf, daß zwischen beiden Frauen, die ja von ihrer Interessenlage sich hier feindlich gesinnt sind, es in Ihrer Inszenierung fast zu einer Annäherung kommt. Denn vor diesem absoluten Schluß stehen die beiden Frauen lange zusammen, es ist fast wie eine Verschwisterung. Was mir dabei besonders auffiel war, daß am Schluß Ihrer Inszenierung Gutrune zur Hauptfigur wird. Könnten Sie dazu etwas sagen?

Ruth Berghaus: Sehr schön, wie Sie es beschrieben haben. Verschwisterung ist eine Möglichkeit in solchen Situationen. Ich finde es wunderbar, daß Wagner so korrekt war und zeigte: Siegfried kommt nach einer langen Fahrt, die Rheinfahrt ist zeitlich nicht zu messen, an einen anderen Ort. Und dort ist die andere Frau, und die will er haben. Das läuft direkt und einfach und ohne viel Umstände. Das passiert, man will es nur nicht wahr haben. Für den einen ist es die Freude, und für den anderen ist es das Leid. Ohne diese Widersprüche kommen wir nicht aus, wenn wir uns umschaun. Und die Verschwisterung wäre natürlich eine Möglichkeit, da haben Sie Recht, eine Hoffnung. In dem Thema – Macht und Liebe bedingen einander – steckt die Eigentumsfrage. Wer ist *mein* Mann, *mein* Kind, *meine* Frau. Wer ist wessen Eigentum. Ein Gedanke dabei ist, wenn diese Eigentumsfrage weg ist, kann eine Möglichkeit der Versöhnung zwischen Gutrune und Brünnhilde

## Siegfried

Zweiter Tag

Der Ring des Nibelungen
Ein Bühnenfestspiel
für drei Tage
und einen Vorabend
von Richard Wagner

Oper Frankfurt
9. November 1986

Musikalische Leitung:
Michael Gielen
Inszenierung: Ruth Berghaus
Bühnenbild und Kostüme:
Axel Manthey
Dramaturgie: Klaus Zehelein

Siegfried: William Cochran
Mime: Heinz Zednik
Der Wanderer: Wolfgang Probst
Alberich: Adalbert Waller
Fafner: Heinz Hagenau
Erda: Cornelia Berger
Brünnhilde: Catarina Ligendza
Ein Waldvogel:
Christian Fliegner (Solist des Tölzer Knabenchores),
Christoph Mayer,
Guido Mensinger

utopisch dasein. Was wir dann mit den Gefühlen machen, wissen wir alle noch nicht. Aber es ist ja deutlich gezeigt, daß sie danach verschiedene Wege gehen. Brünnhilde zieht die Konsequenz, zieht es für sich vor, in den Tod zu gehen. Sie weiß ja sehr früh, schon in »Siegfried«, daß ihr das passieren wird. Sie hat den Ring, die Macht, und mit Siegfried die Liebe. Sie weiß, beides geht nicht, und macht es trotzdem, wie wir alle. Gutrune trennt sich von ihr, sie stehn ja recht lange zusammen, das haben Sie genau gesehn, geht nach vorn und führt die Geschichte weiter. Sie stellt eigentlich eine Frage, es ist nicht eine Fortführung der Geschichte. Ich meine, daß nach einem solchen chaotischen Bild, das weniger über den Weltenbrand erzählt, als vielmehr über die Zerstörung, Vereinsamung, Erstarrung der Leute, es keinen Abschluß geben kann. Wenn jetzt Gutrune nach vorn geht und durch das Fernrohr schaut, hat das mit der gesamten Motivtechnik in der »Götterdämmerung« zu tun. Wagner kommt nicht zu einem zusammenfassenden Schluß, das Schwert-Thema oder Walhall-Thema, all das wird schon vorher erledigt. Er macht ein richtiges Opernfinale. Es muß ein Höhepunkt gesetzt werden. Das hatte kompositorische und ganz praktische Gründe. Und das läßt uns etwas offen. Außerdem sagt er, daß sich die Leute auf der Bühne ratlos umschaun. Wagner gibt keinen Weg, keine Richtung. Irgendwann einmal wollte er, daß der »Ring« aufgeführt und danach das ganze Theater abgebrannt wird. Wir können ihm da nicht folgen, und er selbst hat es auch nicht getan in Bayreuth.

Wenn Gutrune durchs Fernrohr schaut, schafft mir das auch den Boden zu »Rheingold«. Wotan ist einäugig, das heißt nicht perspektivisch sehend. Wie hat er es verloren? Fricka zuliebe und das rausgerissene Auge hat Mime bekommen. Nun gut, das ist nicht im Stück drin, das muß man auch nicht erzählen, aber schon, was diese Einäugigkeit bedeutet. Die Welt auf besondere Weise sehen, begreifen. Und so gebe ich Gutrune die Möglichkeit, einäugig mittels Technik ins All zu sehen. Für mich ist es der erwartungsvolle und einäugige und schreckliche Blick ins All.

Teilnehmer: Ich habe darin auch folgendes gesehen: Gutrune ist in dieser Wormser Gesellschaft ganz kindhaft-kindisch, und nun hat sie mit dem Fernrohr die Möglichkeit, fort-, weiterzugehen. Meine Frage betrifft die Erda. Die beschäftigt mich sehr. Sie verkörpert für mich eine Art Primärwesen, über das der Brünnhild hinaus.

Ruth Berghaus: Ich würde es nicht auf eine Trennung bringen, daß die Frau Erda mehr weiß als der Mann Wotan. Jeder Figur muß Gerechtigkeit widerfahren auf dem Theater. Ich glaube, man darf das nicht vergessen. Das ist sehr wichtig.

So sehr ich einige Theateraufführungen anderer Regisseure liebe und schätze, so sehr muß ich darauf achten, daß ich nicht in eine Konvention verfalle, die den Figuren keine Gerechtigkeit gibt. Ich bin natürlich in einer ganz konkreten Tradition aufgewachsen. Von dem Erbe, was man mitbekommt, zieht man sich sein Teil heraus. Das meine liegt nahe bei Brecht. Daher kann ich keiner Figur unrecht geben. Es ist mir nicht möglich, ein Stück so zu lesen. Das heißt, ich gehe nicht mit einem Vor-Urteil an die Figuren heran. Deshalb kann ich auch nicht Mann und Frau gegeneinander ausspielen, den einen mehr als den anderen bevorzugen. Die Stücke sind nicht so gebaut. Natürlich sind Mozart und Wagner Autoren, die der Frau eine ganz große Chance geben. Doch das ist in den Stücken drin. Oft sagt man, das hat die Berghaus erfunden, weil sie eine Frau ist. Das stimmt gar nicht. Man muß in den Stücken nur entdecken, daß die Figuren gleichwertig sind. So auch die Erda. Nur hat es im Mythos eine andere Bewandtnis mit ihr. Dort häuft sich Material der Menschheitsgeschichte oder auch, was in der Psyche des einzelnen verborgen ist. Vieles hat sich in den germanischen Mythen festgesetzt und so auch bei Wagner. Von daher hat die Erda etwas Archetypisches: Mutter-Erda-Mutterschoß. Und sie hat auch merkwürdigerweise ein musikalisches Material, das allen Frauen im gesamten »Ring« wieder gegeben wird. Zum Beispiel in »Walküre« der Fricka, wenn sie von Wotan verlangt, daß Siegmund getötet wird. Hier wird auch die Hausfrau zum Archetyp. Daher darf man auch nicht unterschätzen, was Fricka will und tut. Es haben sich Sippen gebildet, wie Hundings. Sie haben ihre eigenen Gebiete, und Fremdlinge werden rausgetrieben. Siegmund ist ein Fremdling und stört die neue Ordnung. Was mit Leuten geschieht, die eine neue oder überhaupt eine Ordnung stören, wissen wir ja alle. Das passiert in dem Stück. Da hat Fricka sowohl recht als auch unrecht, je nachdem. Das meine ich mit meinen Aufführungen, das möchte ich gern offenlassen, je nachdem, welche Haltung der einzelne hat und welche Anregungen er auch haben will. Das gehört ja auch dazu. Ich kann ja nicht inszenieren, wenn ich kein Publikum habe. Das funktioniert nur miteinander.

Teilnehmer: Aber es ist nicht im gesamten »Ring« so, daß die destabilisierenden Momente immer von den Männern ausgehen? Das heißt mit anderen Worten, von der Neigung zur Tat, von der Neigung zum Ruhm. Es beginnt schon mit der Auseinandersetzung zwischen Fricka und Wotan in »Rheingold«. Machen wir einen Sprung in »Siegfried«. Die große Chance, die sich da andeutet, wird durch den Besitzwillen Siegfrieds, so haben Sie es wohl auch inszeniert, der Brünnhilde an sich reißt, vertan: So sei *jetzt* mein. Und schließlich Siegfried, der im Vergessenheitstrank den bis dahin ganz gut gediehenen Wotans-Gedanken verfehlt. Das scheint doch an die Männerfiguren des Textes gebunden zu sein.

Ruth Berghaus: Es scheint. Ja. Aber es ist nicht nur so. Natürlich steckt in dem ganzen Material auch, auf einer historischen Ebene, der Übergang vom Matriarchat zum Patriarchat. Nur darf man sich nicht der Illusion hingeben, daß das Matriarchat eine zu erstrebende Gesellschaftsordnung sei. Es geht um die Emanzipation des Menschen und nicht um die Emanzipation der Frau oder des Mannes. Ich glaube, ich habe deutlich inszeniert, daß Fricka die Burg will?

Teilnehmer: Ja.

Ruth Berghaus: Fricka führt hier, sie will die Burg, um Wotan zu halten. Da irrt sie gewaltig. Mit dem Haus ist das nicht zu schaffen. Man darf die Dialektik der Beziehungen beider nicht außer acht lassen. Wenn Loge, um von Walhall abzulenken, erzählt, daß das Gold im Rhein gestohlen wurde, interessieren sich alle Götter, auch Fricka, nur noch für das Gold. Sie fragt sogar, ob man mit diesem Gold Geschmeide machen kann. Und Loge bejaht, damit hältst du deinen Mann. Wieder ein Irrtum. Aber *sie* bittet Wotan um das Gold, und wieder kann er ein reines Gewissen haben, denn er tut es für sie. Immer nur eine Seite zu sehen, ist doch auch langweilig. Dann ist da noch die Inzest-Geschichte. Ich habe mich sehr damit beschäftigt. So hat man zum Beispiel den Müttern während der Wehen die Haut von den Händen gerissen. Damit der Junge nicht der Mutter verfalle, mußte die Berührung durch die Mutterhände unangenehm sein. Das wurde getan, um der Menschheit den Inzest-Wunsch herauszureißen. Wenn man das nicht getan hätte? Wir wissen alle nicht, wie es dann geworden wäre, vielleicht besser.

Teilnehmer: Sie haben eben darauf hingewiesen, daß Sie ein Miteinander mit dem Publikum brauchen und auch erzielen wollen. Das führt doch dazu, daß in Ihrer Inszenierung auch im Unter-

Abb. 197
»Siegfried«, 1986
Siegfried: William Cochran,
Waldvogel: Tölzer Sängerknabe
Foto: Mara Eggert

schied zu Chéreaus etwa, etwas hinzukommt, eine stark gestische Sprache. Man kann sagen, in Ihren Inszenierungen spielt neben dem Musikalischen und der Sprache das Gestische eine zentrale Rolle. Damit haben Sie auch bestimmte Strukturen von Wagners Musik wieder hörbar gemacht. Nur meine ich, die Deutung dieses gestischen Materials sollten Sie doch nicht ganz der Phantasie des Zuschauers überlassen. So erschließt sich deren Bedeutung ja überhaupt nie ganz, und in bestimmter Weise erst dann, wenn man den *ganzen* »Ring« sieht, also alle vier Abende. Würden Sie die gestische Ebene vollkommen dem Interpretationswillen des Zuschauers überlassen, oder haben Sie damit bestimmte Absichten?

Ruth Berghaus: Man hat Absichten, und dann läßt man bestimmte Dinge offen. Natürlich wünsche ich mir, daß der »Ring« komplett in allen seinen vier Teilen gesehen wird. Ich halte es nicht für günstig, einzelne Stücke allein zu sehen. Ich habe da meine Erfahrungen. 1979 inszenierte ich »Rheingold« an der Staatsoper Berlin, und ich wurde gebeten, die Arbeit danach mit der »Götterdämmerung« fortzusetzen. Das war mir nicht möglich. Eine Arbeit muß sich entfalten können.

Das gestische Material, von dem Sie sprechen, ist nicht ausgedacht, es hat sich im Laufe der Zeit auf der Bühne, in der Probenarbeit entwickelt. Ich mußte beim Inszenieren nur auf die musikalische Struktur achten. Angesichts der Dominanz des Visuellen in der heutigen Welt und Kultur, muß man eine Oper so inszenieren, daß der Zuschauer *hört*.

Das Gestische hat aber auch etwas mit dem Sänger selbst zu tun. Stimme und Körper sind nicht zu trennen. Die Stimme ist ein Instrument des Körpers. Und je stärker der gesamte Körper den Ausdruck der Stimme mitmacht oder ermöglicht, also locker ist, um den Ausdruck in die Gesamthaltung des Körpers zu bekommen, desto stärker wird die Möglichkeit *deutlicher* Mitteilung. Dabei meine ich keine Verdopplung im Ausdruck. Die Erfahrung zeigt, Sänger, die wissen, daß sie singen können, und die die Töne haben, bewegen sich unabhängig von ihrer Stimme, und trotzdem klingt der ganze Körper mit.

## Götterdämmerung

Dritter Tag

Der Ring des Nibelungen
Ein Bühnenfestspiel
für drei Tage
und einen Vorabend
von Richard Wagner

Oper Frankfurt
8. März 1987

Musikalische Leitung: Michael Gielen
Inszenierung: Ruth Berghaus
Bühnenbild und Kostüme: Axel Manthey
Dramaturgie: Klaus Zehelein

Siegfried: William Cochran
Gunther: Barry Mora
Hagen: Manfred Schenk
Alberich: Adalbert Waller
Brünnhilde: Catarina Ligendza
Gutrune: June Card
Waltraute: Ilse Gramatzki
Erste Norn: Anny Schlemm
Zweite Norn: Elsie Maurer
Dritte Norn: Eliane Coelho
Woglinde: Paula Page
Wellgunde: Alison Browner
Floßhilde: Margit Neubauer

Viele meinen, bei mir ist das körperlich anstrengender. Das stimmt nicht. Der Kopf wird mehr strapaziert. Ich mache immer Konzessionen, wenn der Sänger sagt, daß er das im Stehen besser singen kann. Aber das erspart ihm nicht, bei der Findung einer neuen Lösung seinen Kopf anzustrengen. So komme ich auf Umwegen auch zum Ziel. Bestimmte Gesten haben im »Ring« einen Signalcharakter. Wotan bedeckt mit der Hand ein Auge, die Geschwister können sich daran entdecken, weil sie es vom Vater kennen. Dieses Augenverdecken ist ein Liebeszeichen, es wird dann vom Waldvogel als Zeichen der Verführung übernommen. Er ist ja in Wirklichkeit ein Todesvogel, kein liebes, kleines Vögelchen. Das ist ein Agent.

Einsprüche: Das kam nicht heraus. Andere Rufe: Doch.

Ruth Berghaus: Agenten sehen unterschiedlich aus, haben viele Gestalten.

Teilnehmer: Das Verdecken der Augen hätte ich sogar etwas anders interpretiert. Ich hatte gedacht, daß es immer dann gegeben wird, wenn es um Erkenntnis geht.

Ruth Berghaus: Auch. Aber das ist ja das Irre, wenn man liebt, erkennt man halt nichts, da ist man völlig außer sich und außer der Welt. Diesen Widerspruch gibt es auch.

Wenn ich solche Zeichen erfinde und durchführe, muß ich mich für bestimmte Inhalte entscheiden. Beliebigkeit kann ich nicht ausstehn, weder im Alltag noch in der Kunst. Kunst ist nie beliebig, immer entschieden und genau. Auch wenn ich selbst ein Gemälde, ein Bild nicht begreife oder es mir keinen Genuß vermittelt, so ist es doch vom Künstler her genau und radikal und gründlich. Es ist *mein* Problem, wenn ich es nicht verstehe. Aber man muß es auch nicht gleich verstehen. Es genügt schon eine Empfindung, ein Angerührtsein, denn dann gehe ich wieder hin, beschäftige mich erneut damit, das zieht Verstehen hinter sich her.

Teilnehmer: Warum schwört Siegfried in der »Götterdämmerung« auf Nothungs Spitze und nicht auf Hagens Speer, mit dem er dann erstochen wird?

Ruth Berghaus: Er schwört mit seiner Schwertspitze, beide Spitzen berühren sich. Der Speer liegt unten auf dem Souffleurkasten, wir haben ihn extra etwas herausragen lassen, damit man ihn auch im Parkett sieht. Und bei Hagen ist die Speerspitze verlängert durch die Mannen, die ihre Speere wie Blutbahnen aneinanderlegen, auf dieser Blutader läuft Brünnhilde lang, weil sie diesen Schwur nicht will, weil sie weiß, daß es zum Meineid kommt. Wenn das undeutlich war, müßte ich das das nächste Mal ändern. Nein, ernsthaft, ich will auch etwas lernen hier. Wozu bin ich in einer Universität. Die Frage von Ihnen mit der gestischen Sprache reicht ja noch weiter. Bei Brecht haben wir alle das erzählende Arrangement gelernt. Wenn ich Ihnen das mit einem praktischen Beispiel erklären kann. Es ist von einem Schüler von mir.

Stellen Sie sich vor, Sie kommen in ein Schulzimmer. Der Lehrer steht vorn, die Klasse sitzt mit dem Gesicht zu Ihnen und nur einer kehrt dem Ganzen den Rücken zu. Das ist ein erzählendes Arrangement. Man weiß, was los ist. Man kann sich verschiedene Dinge denken. Das ist das erzählende Arrangement in der Statik. Statisches interessiert mich nicht, nur das in Bewegung-Befindliche. Ich würde nun zu diesem statischen Arrangement etwas hinzufügen: Was passiert, wenn der Lehrer in der gleichen Haltung, wie er dagestanden hat, unveränderten Ausdrucks das Klassenzimmer verläßt und wieder reinkommt, sich wieder hinstellt, und der Knabe sitzt immer noch so da. Dann ist das Arrangement in Bewegung gekommen, das regt die Phantasie mehr an. Denn das Statische ist eine Entscheidung: So ist es. Bewegt es sich, fangen die Überlegungen an: Was passiert da draußen, was passiert hier drinnen, wie lange bleibt der Junge noch so sitzen, wie wird der Lehrer reagieren. Damit wird auch eine Zeit, ein Ablauf gegeben, und das ist in der Oper ungeheuer wichtig. Es wird die Chance gegeben, etwas innerhalb einer bestimmten Zeit zu begreifen, zu erfühlen, zu erlernen. Wir haben ja nur ein Leben, und das geht vorbei.

Teilnehmer: Alle hier befinden sich jetzt in einem großen Einverständnis mit Ihnen, aber es gibt doch auch Leute, die sich über Ihre Inszenierungen aufregen. Mich interessiert, *wie* Sie zu den Bildern kommen. Da ich den »Ring« nicht kenne, nur vom Hörensagen, möchte ich Sie nach dem »Parsifal« fragen. Wie kamen Sie darauf, den Gralsrittern Koffer zu geben. Das ist doch wohl ein Zeichen für Emigranten, und das ist nicht unbedingt zwangsläufig für Gralsritter, jedenfalls nicht so, daß jeder sagt, wenn er das sieht: Aha, jetzt geht mir ein Licht auf. Wie schätzen Sie das ein, daß ein normaler Mensch das versteht. Sie sagen richtig, daß wir immer mehr Informationen gleichzeitig aufnehmen. Aber Tatsache ist doch, daß immer mehr elitärere Leute ins Theater gehen.

Ruth Berghaus: Ich glaube, Sie müssen differenzieren. Können Sie mir sagen, was Sie unter einem normalen Menschen verstehen?

Teilnehmer: Leute, die nicht an der Universität sind.

Ruth Berghaus: Das ist eine Überheblichkeit sondersgleichen. Ich würde mich dagegen verwahren. Diese Terminologie geht nicht. Es gibt interessierte Leute, es gibt Leute, die mehr Möglichkeiten hatten, ausgebildet zu werden, es gibt welche mit Talent und weniger Talent, und es gibt Leute, die unter schrecklichen Umständen in dieser Welt heute existieren. Dieses Wort normal ist ein sehr rassistisches, und ich würde es nicht sehr gern hier im Raum haben.

Wenn Sie jetzt konkret den »Parsifal« gesehen haben und nicht nur vom Hörensagen kennen, wie das »Rheingold«, möchte ich Ihnen gern antworten. Die Gralsgesellschaft ist im Niedergang. Und das wissen Sie aus dem III. Akt-Anfang genau, denn da sagt Gurnemanz zu Kundry, es ist hier nichts mehr zu tun, jeder ernährt sich hier so gut er kann, von den Pflanzen, die hier noch existieren. Um die Gralsgesellschaft als eine nicht mehr aufsteigende und auf Parsifal wartende Gesellschaft zu zeigen, muß man ein theatralisches Zeichen finden. Nun kann man ja Theater mögen oder nicht. Aber Theater lebt von Zeichen. Schon die Bühne ist ein Zeichen. Bühne gibt ihnen nur *Visionen* von Räumen, sie gibt ihnen nie einen direkten Raum, sondern nur gebaute, erfundene, aus der Analyse erweckte. Genauso ist es mit den Requisiten. Ein Koffer ist ein Requisit. Die Gralsgesellschaft, diese Männergesellschaft, hat bei mir einen Koffer, an den sie sich klammert, das ist ihr letzter Halt, und aus dem sie sich speist, ohne daß in dem Koffer Speise ist. Und diesen Glauben gibt es bei Menschen. Es ist nur die Frage, wie ich ihn zeige, ob als unabwendbar oder als einen Zustand, der doch vorübergehen möge.

Teilnehmer: Nun ist der Koffer ein Requisit, das in einem bestimmten Kontext steht, heute zum Beispiel fällt einem dazu sofort die Emigrationszeit ein. Wenn nun dieses Requisit im Gralstempel erscheint, dann haben selbst Gutwillige Schwierigkeiten, weil man sich verzweifelt fragt, was macht der Koffer da. Und ich glaube, nicht jeder kommt da so leicht auf eine Erklärung.

Ruth Berghaus: Es ist ja auch nicht so, daß man ein schnelles Aha-Erlebnis haben soll.

Teilnehmer: Wie stellen Sie sich uns als Rezipienten vor. Rein affektiv verstehe ich vieles, aber ich kann nicht jedem Einzelnen nachgehen, das ich nicht sofort verstehe, denn dann verpasse ich schon das Folgende. So habe ich zum Beispiel nicht verstanden,

Abb. 198
»Götterdämmerung«, 1987
Hagen: Manfred Schenk,
Siegfried: William Cochran,
Gunther: Barry Mora, v. l. n. r.
Foto: Maria Steinfeldt

warum Siegmund morst. Da kann ich nur vermuten, bin mir dann aber nicht sicher, ob ich Sie getroffen habe.

Ruth Berghaus: Siegmund ist ein Gefangener, er ist in der Falle, das macht das Bild ja deutlich. Er ist in der Situation eines Mannes, der gewöhnt ist, aus Fallen rauszukommen. Man kann es aber auch anders auslegen. Daß er auf seinen Vater hofft. Wenn ich mich für ein bestimmtes Mittel entscheide, weiß ich immer genau, warum. Und wenn dann der große Apparat, mit dem ich arbeite, wenn alle meinen, das sei die deutlichste Lösung, dann muß ich das auch machen.

Ich kann mich nicht immerzu fragen, was denkt der oder was denkt die bei dem Koffer. Da kommt dann gar nichts mehr zustande. Ich muß meine Arbeit machen, und ich muß zu dieser Arbeit stehen, und es kann sein, daß ich scheitere, und es kann auch sein, daß es verstanden wird. Natürlich habe ich den Wunsch, mich verständlich zu machen. Deshalb habe ich ja den Beruf.

Dr. Günter Eifler: Hinter diesen Fragen, die hier gestellt werden, erscheint letztlich immer wieder das Einfachheits- oder Eindeutigkeitspostulat. Dieses Postulat ist in einer komplizierten und komplexen Kommunikation unsinnig. Es kann der Versuch gemacht werden, sich eindeutig zu äußern. Aber zur Kommunikation gehören zwei. Wenn ich jetzt das Wort an Sie richte, kann ich nicht erwarten, daß Sie das Wort in der gleichen Weise interpretieren, wie ich es meine. Ich hoffe zwar, sonst würde ich nicht reden. Aber ich habe keine Sicherheit dafür. Es gibt keine. Es sei denn, Ihre Zustimmung. Und selbst noch in Ihrer Zustimmung bin ich nicht sicher, ob Sie so zustimmend einstimmen, wie ich es gemeint habe, weil wir überhaupt nicht anders, als über diese Zeichenvermittlung zusammenkommen können.

Sigrid Neef: Ich würde hier Einspruch erheben, den zugrunde liegenden Konflikt nicht harmonisieren. Alle Diskussionen über Kunst mit neuen Gehalten kommen auf einen solchen Punkt zurück. Es ist ein echter Konflikt. Denn hier artikuliert sich, ob aggressiv oder nicht, immer auch eine Angst, nicht alles zu verstehen. Diese Angst ist für mich erst einmal ein produktiver Impuls, weil sie erzeugt wird von einem Verstehen-Wollen, einem Interesse. Deswegen würde ich diese Angst nicht wegschieben, ich würde eher Mut machen, mich dazu zu bekennen. Ihre Frage aber, ob Ruth Berghaus beim Inszenieren an das Publikum denkt, enthält ein wichtiges Problem. Gibt es für Ruth Berghaus so etwas wie eine »letzte Instanz«, und zwar in dem von Walter Benjamin gemeinten Sinne, ein Gewissen, vor dem sie sich verantwortet, ein Urteil letzter Hand, das nicht revidiert werden kann. Hast du in diesem Sinne eine »letzte Instanz«?

Ruth Berghaus: Natürlich, ja. Ich muß mich entscheiden. Ich weiß, was ich will, und was ich erreichen kann, auch wenn ich das nicht immer erreiche. Dazu ist diese Arbeit viel zu praktisch, viel zu kompliziert, zu viele Gewerke hängen daran. Die »letzte Instanz« sind einmal die Autoren der Werke und dann mein eigenes Zuschauen bei den Proben. Ich spüre, daß etwas nicht in Ordnung ist in *dem* Augenblick, wo ich mich langweile.

Teilnehmer: Sie haben vorhin gesagt, daß die Erda archetypischen Charakter hat. Warum haben Sie sie dann so inszeniert, einfach als Frau. Da finde ich sie eher blaß und verstehe nicht, warum Wotan so fasziniert ist von ihr, was ihn an ihr so anzieht. Und die zweite Frage: Warum verzichten Sie Ende »Rheingold« auf den Regenbogen, der doch ein konstitutives Element ist, er ist die Brücke zu Walhall. Es gibt ja bei Ihnen nur diesen roten zentrierten Kreis.

Ruth Berghaus: Wo haben Sie gesessen? Nein, der Regenbogen ist auf der Treppe.

Zurufe: Die Treppe hat die Regenbogenfarben.

Ruth Berghaus: Sie dreht ja ganz langsam rein, und da sieht man die Regenbogenfarben. Das ist ein Kunstgriff. Denn das Über-die-Brücke-Gehen bedeutet doch, von etwas weg zu etwas anderem hingehen. Und so was ist ja nie leicht oder einfach. Wenn Donner und Froh Leichtigkeit vorgeben. Machen wir einfach einen Regenbogen, gehen wir über die Brücke, dann täuschen sie nicht nur sich selbst. Deswegen die Treppe. Denn mit Kothurnen eine Treppe hochzugehen ist nicht leicht.

Zur ersten Frage, zur Erda. Ja, was ist Erda? Die Kugel, eine Art Globus ist auch ein Kunstgriff. Wotan sagt, daß er den Ring nicht hergibt, und genau in diesem Moment läuft ihm mit Erda ein großes Weltproblem entgegen. Das ist ein vom Manthey erfundenes grandioses Zeichen. Diese Frau verschmilzt mit der Kugel, obwohl sie in keinster Weise, weder farblich noch vom Kostüm her sich mit der Kugel mischt. Das bringt wieder einen solchen Riß in die Geschichte. Sie ist halt eine Frau, aber sie sagt ihm, daß sie alles weiß. Es ist natürlich auch eine gewisse Tücke, daß er eine Frau braucht, die mehr weiß als Fricka. Fricka kann ihn da nicht halten. Wotan muß alles wissen, und so ist er derjenige, der sich auf die Erdkugel legt.

Jede Inszenierung ist natürlich der Vorschlag einer Interpretation. Alles, was wir hier bereden, sind Interpretationen. Dabei versuchen wir, uns so verständlich wie möglich zu machen. Wir alle, die wir daran beteiligt sind, haben einen bestimmten Kunstanspruch. Manchmal geht das konträr, manchmal geht das gut zusammen. Natürlich kann man das auch ganz anders machen. Man kann bei 17½ Stunden Musik wahrscheinlich nicht sagen, daß einem alles vollkommen gefallen hat.

Teilnehmer: Im ersten Akt »Walküre« hatte ich einige Verständnisprobleme mit dem Bühnenbild. Könnte es sein, Sie sagten vorhin selbst, jeder muß seine Phantasie selbständig spielen lassen, daß da eine Art Mäusefallen-Motiv gemeint ist. Siegmund steigt über diesen Mast hinein, kommt nicht wieder raus, verkrümelt sich nachher in der Ecke, als wenn er Schutz suche. Es gibt Assoziationen an Mutterschoß. Plötzlich kommt Hunding von der Seite ganz normal herein und Siegmund ist gefangen. Ich hatte Schwierigkeiten, alles zu verstehen.

Ruth Berghaus: Aber Sie haben es gut beschrieben. Vielleicht irritiert Sie die Schrankwand in dieser Mausefalle. Das ist eine bildnerische Kühnheit von Manthey. Das kann sein. Man weiß selbst manchmal nicht genau, was einen irritiert. Aber so eine Irritation bringt einen auch wieder darauf, nachzudenken. Sie haben das Bild als Falle sehr genau beschrieben, und das war uns auch wichtig.

Teilnehmer: Ich möchte auf drei Szenen eingehen, nur stichpunktartig, die bühnentechnisch schwierig sind, auch von der Bildfindung. Die Verwandlung Alberichs in eine Kröte im »Rheingold«, der Drache in »Siegfried« und der Seilriß in der »Götterdämmerung«. Drei Szenen, die man natürlich so nicht mehr sehen kann, mit einem riesigen Drachen oder einem Seil. Aber Ihre Vorschläge waren für meine Begriffe, besonders im ersten und letzten Fall, so unspektakulär, fast bewußt ärmlich. Das Ungeheuer, in das sich Alberich verwandelt, schien dem Kasperletheater entsprungen, eine Maske als Drache, und dann nesteln die Nornen an einem Vorhang, und es reißt nichts. Dieses imaginäre Seil fand ich nicht so überzeugend. Meine Frage ist jetzt, da die Szenen ja etwas miteinander zu tun haben, steckt da wohl Absicht dahinter, und wenn ja, welche, und wie fügen sie sich zu anderen Bildfindungen, die unglaublich spektakulär und angreifend sind.

Ruth Berghaus: Es war nie unsere Absicht zu verleugnen, daß wir Theater spielen. Die Verwandlung Alberichs finde ich auch nicht so gut. Das ist theaterpraktisch nicht gelöst. Die Maske finde ich nun wieder grandios. Wenn das Ungeheuer nur noch ein Gesicht und ein Mund ist. Nun darf man den Erziehungsweg des Siegfried nicht vergessen. Das Drachen-Töten bedeutet ja auch, Von-zu-Hause-Weggehen, Von-der-Mutter-Loslösen. Dafür ist der Mund ein gutes Zeichen, auch dieses in den Leib hineingehen und wieder heraustreten. Das finde ich in Ordnung, weil es auf die anderen Ebenen anspielt, die bei Wagner ebenfalls eine Rolle spielen, zum Beispiel, daß der Junge sich abnabeln muß. Da wird der Vorgang des Drachentötens ungeheuer reich, reicher, als wenn ich ein perfektes Tier inszeniere. Auch der Seilriß steht in einem solchen Zusammenhang. Es ist Ihnen vielleicht aufgefallen, daß wir in allen Stücken einen roten Vorhang benutzt haben und am Schluß eigentlich gespielt haben wollten, daß die Nornen zwar versuchen, den Vorhang vor dem Unheil, der Götterdämmerung aufzuhalten, aber er reißt halt doch, und wir müssen das Unheil sehen. Wenn sich das nicht übertragen hat, ist es fachmännisch schlecht.

Teilnehmer: Inwieweit lassen Sie sich bei Ihrer Inszenierung oder Konzeption vom Umfeld, vom Publikum, das auf Sie zukommt, beeinflussen? Wäre Ihre »Ring«-Inszenierung für das Bolschoi Theater zum Beispiel genauso ausgefallen?

Ruth Berghaus: Ich bin vom Bolschoi Theater noch nie engagiert worden. Insofern ist die Frage hypothetisch. Aber es gibt natürlich Unterschiede, in welchem Land man arbeitet. Theater geschieht dadurch, daß sich Leute zusammenfinden, die eine Haltung und gemeinsame Interessen haben und etwas wollen von der Welt, einen Anspruch stellen. Dann kommt man in das Land, in dem man das realisiert, und da stößt man eventuell auf Widerstände, Auseinandersetzungen. Und da ein Sänger oder ein Requisiteur, der das Feuer zum Beispiel anzünden muß, genauso in die Arbeit integriert ist und dabei sein muß, ist es natürlich ein Problem, wie man sich verständlich macht untereinander und wie man einen Weg findet, miteinander arbeiten zu können.

Teilnehmer: Während der vielen Stunden »Ring« sah ich mich

vor viele Rätsel gestellt, die ich gern lösen wollte, weil ich es ungeheuer spannend finde. Einige Rätsel lösen sich zum Beispiel heute hier. Sehen Sie Möglichkeiten, für Ihre Inszenierungen das Verstehen zu erleichtern? Ich meine, es würde schon helfen, wenn man auf dieses oder jenes hingewiesen würde, wie es ja hier geschieht. Ich las einiges in den Programmheften oder Musiktheaterhinweisen. Aber es genügt mir nicht. Ich suche das Gespräch. Ein Mehr an Vorinformation würde manches erleichtern und den Spaß erhöhen.

Ruth Berghaus: Darauf muß ich ganz persönlich sagen, daß auch für mich jedes Kunstwerk ein Rätsel ist. Man versucht dann zwar, das Rätsel zu lösen. Wenn man es gelöst hätte, ist es keine Kunst mehr. Aber ich verstehe Sie vollkommen. Wir haben bei uns in der Staatsoper Berlin eine Einrichtung, daß wir vor bestimmten Aufführungen Einführungen machen. Einen Sonntag vorher stellen wir uns dem Publikum. Das ist in der Oper übrigens ein anderes als im Schauspiel. Das Opernpublikum ist viel vorbereiteter, es weiß viel mehr über die Partien, die zu singen sind, weil sie sich für Sänger oder Stimmen oder für das Orchester interessieren. Wenn ich höre, daß Sie während der Aufführung nachzudenken beginnen, was das eine bedeutet haben mag und dabei das nächste verpassen, tut mir das natürlich leid. Es ist angestrebt, daß Sie das mit all Ihren Sinnen zur gleichen Zeit aufnehmen, das eine versteht man mehr mit dem Kopf, das andere gefühlsmäßig und das dritte geht ins Unterbewußte, es kommt erst später wieder in Erinnerung. Aber ich glaube, wenn sich eine Lösung, eine Erkenntnis zu schnell ergibt, oder wenn ich Ihnen vorher zu genau sage, *wie* Sie sehen sollen, dann betrüge ich Sie.

Theater hat einen Schwierigkeitsgrad, so meinen Sie doch.

Teilnehmer: Ja, ich kenne Leute, die schon zehnmal in Ihre »Trojaner«-Inszenierung gegangen sind, und denen fällt immer wieder was Neues auf.

Ruth Berghaus: Das ist doch schön.

Teilnehmer: Ja, das ist toll, und das muß auch so sein. Aber ich würde doch gern schon beim ersten Mal mehr sehen.

Ruth Berghaus: Kunst ist harte Arbeit. Ich glaube, da kommen Sie nicht herum. Es gibt zwei Möglichkeiten. Man kann die Stücke simplifizieren. Das würde ich für mich ablehnen. Ich muß auf einem Grad bleiben, auf dem ich mich selbst noch entwickeln kann, weil sich ja sonst die Sänger und der ganze Apparat und der Zuschauer auch nicht weiterentwickeln. Es ist dann kein Anreiz da, über etwas nachzudenken.

Wenn Sie aber sagen, daß man Hilfe geben soll, so ist das etwas, was ich auch nicht so gern habe. Es gibt Regisseure, die sagen: So ist es, so ist meine Inszenierung, weil ... Wenn ich das tue, bringe ich Sie alle in ein Denkschema, womöglich noch in meins. Und das geht nicht. Ein Opernabend hat mehr Elemente als die inszenierten. Es geschieht immer noch etwas darüber hinaus, und das ist nicht erklärbar. Wenn ich Sie mit einer Erklärung festlege, sehen Sie dann das andere nicht.

Teilnehmer: Aber dann habe ich immerhin etwas gesehen. Das ist doch auch was.

Anderer Teilnehmer: Wir sollten das Wort vom aktiven Zuschauer aufnehmen. Erkennbar wird doch, daß hier dem Zuschauer Freiheit gegeben wird. Diese Freiheit des Zuschauers halte ich für ein unerhört kostbares Gut. Diese Freiheit wird nicht überall in unserer Kulturproduktion gewährt.

Teilnehmer: Die Frage, die ich stellen wollte, schließt hier an, es betrifft das Verhältnis zwischen Theorie und Praxis. Wenn man sich die Interpretationsgeschichte des »Rings« anschaut, erkennt man, bestimmte Denkmodelle waren für bestimmte Inszenierungen prägend, für Wieland Wagner zum Beispiel das psychoanalytische, für Patrice Chéreau mehr ein geschichtlich-kritisch-theoretisches Modell. Der an Ihrer Inszenierung beteiligte wissenschaftlich-theoretische Mitarbeiter entspringt einem poststrukturalistischen Theorienzusammenhang. Nun würde mich interessieren, wieweit das für Sie und für die Aufführung wichtig geworden ist oder ob praktische Fragen wichtiger werden als das Vorformulierte.

Ruth Berghaus: Es wird ja nichts vorformuliert. Wir kommen zusammen, und jeder kennt das Stück, das Material, und jeder erzählt das von seiner Wissensseite und seinem Können aus, und das alles wird auf den Tisch gelegt. Das geht nur mit Leuten, vor denen man reden, sich total entäußern kann. Da dürfen keine Ängste und Unsicherheiten aufkommen. Das Wichtigste ist die Achtung vor den anderen. Das funktioniert sehr gut bei uns. Mein Interesse ist das Fragen, immer wieder, warum jetzt dieses Wort, warum jetzt dieses Motiv, dieser Satz. Dieses dauernde Fragen geht natürlich auch an die Wissenschaftler und verschiedensten Wissenschaftsbereiche, die mir erklären können, warum das so ist. Regie ist ganz praktisches, handfestes Arbeiten, ein Handwerk, das man lernen muß, worin ich jetzt viel Übung habe. Aber ich suche mir sehr viele, möglichst gescheite Leute, weil ich gern lerne und etwas erfahren möchte. Daß man etwas aus pragmatischen Gründen wegläßt ist das Allerletzte. Man läßt eher etwas weg, weil man davon nicht überzeugt ist, oder man vom Weg abkommt. Natürlich kommt man auch mal vom Weg ab. So ganz Rotkäppchen kann ich mir auch nicht leisten. Das Wichtigste in der Arbeit ist der Dirigent, bei ihm ist der Abend wirklich zu Hause. Wenn da ein gutes Verständnis ist, sind auch die anderen Faktoren zu überwinden. Die Musik umfaßt das Ganze ja auch noch einmal räumlich. Das dürfen Sie nicht vergessen. Wenn man eine gemeinsame Sprache spricht, einer gemeinsamen Ästhetik nachgeht und gemeinsames Empfinden für eine Sache hat, funktioniert es am besten.

# Tristan und Isolde

Handlung in drei Aufzügen
Dichtung und Musik
von Richard Wagner

Hamburgische Staatsoper
13. März 1988

Musikalische Leitung:
Zoltan Pesko
Inszenierung: Ruth Berghaus
Bühnenbild: Hans Dieter Schaal
Kostüme und Requisiten:
Marie-Luise Strandt
Dramaturgie: Sigrid Neef
Chor: Jürgen Schulz
Mitarbeiter der Regie:
Martin Schüler

Tristan: William Johns
König Marke: Harald Stamm
Isolde: Gabriele Schnaut
Kurwenal: Hermann Becht
Melot: Heinz Kruse
Brangäne: Hanna Schwarz
Ein Hirte: Peter Galliard
Ein Steuermann:
Simon Keenlyside
Stimme eines jungen
Seemanns:
Heinz Kruse

Abb. 199
Isolde: Gabriele Schnaut,
Brangäne: Hanna Schwarz
Abb. 200
Marke: Harald Stamm,
Tristan: William Johns,
Kurwenal: Hermann Becht,
Brangäne: Hanna Schwarz,
Isolde: Gabriele Schnaut,
Ein Hirte: Peter Galliard,
Ein Steuermann:
Simon Keenlyside
Fotos: Joachim Thode

# Gespräche

Ruth Berghaus im Gespräch mit Michael Gielen und Sigrid Neef, November 1986; im Gespräch mit Heiner Müller, Oktober 1987

## Ruth Berghaus und Michael Gielen gefragt nach den Möglichkeiten von Oper in dieser Zeit

Sigrid Neef: Theater als ein Kollektiv selbständiger Künste – das ist ein theoretisch kaum umstrittenes, wenngleich schwer zu verwirklichendes und nicht von allen angestrebtes Ziel. Hinzu kommt: Der Gattung Oper sind Züge ihrer monarchischen Herkunft eingeschrieben, der Dirigent herrscht im Repertoirebetrieb wie ein Souverän. Ruth Berghaus hat seit ihrer »Puntila«-Inszenierung an der Deutschen Staatsoper Berlin 1966 das Kollektiv der Künste für die Gattung mit Erfolg behauptet und das Genre damit in ein Gespräch gebracht, dessen Ende nicht abzusehen ist. Seit 1980 arbeitet sie mit dem Dirigenten und Komponisten Michael Gielen zusammen, der mit Ende der Spielzeit 1986/87 nach zehnjähriger Tätigkeit als Direktor der Oper Frankfurt am Main aus dem Amt scheidet. An der Frankfurter Oper erschienen in rascher Folge als gemeinsame, international beachtete Arbeiten von Ruth Berghaus und Michael Gielen die Inszenierungen von Mozarts »Die Zauberflöte« 1980 und »Die Entführung aus dem Serail« 1981, Janáčeks »Die Sache Makropulos« 1982, Wagners »Parsifal« 1982, Berlioz' »Die Trojaner« 1983, Wagners »Ring«-Tetralogie, »Das Rheingold« 1985, »Die Walküre« und »Siegfried« 1986 sowie »Die Götterdämmerung« 1987. Es wurden Zeichen gesetzt für die Möglichkeiten des Genres in dieser Zeit. Sie wurden bemerkt: Oper als Kollektiv selbständiger Künste. Voraussetzungen dafür liegen in den Persönlichkeiten selbst. Grund genug, den Motiven ihres Arbeitens nachzuspüren.

Eure Suche, in Meisterwerken verschüttete, vergessene oder verdrängte Inhalte aufzufinden, gedanklich und sinnlich hervorzukehren, wird nicht lediglich mit Zustimmung oder Ablehnung bedacht. Das Widersinnige ist, daß solche Inszenierungen mit dem Markenzeichen »gegen den Strich gebürstet« versehen werden. Mit diesem Stempel wird eure Arbeit zur Ware gemacht: Schnell zu erkennen, leicht zu benennen, damit erledigt und abgelegt, eine Abweichung von der Norm.

Michael Gielen: Überraschend ist doch, daß wir beide an öffentlichen Institutionen arbeiten, das heißt, die öffentliche Hand in beiden Teilen Deutschlands empfindet die Verpflichtung, neben dem üblichen und kommerziellen Theater auch unsere Art der Abweichung (die ich »weniger dumm« nenne) zu gestatten. Der Anteil Publikum, der unsere Arbeit sehen will, ist gar nicht so klein. Die Reaktionen sind immer lebendig, auch wenn sie negativ sind. Niemand geht unberührt nach Hause. Den Leuten ist also mehr vom Sinn der Kunst vermittelt worden. »Gegen den Strich bürsten« ist witzig. Den Werken zu ihrem Sinn, also gegen den üblichen Unsinn, zu ihrem Recht zu verhelfen, kommt der Sache näher.

Ruth Berghaus: Ich finde es nicht witzig, sondern ratlos und unbeholfen.

Neef: Sie kannten Ruth Berghaus bzw. deren Arbeiten, als Sie 1980 die Zusammenarbeit mit ihr suchten? Was kannten Sie von ihr, was interessierte Sie daran?

Gielen: Ich kannte Ruth Berghaus und ihre Arbeit nur vom Hörensagen. Überhaupt waren mir ja 1975, als ich mich bereit erklärte, Operndirektor in Frankfurt zu werden, die Prinzipien meiner Kunstausübung in etwa klar, hingegen hatte ich wenig Kenntnis von der Entwicklung der Bühne. Meine Erfahrungen im Musiktheater hatte ich bei Inszenierungen meines Vaters und eigenen Arbeiten mit Ingmar Bergman in Stockholm, mit Friedrich und Kupfer in Amsterdam gewonnen. Natürlich kannte ich die übliche kommerzielle Oper. Es interessierte mich alles, was vom Klischee wegführt, was die verschütteten und vergessenen Inhalte der Werke wieder ans Licht bringt. Von Neuenfels kannte ich nur »Macbeth« in der Oper und »Medea« im Schauspiel. Es bedurfte starker Beeinflussung durch Christoph Bitter und Klaus Zehelein (Dr. Christoph Bitter war 1977/80 Operndirektor in Frankfurt zusammen mit Michael Gielen; Klaus Zehelein seit 1977 Chefdramaturg der Oper Frankfurt – S. N.), mich zur Zusammenarbeit mit ihm zu bewegen. Erst bei der Arbeit verstand ich, was er wollte. Von Berghaus erzählte Dr. Bitter so begeistert, besonders von der »Elektra« (1967, S. N.) in der Staatsoper Berlin, daß ich neugierig wurde. Gesehen hatte ich noch nichts von ihr.

Neef: Kaum eine Kunst kann sich heute der Kommerzialisierung entziehen. Gerade die Institution Oper ist hart davon betroffen. Was hat Sie veranlaßt, 1977 an der Frankfurter Oper die Direktion zu übernehmen und zehn Jahre lang hier mit Konsequenz, Beharrlichkeit und viel Kraft zu arbeiten? Was bedeutet Ihr Abschied nach zehn Jahren?

Gielen: Als das Angebot Frankfurt kam, hatte ich fünf Jahre in Schweden und vier Jahre in Belgien gelebt. Ich wollte eine feste Basis in einem Land deutscher Sprache. Ich war mir meiner Möglichkeiten als Dirigent bewußt und hatte seit 1946, seit meinem 19. Lebensjahr, an Opernhäusern gearbeitet. Ich hatte also zumindest einen Qualitätsstandard. Mir war klar, daß ich mit der Oper eine viel breitere Öffentlichkeit ansprechen, eine stärkere kulturpolitische Wirkung erzielen konnte als im Konzertsaal. Ich wollte meine Verpflichtung vor der heutigen Kunst, ihren aufklärerischen Inhalten wirksamer einlösen, als das im Konzert möglich ist. Dabei ist wichtig, daß die Kultur heute viel stärker visuell orientiert ist und insofern gröberer Reize bedarf, als das vielleicht früher der Fall war. Die Leute werden durch ein »Gesamtkunstwerk« stärker getroffen als »nur« durch Musik.

Ich gebe mein Amt als Operndirektor ab, weil ich nicht länger so leben will, wie man als Operndirektor lebt. Das System des Repertoire-Theaters ist menschenfresserisch und ohne Möglichkeit, die Resultate zu garantieren. Die feststehenden Premierentermine arbeiten gegen die Qualität, ebenso die festgelegte Anzahl von Vorstellungen pro Spielzeit (in Frankfurt 250). Der Wechsel im Orchester verursacht Frustration, die ich nicht mehr mitmachen will. Dem Druck von Dingen und Menschen will ich nicht mehr in diesem Maße ausgesetzt sein.

Neef: Es überrascht, daß ihr bis 1980 nur vom Hörensagen voneinander wußtet. Denn schon die erste Arbeit bewies die Übereinstimmung ästhetischer Prinzipien. Nicht Anpassung, sondern einer trieb den anderen voran. Für solch ideale Zusammenarbeit muß es Voraussetzungen geben. Wo liegen die biographisch-künstlerischen Schlüsselerlebnisse?

Gielen: Das war Anfang der 50er Jahre. Ich war gerade aus Südamerika nach Wien gekommen. Mein Vater inszenierte »Heinrich IV.« am Schillertheater, und ich fuhr für ein paar Tage nach Berlin zu seiner Premiere. Da pilgerten wir dann alle zu Felsenstein in die Komische Oper. Ich sah den »Freischütz« mit Anny Schlemm, später die »Schweigsame Frau«. Mehr nicht. Aber es hat mich beeindruckt. Dich habe ich damals verpaßt. Seit wann hast du an der Staatsoper gearbeitet?

Ruth Berghaus: Ich habe 1960 »Die Verurteilung des Lukullus« inszeniert, seit 1964 arbeitete ich dann regelmäßig dort.

Neef: War Oper immer das Zentrum eurer Arbeit?

Gielen: Ich habe mein ganzes Leben, bis auf wenige Jahre, fest an Opernhäusern gearbeitet, seit meinem 19. Lebensjahr. Ich hatte als junger Mensch gezögert, ob ich nicht Komponist werden sollte. Das Teatro Cológne in Buenos Aires aber bot mir die Arbeit des Korrepetitors an, und ich konnte am Beispiel von Erich Kleiber und Fritz Busch lernen. Ich versuchte, nebenher weiterhin zu komponieren wie auch die Philosophie, mein Hobby, nicht zu vernachlässigen. Pläne, nach New York zu gehen, um bei Steuermann (Eduard Steuermann, 1893–1964, Pianist und Komponist, Schüler von Busoni und Schönberg, dessen Klavierwerke er uraufführte. – S. N.) Komposition zu studieren, zerschlugen sich, weil ich seinerzeit kein Visum bekam. Argentinien verließ ich, da ich dort nie zum Dirigieren gekommen wäre. Ich ging nach Wien und fing dort an der Staatsoper wieder als Korrepetitor an. Mein Vater war zu der Zeit Direktor des Burgtheaters. Zwei Jahre später bekam ich die Chance zu dirigieren.

Neef: Trotzdem: Warum Oper? Normalerweise haben doch im Opernrepertoire, im Opernalltag moderne Musik wie auch die neueren philosophischen Ideen kaum eine Chance.

Gielen: Widerspruch: Die philosophischen Ideen

Abb. 201
Ruth Berghaus, Michael Gielen, Oper Frankfurt, 1987
Foto: Mara Eggert

jeder Zeit sind sehr wohl in ihren Kunstwerken, also auch in der Oper zu finden.

Neef: Am 28.9.1986 wurde Ihnen der Adorno-Preis verliehen, vorhergehende Preisträger waren Norbert Elias, Jürgen Habermas, Günter Anders. Mit Ihnen wurde erstmals ein Dirigent und Komponist ausgezeichnet. Wie steht es mit der Philosophie?

Gielen: Eigentlich wollte ich Philosophie studieren, das tat ich auch drei Semester lang, doch als ich dann als Korrepetitor arbeitete, ging das schon aus Zeitgründen nicht mehr. Außerdem war es in Buenos Aires nicht das, was ich mir unter Philosophie vorstellte. Ich hätte gern gehört, was die Philosophen von Kant bis heute denken. Doch in Argentinien studierte man erst einmal ein Jahr lang Aristoteles und Thomas von Aquin, mußte Latein und Griechisch lernen, das wurde auf dem Gymnasium nicht gelehrt. Im zweiten Jahr wurde experimentelle Psychologie das wichtigste Fach. Wir sollten Gehirne sezieren. Das interessierte mich überhaupt nicht. So bin ich Autodidakt, lese wenig, aber regelmäßig.

Neef: Für Ruth Berghaus verlief der Weg zur Oper nicht ganz so selbstverständlich. Wie kamst du zum Genre Oper? Ein philosophisch interessierter Mensch geht auch heute kaum in die Oper.

Berghaus: Ich verstehe deine Frage. Auch die Palucca sagte zu mir: Du gehst zur Oper? Die ist doch immer so altmodisch! Leute die sich für Neue Kunst: Musik, Schauspiel oder Tanz interessieren, gehen nicht unbedingt in die Oper.

Gielen: Aber schlechte Opernpraxis ist nicht »die Oper«, es gibt Werke, das lohnt sich schon.

Berghaus: Merkwürdig ist es schon, daß ich und andere in einem bestimmten Alter eine Hürde nehmen mußten. Als Kind war die Oper für mich faszinierend, aber nicht mehr mit siebzehn. Ich lebte mit klassischer Musik, mit Literatur und Malerei. Da interessierte mich die Oper überhaupt nicht, ich bin auch nicht hingegangen. Sie war mir zu dumm. Ich glaube, es geht heute noch vielen Menschen so. Doch das ist eine Sache der Interpreten, nicht der Autoren.

Gielen: Als junger Mensch stand für mich die Musik im Vordergrund. Ich bemerkte zwar, daß es besser war als anderes, wenn mein Vater inszenierte. Aber ich hätte nie geglaubt, daß eine Arbeit oder ein Genre höher zu bewerten sei als andere.

Neef: Was hat dich später bewogen, dich der Kunstform Oper zuzuwenden?

Berghaus: Überzeugt, daß Oper eine Kunst ist, haben mich die ersten Arbeiten von Felsenstein an der Komischen Oper Berlin, »Die verkaufte Braut« zum Beispiel, Paul Dessau und Hans Löwlein, die ich zufällig auf Hiddensee kennengelernt hatte, sagten mir, ich müsse mir das unbedingt ansehen. Da meinte ich noch, Oper gehe mich nichts an. In Dresden hatte ich Arnolds »Antigonae« von Orff gesehen. Ich war enttäuscht. Dann aber, als der Vorhang aufging: die Bühne war voller Heu, man konnte meinen, es sei echt, und der Chor stapelte es auf die Wagen – war ich fasziniert: da waren nicht Sänger, sondern Menschen auf der Bühne. Das hatte ich vorher nie gesehen. Es fiel mir wie Schuppen von den Augen, diese Kunst hatte etwas mitzuteilen, sie konnte wundervolles Theater sein. Es kamen die großen Eindrücke mit Felsensteins Inszenierungen der »Zauberflöte«, »Eine Nacht in Venedig«, der Klassiker »Hoffmanns Erzählungen«, »La Traviata«, und nochmals große Faszination bei »Ritter Blaubart«.

Neef: Könnt ihr beschreiben, was das Faszinierende an Felsensteins Arbeit war, was da an Impulsen vermittelt wurde?

Berghaus: Für mich war es dies: Die Leute auf der Bühne waren nicht Sänger im herkömmlichen Sinne. Unvergessen Elfride Trötschel, Irmgard Arnold und Hanns Nocker, deren Stimmen sich mit der Rolle verwandelten. Und es war auch die Perfektion, das Handwerk, die Professionalität! Ich hatte meine erste Oper, »Parsifal«, mit zehn Jahren in der Semper-Oper gesehen. Ich war gefangen. Als Klingsors Schloß zusammenbrach – ich saß im fünften Rang Seite –, sah ich zwei Wände zur Mitte hin kippen: Pappe, Stangen, die Beschriftungen usw. Da dachte ich mir: das könnte man besser machen. Dann sah ich die »Verkaufte Braut«, und da wurde es besser gemacht.

Gielen: Für mich stand, bis ich in Frankfurt zu arbeiten anfing und somit die Gesamtverantwortung bei mir lag, die szenische Realisierung nicht so im Vordergrund. Erst hier erkannte ich die notwendige Gleichberechtigung von Musik, Szene, Darstellung. Zwar habe ich auch schon früher Unterschiede gesehen, als Musiker aber war ich vor allem auf das Werk erpicht. Es arbeitete niemand, auch mein Vater nicht, bis zu Anfang der 70er Jahre so, daß die Szene für mich wesentlich werden konnte. Um es mit einem Satz zu sagen: Erst als Ruth zum Sänger sagte: »Du mußt auch den Widerspruch spielen«, interessierte mich Oper wirklich. Bei aller Liebe und Bewunderung zu anderen Regisseuren, mit denen ich zusammenarbeitete und mit denen ich befreundet bin, in dieser Schärfe eine Realität des Lebens, eine Realität des Menschen, der Menschen, so wie sie wirklich sind, aus den Figuren auf die Bühne zu holen, geht erst mit dieser Haltung. Es gibt nichts Unwidersprüchliches; so wie es das im Leben nicht gibt, kann es das auch im Theater nicht geben. Und das erstreckt sich auf alle Ebenen, nicht nur auf die einzelnen Figuren, sondern auch auf das Verhältnis der einzelnen Ingredienzen zueinander: wie Szene zur Musik, Libretto zur Musik, Libretto zur Szene, Darstellung zum Libretto usw., und dann wie das Bild zu all den anderen Faktoren. Es ist eigentümlich, daß das Bild mir als letztes einfällt, das, was die meisten Leute zuerst wahrnehmen. Die Kritiker schreiben meist sehr ausführlich übers Bild, dann erst über die Inszenierung und über die Musik nur ganz kurz. Das hängt mit der Veränderung unserer Kultur überhaupt zusammen. Die Vergröberung des geistigen Lebens bringt es mit sich, daß das Auge zum Hauptorgan wird, das Ohr in den Hintergrund tritt.

Berghaus: Es hat lang gedauert, bis ich die einzelnen Künste als selbständige Elemente von Oper begreifen konnte. Es gab in Deutschland nichts an abstrakter Malerei zu sehen, keine neue Musik. Nach 1945 war ich dann wie besessen danach, ohne sagen zu können, warum.

Ich bin den umgekehrten Weg zur Oper gekommen: von Konzert, Malerei, Tanz zur Oper. Das war ein langer Weg. Oper erschien mir wie ein »Kloß«, den man schlucken muß oder nicht. Ich habe die Elemente einzeln kennengelernt, bevor ich sie zusammenführte. Das hängt natürlich sehr stark mit dem abgeschnittenen Berufsweg von mir zusammen: Tänzerin und Choreographin, und mit den geschichtlichen Verhältnissen.

Neef: Vor deinen Operninszenierungen und parallel dazu warst du als Choreographin und Schauspielregisseurin tätig.

Berghaus: Das hing damit zusammen, daß Brecht sich sehr für den Neuen Tanz interessierte. Er trat für den Bestand der Palucca-Schule ein, weil er meinte, solche Leute für sein Theater zu brauchen. Felsenstein wollte das auch für sein Theater, das spätere Tanztheater, haben, aber nicht in dieser radikalen Form. Felsenstein war überhaupt nie radikal. Ich bin der Meinung, Felsenstein war ein bürgerlicher Künstler, der für uns in der damaligen Zeit ungeheuer wichtig war. Alexander Dymschitz hat nicht umsonst beiden, Felsenstein und Brecht, ein eigenes Haus gegeben. Felsenstein lag genau auf der Situation, mit der Detailtreue, mit dem genauen und sorgsamen Arbeiten. Das waren alles Dinge, die die Zuschauer wünschten und brauchten, besonders nach 1945: der Festtagscharakter seiner Aufführungen, das saubere strahlende Haus, die persönliche Begrüßung.

Brecht und Felsenstein suchten sich natürlich gegenseitig, sie kapselten sich nicht voneinander ab. Sie sahen sich an, was jeder gerade machte, bewunderten einer im anderen den Meister, auch ihre Freunde interessierten sich füreinander.

Neef: Wie kommt es, daß Widerspruch die zentrale Kategorie in eurer beider Ästhetik ist? War das schon immer so, oder hat sich das erst durch die Zusammenarbeit entwickelt und gefestigt?

Gielen: Im Theater ist das schon immer so, das ist nichts Neues. Wenn die Dinge sich doppeln, wird es langweilig. Die Musik, die nur Musik zum Libretto ist, ohne eine eigene Dimension einzubringen, ist nicht gut. Es gibt also schon Widersprüche im Werk, und die müssen sich auch zwischen den Elementen, aus denen das Kunstwerk zusammengesetzt ist, herstellen. Ich glaube, daß man eine Portion Widerspruchsgeist benötigt, damit Opernaufführungen nicht platt werden.

Neef: Das ist zunächst eine Behauptung, eine Meinung. Es gibt auch andere, die auf Ergänzung, Parallelität, Übereinstimmung, Anpassung aus sind. Warum dieses Beharren auf dem Widerspruch?

Gielen: Wozu gibt es Kunst? Wenn Sie diese Frage beantworten, haben Sie auch Ihre Frage beantwortet. Wenn Kunst das Schmückende ist, das, was die Leute am Abend nach der Arbeit genießen, um sich zu entspannen, dann ist sie etwas, womit ich nichts zu tun habe. Kunst ist die Möglichkeit des Menschen, Gott zu sein, schöpferisch, nicht so sterblich. Sie ist Ergänzung und Vollendung, geht über den Alltag hinaus, obwohl sie die Realität beinhaltet. Sie ist ein Memento, eine Aufforderung zur Reflexion. Sie ist also immer auch Arbeit. Man kann sich auch als Publikum nicht mit Kunst befassen, ohne sein Scherflein dazu beizutragen, ohne sich selbst zu bemühen. Ist sie nur Ornament, ist sie nicht Kunst, mit Sicherheit. Dann ist das Kunsthandwerk oder sonst etwas. Ich gönne allen Leuten die Entspannung am Abend: aber nicht unbedingt in dem Theater, das ich leite. Der größere Spaß ist, selbst mitzumachen, nachzuspüren, was für ein Rätsel von der Bühne aufgegeben wird: Ich kenne das Stück gut, und plötzlich interessiert es mich, zum ersten Mal interessiert es mich! Wenn man darauf kommt, hat man als Zuschauer viel gewonnen. Auch ich selbst möchte mich als Zuschauer nicht langweilen.

Berghaus: Ich habe bei deiner Frage darüber nachgedacht, was ich von Kunst halte, nicht, was ich mit meinen Interpretationen anbiete. Was passiert mit uns, wenn wir Kunst erleben? Wenn ich ein Kunstwerk sehe, zum Beispiel ein Bild, dann ist das wie ein Schock, weil ich etwas erfahre, ohne die Erfahrung selbst gemacht zu haben; weil ich etwas entdecke, was es bei mir auch irgendwo gibt, im Herzen oder im Verstand, das ich aber noch nicht in einer Form gesagt bekommen, gelesen, begriffen habe. Und plötzlich ist die Form da von dem, was ich einmal träumte, sah, empfand. Das ist natürlich eine Überraschung, eine große, fast ein Schreck, ein Erkennungsschreck. Solche Erlebnisse habe ich ganz selten im Theater, viel eher im Konzert oder auch, wenn ich in Ausstellungen gehe. Hier schon deshalb, weil ich wählen kann, nicht gezwungen bin, auf das zu achten, was im Augenblick geschieht. Dieses Erlebnis habe ich im Theater sehr stark bei den ersten Brecht-Aufführungen gehabt.

Neef: Haben diese stärker als die von Felsenstein auf dich gewirkt?

Berghaus: Ganz anders. Bei Felsenstein war es schön. Da war eine angenehme Situation, da war Hochstimmung. Ich genoß –. Schon der Vorhang der »Traviata«-Aufführung! Bei Brecht war ich überwach oder deprimiert.

Gielen: Das heißt, er sagte dir mehr Wahrheiten.

Berghaus: So ist es.

Gielen: Also war es das bessere Theater.

Berghaus: Ich glaube schon, für mich. Es waren auch nur die ersten Aufführungen, die so sehr umstritten waren, wo dieser Effekt eintrat: »Courage«, dann »Hofmeister«. Dann kamen schon die Aufführungen mit Zugeständnissen. Da ich die frühen Arbeiten aber gesehen hatte und wußte, wie stark Theater sein, wie stark es durch ihn sein kann, wußte ich natürlich auch, was da vertuscht wird, was angeglichen, freundlicher gemacht wird.

Gielen: Viertel (Berthold Viertel, 1885–1953, Dichter und Regisseur – S. N.) hat bei Brecht einmal inszeniert: »Wassa Shelesnowa«. Hat sich das im Stil unterschieden?

Berghaus: Ganz und gar, aber es war eben die Methode, das heißt, jede Sache, jede Figur hatte ihr soziales Recht, und so prallten die Widersprüche aufeinander. Was anderes hat Brecht wohl kaum zugelassen.

Neef: Die Entscheidung für die Werke Mozarts und Wagners in euren gemeinsamen Frankfurter Arbeiten war gemeinsam getroffen?

Berghaus: Nein, nur Mozart.

Gielen: Wir sollten einmal zusammen Verdi machen.

Neef: Was interessiert dich an Verdi?

Berghaus: Ich habe einmal versucht, Rechenschaft abzulegen. Was lassen wir uns eigentlich entgehen, und was wird benutzt für ein, ich sage einmal grob, reaktionäres Verhalten heute? Da meine ich, daß Verdi absolut benutzt wird – außer von Hans Neuenfels. Das heißt, daß Verdi einfach geglättet aufgeführt und damit seine politische Revolte eliminiert wird. Und wir sehen das alle wissenden Auges und angesichts der Partituren. Wir machen uns schuldig. Von wegen: Wehret den Anfängen. Wir sind tief drin. Viele Verdi-Interpretationen geraten in eine echte Klemme zwischen Kommerz und Kunst. Sicher gibt es heute wenig Stimmen, die Verdi einwandfrei singen können. Doch ich bin überzeugt, die Besten haben ein Gewissen, und das muß man in Anspruch nehmen. Man muß sich trauen, den Sängern zu sagen, daß Verdis Material das der Revolution war.

Neef: Man könnte Ihnen den Vorwurf machen, Sie hätten sich zu wenig um die moderne Oper während Ihrer Frankfurter Direktion gekümmert, es gab zu wenig Uraufführungen.

Gielen: Ja, wir haben keine Stücke gefunden, die uns genügend interessierten. Wir haben gesucht, Gespräche mit jungen Komponisten geführt. Mal waren wir über dramaturgische Prinzipien verschiedener Meinung, mal lieferten uns die Meister nichts. Da fanden wir es sinnvoller, die vergessenen Opern des 20. Jahrhunderts aufzuführen. Das ermöglicht dem Publikum den Brückenschlag zur Moderne. Das erschien uns nützlicher, als jedes Jahr eine Uraufführung zu machen, wie zum Beispiel in Hamburg, wo kaum ein Stück überlebt hat. Das ist steril. Bei uns sind statt dessen wichtige Aufführungen herausgekommen wie Schrekers »Die Gezeichneten«, Busonis »Doktor Faustus« oder Janáčeks »Schlaues Füchslein«, »Jenufa« und »Die Sache Makropulos«. Daß dann Ende der vorigen und zu Beginn der letzten Spielzeit doch noch zwei Uraufführungen stattfanden, ist ein weiser Zufall. Hans Zender fragte Klaus Zehelein sehr früh um Rat bei seinem Plan zu einer Oper mit zwei Handlungssträngen, und wir fanden gerade da einen dramaturgischen Ansatz, der uns interessierte (es werden Texte und Motive aus den Acta Sanctorum, nämlich »Das Leben des Hl.

Simeon Stylites«, und die Straßenszene aus »Ulysses« von James Joyce einander gegenübergestellt und auch verbunden – S. N.). Deshalb haben wir die Oper »Stephan Climax« uraufgeführt, ebenso von Hans-Joachim Hespos die »Reise zum Mittelpunkt der Erde«, einem der radikalsten Avantgardisten.

Neef: Wir sollten auch die deutsche Erstaufführung von Luigi Nonos Szenischer Aktion »Al gran sole carico d'amore« nicht vergessen.

Gielen: Es war mir wichtig, in der ersten Spielzeit 1977/78 ein Zeichen zu setzen, welche Stücke und Komponisten mir wesentlich sind, zum Beispiel »Don Giovanni« und »Al gran sole carico d'amore«.

Neef: Nach einem Diktum Heiner Müllers sind »im Reich der Notwendigkeit Realismus und Volkstümlichkeit zwei Dinge«. Das ist die nichts beschönigende Formulierung einer unbequemen Wahrheit oder Erfahrung. In Diskussionen über Kunst werde ich zunehmend mit der Forderung konfrontiert, andere, bequemere Wege zu erkunden, denn Verständlichkeit, schnelle Faßlichkeit sei das erste Bedürfnis des Publikums, das zu bedienen sei.

Gielen: Ich gehöre keinem Dienstleistungsbetrieb an. Es gibt diese Haltung des zahlenden Publikums. Es sagt, wir bezahlen, und nun wollen wir auch sehen, was wir sehen wollen, und uns nicht auch noch anstrengen müssen. Dem steht ein öffentlicher Auftrag gegenüber, der gerade durch die Subventionierung unserer Theater gegeben ist. Wenn die Stadt Frankfurt mich engagiert, um hier die Oper zu leiten, dann weiß sie, wen sie sich einkauft, daß ich nicht dem Mittelweg, dem mittleren Geschmack, dem üblichen Kunstgenuß zu Diensten sein kann. Schönberg sagte einmal, alle Wege führten nach Rom, nur nicht der Goldene Mittelweg. Im Gegenteil, ich will aufstöbern, was Kunst denn nun wirklich heißt. Daß es das erst einmal für mich heißt, kann ich nicht ändern. Es kann kein Künstler objektiv etwas realisieren, es geht alles durch sein Gehirn. Über die Rätselhaftigkeit der Kunstwerke selber sollten wir noch sprechen.

Berghaus: Es ist so, daß ich mit jedem Stück neu anfange. Selbst bei einer solchen Kontinuität, wie sie in Frankfurt durch dich möglich war, bedeutet doch jede Arbeit neues Beginnen. Es zeichnet die Frankfurter Oper aus, daß nichts »rübergezogen« wird, die Erfahrung der einen Inszenierung nicht zum Erfolgsrezept für die nächste gemacht wird.

Gielen: Es gibt keinen Frankfurter Stil.

Berghaus: So ist es.

Gielen: Jedes Stück sucht seinen Stil.

Neef: In euren Opernproduktionen überrascht die Wahl der Tempi, nicht weil sie schlechthin anders wären, sondern weil sie dem Werk neue gedankliche und sinnliche Bedeutungen erschließen. Beginnt hier die Zusammenarbeit zwischen Regisseur und Dirigent?

Gielen: Ja. Ob ein Andante in Vierteln oder in Achteln zu denken ist, darüber müssen sich Regisseur und Kapellmeister zuerst verständigen. Das Tempo, die Tempi in ihren Beziehungen bezeichnen das Verständnis des Ganzen. Sie ergeben sich aus der Bemühung, den Gesamtzusammenhang herzustellen. Im einzelnen »selbstverständlich« auch aus der Erkenntnis der Charaktere, seien es musikalische oder musikdramatische. Die Suche nach dem Sinn, nach der Wahrheit des Ganzen wie des Details ist der Inhalt meiner Bemühungen. Das hat wohl Ruth Berghaus gesehen. Ich selbst wiederum war stark beeindruckt von ihrem Sinn für das Wesentliche der Figuren (und der Werke), von ihrer Fähigkeit, aus der Musik herauszuhören, daß die erste Schicht des Verständnisses nur Oberfläche ist, daß die Sänger das Wesentliche ihrer Figuren und des Stücks jenseits dieser Oberfläche spielen müssen; von der Absage an alles Naturalistische, Platte, Evidente, was mich schon gelangweilt hatte, ehe ich wußte, was es war. Nichts ist näher am Wesen des Menschen als Berghaus' Gebot: »Du mußt gleichzeitig den Widerspruch spielen.«

Berghaus: Ich habe von Michael Gielen gelernt, wie das gegebene Tempo den Gestus einer Szene, einer Arie bestimmt: Meine früheren Erfahrungen sind andere. Otmar Suitner zum Beispiel war in früherer Zeit oft auf den Klavierproben dabei, da prägte sich mir das Tempo ein, und das hat den szenischen Vorgang mitbestimmt. Jetzt wurde das anders. Ich bekam von Gielen eine Vorgabe der einzelnen Tempi. Das hat mich fasziniert. Es stimmte natürlich mit nichts überein, was ich im Ohr hatte – von anderen Aufführungen oder auch von Schallplatten kannte. Die angegebenen Tempi mußte ich mit dem

Metronom, der Partitur selbst zurechtlegen, und da entdeckte ich, wie sich eine Situation durch das Tempo total verändert, vor allem aber auch das Sentiment. Das ist das Entscheidende. Die Verkleisterung der Widersprüche geschieht doch nicht nur durch das Bild, die Statik entsteht doch nicht nur durch Schlamperei oder durch falsche Konventionen, sondern diese Verschleierungen werden eben auch durch das Musizieren begünstigt. Man machte nicht das, was auf dem Papier stand, sondern meinte, es besser zu wissen: Der Komponist habe es gar nicht so ernst mit der Notation gemeint, und man müsse nun selbst nachhelfen. Also, Subjektivität ist soweit wie möglich erst einmal rauszulassen. Solche Zusammenarbeit mit dem Dirigenten legt erst einmal den Grundstein für die Suche nach der Wahrheit des Stücks: Verständigung, Wertung der notierten Zeichen.

Gielen: Zur Tempofrage noch eine Bemerkung: es ist nicht nur eine abstrakte Frage, ob 2/4-Andante in zwei zu denken ist oder in vier Schlägen. Es scheint allgemeine Meinung zu sein, wenn die Arie »Traurigkeit« heißt, müsse man an der Melodie »entlangweinen« und sie immer weiter zerdrücken und sentimentalisieren, während es doch eine Verzweiflungsarie, eine Selbstmordsituation wie bei der Pamina ist. Wenn man diesen Charakter der Arie aus der Chromatik, der Instrumentation, der Tonart, aus der Melodik und aus den hundert anderen Elementen, aus denen Musik sich zusammenfügt, erkennt, also wenn man lesen kann, ergibt sich mit Notwendigkeit das zügige Andante in zwei; ein Tempo, das allerdings im Verlauf mehrfach modifiziert wird. Das ungewohnte Tempo ist für die Sängerin schwer, und auch jetzt noch, nach über zwanzig Aufführungen, gibt es sanfte Kämpfe mit unserer Konstanze, weil sie an anderen Häusern fast doppelt so langsam singt. Aber wenn ich an etwas glaube, kann ich nicht nachgeben.

Berghaus: Aber sie macht es gern, sie setzt sich dieser Reibung auch immer wieder aus. Es kann ihr gar nicht genug passieren, denn sie weiß natürlich, daß da immer noch eine Sache ist, aus der sie gewinnen kann. Ich glaube, die Struktur der Musik am Abend so beständig zu bewahren, kann nur ein Dirigent, der sich mit Komponieren beschäftigt.

Gielen: Es ist Fakt, daß Leute, die komponieren, meist auch sinnvoll dirigieren. Boulez ist ein Beispiel (Furtwängler vielleicht das Gegenbeispiel). Musik versteht einer besser, davon bin ich überzeugt, wenn er sie selbst macht, man hat ein anderes Formgefühl. Man sieht das Ganze und bezieht die Teile daraus.

Neef: Gibt es Gründe, warum die Tempi so verschlissen wurden in unserer Musikkultur?

Gielen: Das gilt für die klassische Musik. Der springende Punkt ist immer wieder Beethoven und seine Metronomisierungen. Das ist in letzter Zeit, besonders durch die »Musik-Konzepte« Nr. 8: »Beethoven, das Problem der Interpretation« (Musik-Konzepte ist eine Publikationsreihe, die von Heinz-Klaus Metzger und Rainer Riehn herausgegeben wird – S. N.) belegt worden. Seit Wagner und Wagners Feindschaft gegen Mendelssohn sind durch die »dichterische Interpretation«, durch den »deutschen Tiefsinn«, der in alles hineingelegt wurde, die Tempi immer mehr verschleppt worden. Wagner und seine Nachfolger haben ihre eigenen Konzeptionen, die majestätisch, riesig, pathetisch und nationalistisch waren, auf Beethoven projiziert. Dadurch erhielt ein Sinfoniesatz eben sechs Tempi, die wahrscheinlich alle falsch waren. Auch das Postulat, man müsse eine Melodie auskosten, trug zur Verschleppung der Tempi bei. Vielleicht muß man die Melodie wirklich auskosten, aber innerhalb eines straffen Gerüstes. Wohlgemerkt, ich rede nicht einem mechanistischen A-tempo-Spiel das Wort!

Berghaus: Ist das nicht auch ein Zeichen der Zeit?

Gielen: Die Sentimentalisierung in der Kunstwiedergabe?

Berghaus: Setzte damals nicht auch Ernüchterung ein, wurde, grob gesagt, nicht auch die Aufklärung als Verlust empfunden, Verlust an Lebenslust? Alles faßbar und meßbar machen zu wollen impliziert Gegenströmung.

Gielen: Sehr schnell hat sich da ein Widerspruch hergestellt. Bei Toscanini, der als erster das A-tempo-Musizieren wiederherstellte, hat sich das A-tempo im Alter verselbständigt, ist in ein mechanistisches Abschnurren, ein fast verwaltungsmäßiges umgeschlagen. Das ist bei Adorno nachzulesen, auch Gülke hat darüber geschrieben. Die Bemühung für mich muß jetzt sein, die Dinge zusammenzubekommen: das straffe Gerüst geben und doch auch alle Charaktere spielen, die die Komposition lebendig machen. Nicht indem man sich auf jedes Detail »draufsetzt«, es isoliert, sondern, indem man es integriert. Adorno sagt in seinem Aufsatz über Neue Tempi: »Es mag der wahre Sinn der heute unabweislichen Tempobeschleunigung sein, die als organische verlorene Einheit der Werke konstruktiv nochmals zu erzeugen, indem im zerfallenen Kunstwerk die dissoziierten Teile dicht aneinander rücken und Schutz suchen beieinander.« Das ist das, was schwer zu machen ist. Bei »Siegfried« zum Beispiel ist es relativ leicht, weil man mit diesem Material flexibel umgehen kann, wenn man es recht versteht, auch in der Beziehung zur Szene: Das Tempo soll sich ändern. Es gibt, außer gewissen kurzen Partien, keine Stabilität der Musik. Das Problem, über das wir sprachen, betrifft vor allem Beethoven und führt bei Nichtbeachtung leicht zu einer Sinnverweigerung oder einem Sinnverlust. Die Aufgabe besteht darin, beides zu machen.

Berghaus: Extreme reizen, erzeugen Spannung und Konzentration. Was ich von dir gehört habe, schlägt um in Reichtum: Das Gefühl ist gebändigt. Und das gebändigte Gefühl, das heißt das in eine Form gebrachte, ist stärker als das ungebändigte. Hier liegt auch die Schwierigkeit, Bändigung wird als Kälte empfunden, wo in Wirklichkeit auf engem Raum Kälte und Hitze versuchen, einander auszugleichen.

Gielen: Obwohl es etwas unbescheiden klingt: Die normale Musikausübung ist hinter ganz anderen Dingen her, hinter dem Geld zum Beispiel, hinter dem, was den Leuten gefällt. Das Gefällige ist das bessere Geschäft. Das bedeutet vor dem möglichen Verständnis einer Sache schon haltmachen, sich dem Werk nicht ausliefern. Aber wenn man in das Werk nicht hineingeht, kommt auch nichts heraus.

Berghaus: Nichts Existentielles.

Gielen: In unseren Aufführungen ist selbst das wohlmeinende, das informierte Publikum erst einmal damit beschäftigt, was da alles auf der Szene vor sich geht, so daß es zunächst gar nicht zuhört. Bei einigen unserer besten Inszenierungen war das so, die Leute kamen erst nach der zweiten oder dritten Vorstellung zum Zuhören. Das war zum Beispiel so bei der »Aida«-Einstudierung, eine der besten, die ich jemals gemacht habe. Meine Arbeit wurde zuerst kaum bemerkt. Daher das Gerede vom Regie-Theater.

Berghaus: O doch, es gab schon Leute, die sofort merkten, daß da von unten Feuer kam, sonst wäre das oben ja gar nicht möglich gewesen. Oben würde alles zusammenbrechen, wenn das musikalisch nicht stimmte. Ich glaube nicht, daß eine Trennung »musikalisch hervorragend – szenisch verfehlt« möglich ist. Das gibt es nicht.

Neef: In der Beobachtung von Michael Gielen steckt noch ein anderes Problem: Beim erstmaligen Kunstgenuß kann das Publikum nicht alles aufnehmen. Das gilt für alle Kunstgattungen. Die Forderung nach sofortiger, umfassender Verständlichkeit, Felsenstein hat sie vertreten, scheint mir gefährlich zu sein. Mehrmalige Begegnungen sind das Normale im Umgang mit Kunst.

Berghaus: Es ist ein Unglück, daß die Anschauung, man müsse Kunst sofort und auf den ersten Blick verstehen, in die Welt gekommen ist. Ebenso ist es mit der Ansicht, der Sänger müsse soweit gebracht werden, daß er nicht mehr sprechen kann, sich also singend äußern muß, um einen Ausdruck oder Inhalt zu transportieren. Ich sage: Es wird gesungen, weil eine Oper da ist, weil ein Komponist das komponierte und sich die Form wählte, die er für seinen Stoff brauchte. Man muß den Autor akzeptieren und nicht versuchen, beim Spiel zu begründen, warum William Shakespeare hier Monologe oder Dialoge geschrieben hat. Mißachtung von Form ist Verlust an Sinn wie im Alltag.

Gielen: Die Frage der mehrmaligen Begegnung trifft einen Hauptaspekt meiner Rede zur Verleihung des Adorno-Preises. Große Kunstwerke sind rätselhaft, und bedeutende Inszenierungen haben ohne Zweifel etwas Rätselhaftes, obwohl sie sehr durchdacht sind. Wer sie das erste Mal sieht, kann nicht sofort nachvollziehen, was während zweier Jahre Vorbereitung, was darüber hinaus während eines ganzen Lebens, in dem man erst fähig wurde, das alles zu schaffen, gewachsen ist. Man kann diesen ganzen Prozeß nicht als Prozeß mitteilen, zu sehen ist nur das Resultat. Deswegen muß man öfter hinsehen und hinhören, wie bei einem Bild oder einem Gedicht auch. Beim einmaligen Sehen erschließt sich eine Schicht, beim jahrelangen Umgang kann man in einem Bild immer wieder Neues entdecken. Warum daher nicht auch drei- oder viermal in die Oper gehen, in das gleiche Stück, die gleiche Inszenierung. Es wird interessanter, je öfter man hinsieht – wenn es ein Kunstwerk ist. Was sich hingegen von Anfang an total erschließt, ist mit Sicherheit kein Kunstwerk. Die eben benannte Anschauung von Felsenstein finde ich horribel. Seine Inszenierungen waren überhaupt nicht so, man wußte nicht gleich, wohin der Hase läuft, und damit war das erledigt.

Berghaus: Doch. Jeder hat die Geschichte verstanden, fast immer den Text. Und er hat jedes Stück auf einen Nenner gebracht. Es wurden sofort faßbare Geschichten erzählt. Das war sein Programm. Ich achte das, teile es aber nicht.

Neef: Es wird geltend gemacht, Kunst habe dem Spaß, der Entspannung zu dienen.

Gielen: Wenn es ein Spaß ist, der zur Entspannung stattfindet, wird er bezahlt, mit vierzig Mark, und dann hat sichs. Ist Kunst eine Lebensnotwendigkeit oder ist sie Beiwerk, ist sie schmückend oder ist sie wesentlich? Das ist die Entscheidung, die jeder für sich treffen muß. Nicht nur der Künstler, auch die, die ins Theater gehen.

Neef: Ihr habt eure Entscheidung getroffen, kann man andere tolerieren?

Gielen: Wir haben nicht die Gelegenheit, das andere auszuschalten.

Neef: Wird man schuldig, tritt man gegen das andere nicht auf?

Gielen: Nein, man kann nur seine eigene Sache machen, und die ist manifest genug.

Berghaus: Nein, ich meine, es ist nicht nur die Frage, wie man gewählt hat. Das Problem liegt tiefer: Bestätige ich einen Zustand, in dem ich mich befinde, mit einer Theateraufführung, oder tue ich das nicht. Beim Lesen der Partitur gebe ich doch meine Lebenshaltung nicht auf. In den Werken steckt meist ein Stück Rebellion. Und dieses Stückchen Rebellion hält die Vorgänge auf dem Theater in Bewegung und mich auch. Diese Unruhe der Werke verschweigen meine Aufführungen nicht. Sie ist für mich eher ein Quell. Wenn andere Theaterleute stehende Gewässer, Ruhe lieber haben, sind sie dafür verantwortlich, wenn sich Dreck ansetzt.

Gielen: Ich unterscheide zwischen Inhalts- und Repräsentationstheater. Das Inhaltstheater versucht, Inhalte, die in den Stücken sind, aber durch die Aufführungspraxis von hundert bis hundertfünfzig Jahren verschüttet wurden, ans Tageslicht und auf die Bühne zu bringen. Das ist ein Schock für die Leute, die nur die Lüge, das Verschüttete, das Unsinnige, das Inhaltslose, das Repräsentationstheater gewöhnt sind. Das Inhaltstheater meldet den Widerspruch an, von dem Berghaus spricht. Nichts ist uns fremder, als jemanden schockieren zu wollen, das machen schon die Stücke. Epater le bourgeois ist für mich sinnlos, langweilig, oberflächlich. Das ist genauso schlimm wie das Gegenteil. Doch ist dem, was die Stücke einmal sagen wollten, zu seinem Recht zu verhelfen. So gewinnen sie Gültigkeit für uns heute.

Neef: Dies Recht der Stücke durchzusetzen, sich hierbei verständlich zu machen, dazu braucht es Zeit und Kraft. Das sind und waren die zehn Jahre Frankfurter Oper. Eure gemeinsamen Arbeiten.

Gielen: Gegenüber dem Kommerz und der überwältigenden Dummheit der Medien ist es nur ein einsames Zeichen, so wie die Kroll-Oper eines war.

Berghaus: Ganz so einsam fühle ich mich nicht. Ich denke, die Erfahrungen der Kroll-Oper sind zum Teil in der Felsenstein-Arbeit aufgehoben. Und das Modell Brecht wirkt. Es provoziert geradezu Anfänge.

Frankfurt, 8. 11. 1986

Abb. 202
Mit dem Dirigenten Claudio Abbado während der Einstudierung von Franz Schuberts »Fierrabras« zur Eröffnung der Wiener Festwochen 1988
Foto: Johannes Klinger

Abb. 203
»Der Jasager und Der Neinsager«
Ruth Berghaus im Gespräch mit dem Hauptdarsteller Ingo Bossan, 1966

Abb. 204
»Lanzelot«
Ruth Berghaus am Regiepult mit Andreas Reinhardt, 1969
Fotos: Maria Steinfeldt

Abb. 205
»Lanzelot«
Ruth Berghaus mit dem Chor der Deutschen Staatsoper Berlin, 1969
Foto: Evelyn Richter

Abb. 206
»Die Fledermaus«
Ruth Berghaus mit Peter Schreier und Edeltraut Blanke, 1975

Abb. 207
»Titus«
Ruth Berghaus mit Ute Trekel-Burckhardt und Celestina Casapietra, 1978

Fotos: Maria Steinfeldt

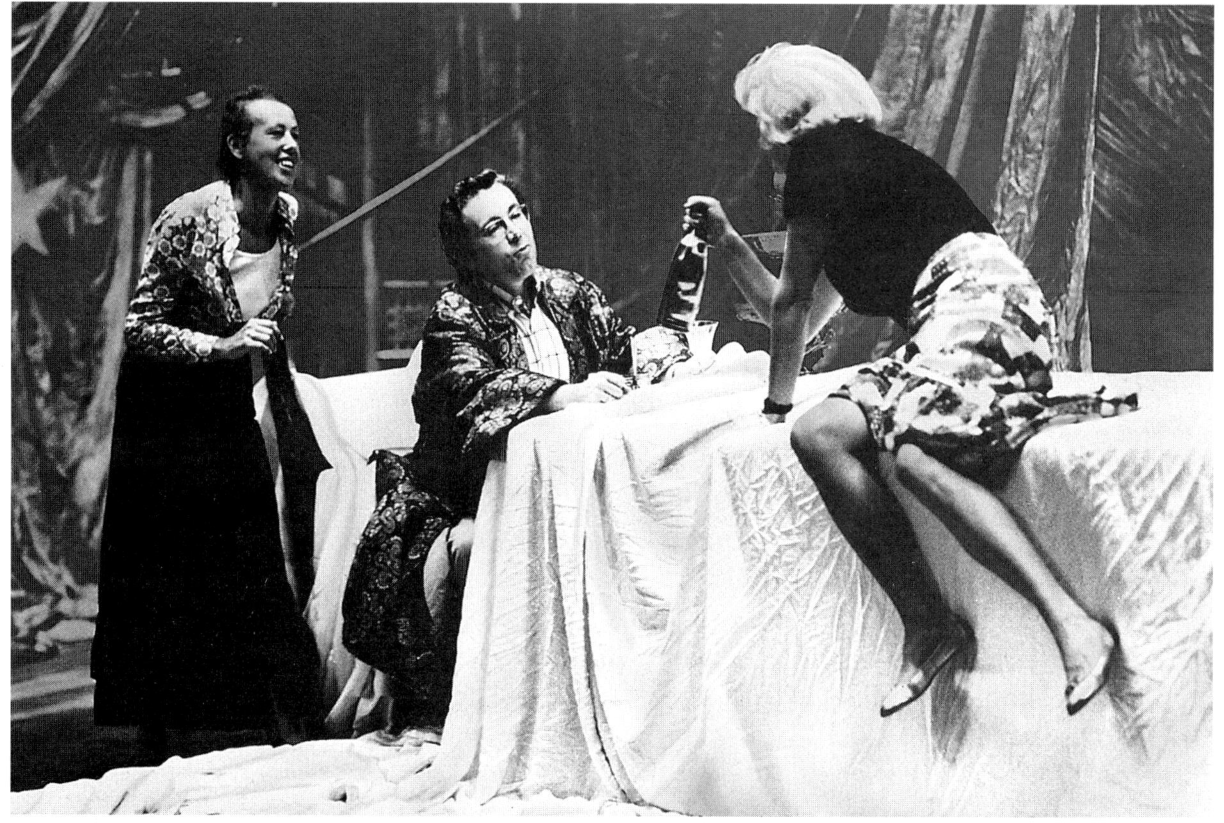

## Ruth Berghaus und Heiner Müller im Gespräch

Ruth Berghaus und Heiner Müller sind in der Arbeit zweimal ganz unmittelbar aufeinandergetroffen. Der Dichter schrieb das Libretto zur »Lanzelot«-Oper von Paul Dessau und das Schauspiel »Zement«, die Regisseurin brachte die Oper 1969 an der Deutschen Staatsoper und das Schauspiel 1973 am Berliner Ensemble zur Uraufführung.

Heiner Müller erinnert immer wieder an die innovatorischen Impulse in Ruth Berghaus' Arbeiten, so zum Beispiel in einem Gespräch über die Schwierigkeiten im Umgang mit Texten, daran, daß Ruth Berghaus in dieser »Lanzelot«-Oper einen kurzen Text von Tänzern sprechen ließ, mit dem überraschenden Ergebnis, daß diese »ganz unschuldig und überpräzise« gesprochen wurden.

Ruth Berghaus andererseits bezieht Text, Überlegungen von Heiner Müller immer wieder in ihre Arbeiten ein, so bei der Choreographie des »Orpheus«-Balletts von Hans Werner Henze an der Staatsoper Wien den berühmt gewordenen Satz Heiner Müllers: »Die erste Gestalt der Hoffnung ist die Furcht, die erste Erscheinung des Neuen der Schrecken.«

Heiner Müller schilt das Theater, wenn es lediglich Bebilderung von Texten gibt; Ruth Berghaus bebildert im Theater nicht, sie schafft gegenüber Text und Musik eine eigene Kunstwirklichkeit und wird dafür – manchmal – gescholten.

Heiner Müller beklagt die Reprivatisierung des Theaters; Ruth Berghaus kämpft erfolgreich gegen diese Reprivatisierung des Theaters, die eine Kehrseite der Kommerzialisierung ist. Heiner Müller sagt: »Eine Idealform für mich wäre: Ohne Hoffnung und Verzweiflung leben«; Ruth Berghaus ahndet jegliche Sentimentalität auf dem Theater, weil diese Hoffnung und Verzweiflung verhindert.

Das ist viel an Übereinstimmung. Warum kam es zu keinen weiteren gemeinsamen Arbeiten, welche Erfahrungen haben beide seither gemacht?

Heiner Müller: Mich interessiert, warum du ab einem bestimmten Punkt nur noch Oper gemacht hast.

Ruth Berghaus: Auf der einen Seite ist das eine ganz praktische Sache. In der Oper plant man lang voraus. Und da ich in der DDR keine Angebote hatte und keine Lust, Zeit zu vertun, so sagte ich natürlich woanders zu, auf Jahre voraus. Und wenn jetzt ein Schauspielangebot kommt, müßte ich es einschieben, jetzt fehlt die Zeit. Es gibt aber auch einen inhaltlichen Punkt: die Leute sind heute so von Klängen, Bildern und Geräuschen voll, daß Theater eigentlich nach Musik schreit. Ich würde Schauspiel machen, dann aber ganz schreiendes oder ganz stilles. Welcher Schauspieler aber macht das mit? Ein Sänger muß es, weil es komponiert ist. Ein Schauspieler aber kann diesen Schrei oft gar nicht, hält ihn nicht durch oder findet das auch falsch. Doch dieses »mezzoforte«, das ich gegenwärtig im Theater höre, finde *ich* falsch. Heute geht entweder die absolute Stille oder der Schrei. Luigi Nonos Musik zum Beispiel hat diese extreme Spannung, deswegen interessiert sie mich von der gegenwärtigen Musik am meisten, selbst wenn sie dadurch manchmal in die Gefahr gerät, fromm zu scheinen oder mit anderen nicht mehr ins Gespräch kommt. Aber sie ist offen, direkt, klar. Dieses »Dazwischen« kann ich nicht ertragen. Dann lieber Ballett, wo gar nichts gesagt wird, nicht aber ein Theater, das auf der Behauptung beruht, nur so könne es sein und nicht anders.

Heiner Müller: Es war ein Motiv meiner Frage, daß auch ich zunehmend nur noch unfreiwillig ins Theater gehe, ins Schauspiel, weil ich dabei fast immer leide. Ich habe immer das Gefühl, ich verliere nur Zeit, wenn ich dort sitze. Es ist zu langsam, hat das Tempo des 19. Jahrhunderts. Das ist auch der Grund, warum die Leute noch gern hingehen, denn dann sind sie endlich wieder einmal in der guten alten Zeit. Das ist erst einmal unabhängig von den Inhalten. Mir ist es zu langsam und daher zu langweilig. Es gibt jetzt einen allgemeinen Trend zur Oper, bei den Regisseuren und wahrscheinlich auch beim Publikum, der mich schmerzt. Ich glaube, daß Oper das Gegenteil von Drama ist und nicht unbedingt eine Steigerung von Drama. Oper ist etwas anderes. Aber klar ist, daß Oper attraktiver ist als Drama, weil sie eine größere Übersetzung von Wirklichkeit in Zeichen von vornherein erzwingt.

Ruth Berghaus: Die Form ist da, und ihr muß Genüge getan werden.

Heiner Müller: Genau, es ist eine Zeichensprache da. Dem Schauspiel fehlt diese Zeichensprache, und daraus entsteht dann diese Bebilderung von Texten auf dem Theater. Ich habe ganz selten erlebt, daß ein Text von mir im Theater zu ertragen war, weil es fast unmöglich ist, Schauspieler dazu zu bringen, daß sie einen Text wie ein musikalisches Material behandeln. Was er natürlich ist. Erst dann wird er auch rezipierbar.

Ruth Berghaus: Es stört mich schon, wenn die Sänger in den Aufführungen mitsingen, *wie* gut sie es können. Dadurch wird der Sänger selbst zur Hauptperson, jeder Ton wird genossen. Das ist Handwerk. Man hat es zu können, sonst interessiert es nicht. Das subjektive Moment des Handwerks darf nicht in den Kunstanspruch übergehen. Eine Sängerin wie Catarina Ligendza hat Respekt vor der Musik, vor den Tönen, die sie produzieren muß, und sie hat daher gar keine Zeit, sich selbst zu produzieren. Sie will das auch gar nicht, vermeidet es, ihre Subjektivität in die Stimme zu legen. Schlimm beim Schauspieler ist, daß er fast nur noch sich selbst und sein Können spielt. Ich habe jetzt eine Aufführung der »Jüdischen Chronik« in der Berliner Philharmonie gehört mit Hilmar Thate und Angelica Domröse als Sprecher. Beide traten als Schauspieler hinter sich zurück, weil sie einen politisch so unvermittelten Text in der Philharmonie zu sprechen hatten und natürlich wollten, daß der Text so gut wie möglich über die Rampe kommt. Da war Spannung, Angst und ein wirklicher Wunsch, Text und Inhalt an die Leute zu bringen. Das ergab eine große Klarheit, und es spielte gar keine Rolle, ob der Text gut oder schlecht war, man hörte zu.

Heiner Müller: Was du beschreibst bei Schauspielern und auch bei Sängern, hat etwas mit der sozialen Situation der Schauspieler und Sänger zu tun. Sie befinden sich in solchen Fällen in einer sehr privilegierten Situation, sind aus sozialen Zwängen herausgehoben. Daraus entsteht eine Haltung von Privateigentümern. Sie eignen sich den Text an, machen ihn zum Privateigentum und liefern ihn nicht mehr ab, liefern nur noch die Tatsache ab, daß sie das können, wofür sie solche Privilegien erhalten. Dahinter steckt ein grundsätzliches Problem, wenn man eine Verbindung zwischen Theater, Kunst und Politik herstellt. Und Oper hat ja auch etwas mit Politik zu tun, bei dir am meisten, glaube ich. Godard hat das sehr gut formuliert:

Es geht nicht darum, politische Filme zu machen, sondern darum, Filme politisch zu machen oder politisch Filme. Das ist ein großer Unterschied. Es ist keine Frage der Inhalte, sondern des Umgangs mit den Inhalten, also der Form. Und das ist in der Oper leichter, würde ich einmal behaupten.

Ruth Berghaus: Es ist leichter, weil die Oper als Gattung eine Form hat, und diese Form muß erfüllt und nicht erfunden werden. Im Schauspiel aber muß die Form gefunden werden, ist die Sprache zu entdecken, mit ihrer Metrik, Höhe oder Tiefe, ihrer musikalischen Dimension.

Heiner Müller: Genau, das ist der Endpunkt von dem, was ich meinte: Oper ist von Drama eher das Gegenteil oder eine Abspaltung. Als die Impulse, die zum Drama geführt haben, erschöpft waren, entstand die Oper, als die Stoffe oder Situationen nichts mehr hergaben für Drama, fing man an zu singen. Oper ist vielleicht im Verhältnis zur Tragödie eine Harmonisierung. Nur: Wir wissen nicht, wie die Tragödien aufgeführt wurden, es war Musik dabei, es gab eine Einheit von Musik und Text, und das wurde dann gespalten. An Richard Wagner ist ja sicher das Interessanteste die Utopie, das wieder zusammenzubringen. Wenn man die Texte liest, wird auffällig, wie enorm sie gebaut, für diese Musik gemacht wurden. Es ist wie im Kubismus, Wagner hat sich Sprache und Text für die Bedürfnisse der Musik zurechtgehauen. Das ist enorm. Da stimmt jedes Wort. Wenn man den Text ohne die Musik hört, muß man lachen. Das war der erste gewaltsame Versuch, Text und Musik wieder zusammenzuführen. Das ist es auch, was jetzt wieder allgemein interessiert. Zumindest ein Aspekt davon.

Es gibt noch ein anderes Problem für mich, wo ich ganz im Dunkeln tappe und dich gern fragen würde. Du hast dich doch auch mit »Lulu« von Alban Berg beschäftigt. Und das ist für mich eine Sache, die in der Dramatik nicht geleistet wurde, genau das Zwischenglied zwischen Ibsen und Brecht. Ich vereinfache einmal: Es ist das, was durch die Emigration, durch den Zwang, wegzugehen, in der Dramatik nicht zustande gekommen ist. In »Lulu« von Berg ist etwas Form geworden, wofür es bei Brecht Ansätze gibt, zum Beispiel im »Brotladen«. Ein ironisches Pathos im Umgang mit der bürgerlichen Gesellschaft. Vor 1933 gibt es dazu eine Menge von Ansätzen bei

Brecht. In »Lulu« ist dieses ironische Pathos absolut vollendet, diese Gleichzeitigkeit von Melodram und Hohn und Pathos. Nicht bei Wedekind, sondern bei Berg. Wedekind ist Kasperletheater, Berg hingegen eine ungeheure Raffinierung.

Ruth Berghaus: Aber es ist auch ein enormer Text.

Heiner Müller: Ja, aber bei Berg ist es raffiniert, und es ist genau das in der Dramatik fehlende Zwischenglied zwischen Ibsen, Strindberg und Brecht. Daraus ist dann wieder eine Spaltung entstanden, zwischen Brecht auf der einen, Beckett, Pinter oder was auch immer auf der anderen Seite. In der Dramatik fehlt etwas, was in der Oper geleistet wurde, aber auch nur von Alban Berg. Wobei interessant ist, auch »Lulu« ist eine abgebrochene Sache, so wie »Moses und Aron« auch, notwendig ein Fragment.

Ruth Berghaus: Bei Berg gibt es diese merkwürdige Konstruktion der Musik: Krebs – Krebsgang – Krebsgestalt. Sie ist nur in der Zwölftonkomposition herzustellen, doch durchzieht der Krebs in »Lulu« alle Ebenen. Es findet keine einfache Umkehr, schon gar nicht eine Wiederholung statt, es ist ein spiegelbildliches Rückwärtsgehen oder ganz wörtlich: ein Zurückgehen beim Vorwärtsgehen. Und was in der Musik stattfindet, geschieht auf allen Ebenen und mit allen Elementen der Oper, mit den Figuren, den Dingen, der Handlung, den Situationen. Es gibt eine Fabel, wie die Gesellschaft zugrunde geht, wie die Technisierung die Kunst aufhebt, Vermassung einsetzt. Dem entspricht eine ganz genaue Personenführung, es geht von einem anscheinend doch ganz erstklassigen Maler bis zur Kunstgewerblerin. Der Verfall des Geldes, der Aktie ist mit dem Verfall der Frau und der Geschlechter gekoppelt. Das alles sind absteigende Linien, und gleichzeitig formt Berg aus jeder Figur einen Spiegel und ein Gegenbild. Also: Jede Figur sucht sich im anderen und entdeckt, daß sie sich weder selbst noch den anderen finden kann. Das erfährt jede Figur für sich allein, und dann ist jede Figur noch einmal in einer größeren Beziehung, einer Zweier-, Dreier- oder Viererbeziehung gespiegelt, so daß es ein endloses Stück ist. Der Krebsgang hat auch etwas von der Endlosigkeit eines Kreises. Das geht bis zur Frauenliebe, mit und durch die Geschwitz fängt alles noch einmal von vorn an, auf einer anderen Ebene wird wieder gefragt, ob Beziehungen überhaupt möglich und von Dauer sein können. Dabei bildet jede dieser Figuren wieder eine Kreismitte, ist statisch, also auch magnetisch, anziehend oder abstoßend. So ist dieser ungeheure Kreis bei Berg nie ruhend, sondern immer in Bewegung, ohne daß man weiß, wo die Mitte eigentlich genau ist. Das hat einen ganz großen Reiz. Die Figuren gehen nicht nur um sich selbst herum, sie gehen auch durch sich selbst und durch andere durch.

Heiner Müller: Ich finde das sehr schön, wie du das Verschwinden der Person in der Aktie beschreibst. Der Punkt ist, daß dieses Verschwinden noch mit Trauer beschrieben wird. Du erlebst den Prozeß des Verschwindens und nicht das Resultat. Bei Brecht wird dann, durch diesen politischen Einschnitt, nur mehr das Resultat gezeigt: Die Person ist verschwunden, aufgehoben in der Aktie oder umgekehrt in der Partei oder wo auch immer du willst.

Zu deiner Beschreibung der »Lulu« fällt mir ein Satz eines amerikanischen Literaturkritikers ein: »Hawthorne hat die amerikanische Seele entdeckt, Hemingway hat ihr Verschwinden beschrieben«, der frühe Hemingway. Das Verschwinden der Seele ist noch etwas Trauriges und Schönes, man sieht sie noch verschwinden. Und daraus entsteht dieses ironische Pathos. Eine Ironie voll Trauer, keine lustige.

Ruth Berghaus: Mit dem Wort Ironie kann ich nichts anfangen.

Sigrid Neef: Vielleicht können Sie zum Begriff Ironie noch etwas sagen, weil er als Methode in den Arbeiten von Ruth Berghaus Anwendung findet, aber nicht im Sinne von Sich-lustig-Machen oder irgend etwas verspotten.

Heiner Müller: Ich meine nicht die Ironie von Thomas Mann, das interessiert mich nicht. Das »ironische Pathos« ist ein Terminus von Majakowski.

Sigrid Neef: Hat Heine nicht auch damit gearbeitet?

Heiner Müller: Ja, Heine ist eine gute Figur in diesem Zusammenhang. Mit ihm fängt es eigentlich an. Heine benennt die Hoffnung und die Gefahr des Kommunismus; man könne aus seinen Gedichten Tüten kleben. Das ist ironisches Pathos. Er sah ein, daß die Geschichte dorthin geht und gehen muß, aber er sah auch seine Gedichte und trauerte um das, was da verschwindet.

Ruth Berghaus: Ah ja, jetzt begreife ich Ironie als eine historische Kategorie.

Heiner Müller: Ja, Ironie ist eine historische Kategorie und auch eine politische, daß man sich selbst gegenüber ironisch ist. Man weiß, daß man auch selber in dieser Bewegung, in diesem Prozeß verschwindet. Ich meine Ironie nicht als Draußenstehen, sondern ironisches Pathos entsteht in einem Prozeß, von dem man selbst ein Teil ist.

Sigrid Neef: Oper hat dann fast immer ein ironisches Pathos, weil es hier einen ständigen Wechsel der Perspektive gibt, die Situation wird bald von innen, bald von außen, die Figur bald als Subjekt, bald als Objekt behandelt.

Heiner Müller: Ein Element von Oper ist Ironie. Und wenn Ironie, dann gegenüber den Grundtatsachen der menschlichen Existenz: der sterbende Mann, der singt. Jener sächsische Witz ist gar nicht so schlecht. Als der langsam sterbende Tristan immer noch singt, sagt der Sachse irgendwann: »Ich globe, der wird wieder.« Da ist die Ironie gefaßt, aber Ironie nicht als Beobachterfunktion, sondern: Man ist betroffen und hat trotzdem einen Abstand dazu. Und darum geht es: um die Einheit von Distanz und Betroffensein.

Ruth Berghaus: Na, dann ist das ganze Theater Ironie.

Heiner Müller: Ist es auch.

Sigrid Neef: In der Oper wahrscheinlich in der Form schon sehr viel stärker angelegt.

Ruth Berghaus: Bewußter.

Heiner Müller: Ganz klassisch ist die Ironie bei Sophokles. »Oedipus« ist das klassische Modell der sogenannten tragischen Ironie. Wenn Oedipus die Nachricht erhält, daß alles in Ordnung ist, dann stellt sich durch den nächsten Satz heraus: Genau das war der Punkt, vor dem er sich gefürchtet hat. Das ist nicht die Ironie von Thomas Mann, es ist etwas anderes, etwas, das zur Existenz gehört.

Sigrid Neef: Man müßte noch genauer beschreiben, welche Ironie *nicht* gemeint ist.

Ruth Berghaus: Wenn die Figuren aufgegeben werden, wenn der Schauspieler schon weiß und das auch spielt, wie begrenzt die Figur ist. Diese Ironie lehne ich ab.

Heiner Müller: Es ist für mich schwer, diese andere Ironie zu beschreiben, weil ich Thomas Mann nicht lesen kann, ohne gegen ihn zu polemisieren: Es ist eine Ironie, die in einer bestimmten historischen Situation entsteht, in der Ironie auch zu einem Notwehrakt wird gegenüber einem Geschichtsprozeß, von dem er weiß, daß er ihn nicht mehr beeinflussen kann, in dem eine bürgerliche Welt zugrunde geht. Und er beobachtet diese mit einer Mischung aus Todessehnsucht und Trauer. Er sieht, daß das Neue, Barbarische stärker ist und siegen wird, und alles, woran man sich gewöhnt hat, alles Schöne, Raffinierte, geht kaputt. Das ist eine ganz passive Funktion von Ironie und hat überhaupt keinen sarkastischen Zug.

Ruth Berghaus: Er zieht sich die Jacke nicht an, das ist der Punkt.

Heiner Müller: Ja, er sucht, an der Jacke Modekritik zu üben. Ein Beispiel dazu. Ich glaube, es ist am Gardasee, wo diese Besitzungen von d'Annunzio liegen. Dort stehen auch alte Villen mit deutschen Namen, deutschen Bezeichnungen aus der Wilhelminischen Zeit, und dort habe ich ein Gefühl für Thomas Mann bekommen. Deutsche Familien fuhren dorthin, und das hatte einen Hauch von Nostalgie und Wehmut, aber es gab kein Schuldbewußtsein. Es beruhte zwar alles auf Ausbeutung von irgendwem, und wenn es die Dienstboten waren, das drang aber gar nicht ins Bewußtsein. Denn in dem Moment, wo es ins Bewußtsein tritt, daß da etwas nicht in Ordnung ist, muß man sich dazu verhalten. Und da man sich nicht daraus lösen kann, wird man ironisch. Das macht sich dann über sich selbst lustig, über das Neue und über das Alte. Ironie von Thomas Mann ist in diesem Sinne Flucht vor politischen Einsichten oder Schlußfolgerungen. Es ist das Gegenteil der tragischen Ironie des Sophokles. Diese ist eine Einsicht in die Abgründigkeit von Politik und Geschichte. Diese Einsicht in die Abgründigkeit der menschlichen Existenz ist in der Oper ein ganz starkes Element: Unter dem Gesang ist der Tod, ist die Leere. Und nur daraus kommt der Glanz.

Ruth Berghaus: Und für mich ist die Frage, ob man das überhaupt wagen kann im Schauspiel.

Heiner Müller: Wenn man das nicht schafft, kann man es lassen, aber es war ja in den großen Zeiten des Schauspiels geschafft worden.

Sigrid Neef: Es gibt eine weitere Gemeinsamkeit zwischen euch: Eure Beziehungen zum Tanz. Ich finde es wichtig und bemerkenswert, daß Sie Herr Müller an einem bestimmten Punkt auf Tanz stoßen und Ruth Berghaus mit Tanz anfängt, zum Aufhören gezwungen wurde und nach Jahrzehnten wieder zum Tanz zurückkehrt.

Heiner Müller: Theater findet ja überhaupt nur statt im Schnittpunkt zwischen Zeit und Raum. Das ist am simpelsten und direktesten am Ballett zu sehen: Zeit als Beschleunigung und Verlangsamung und Raum als Ausdehnung und Schrumpfung, und dies alles mitgeteilt über den Körper. Das ist das Grundmodell von Theater. Man kann es auch anders formulieren, das stammt leider nicht von mir, sondern von Hans-Joachim Schlieker: Theater ist etwas zwischen Angst und Geometrie. Angst und Geometrie sind am elementarsten und einfachsten im Ballett zu sehen. Das von dir im Schauspiel beschriebene Problem ist, daß dort die Angst zu weit verdrängt ist und daß daher auch keine Geometrie mehr zustande kommt. Es gibt kein Gefühl mehr für den Abgrund zwischen Bühne und Zuschauerraum, anstelle dessen Komplizenschaft. Die Oper hat es da leichter, die dafür notwendige Artistik schafft Respekt.

Ruth Berghaus: Absolut. Und das gibt den Widerstand. Der Umgang mit dem Sänger ist komplex und existentiell: Ihm auch die Angst zu nehmen, ihm zu sagen, du kannst das, du kannst dich hier fallen lassen. Und wenn er es macht, dann überdimensional, über die Angst springend. Dadurch bekommt es einen Wert, den es beim Schauspieler nie hat. Er ist nie in Lebensgefahr. Der Sänger ist immer in Lebensgefahr. Wenn er den Ton nicht hat, wenn er nicht springt, dann sagen die unten: Soll er doch nicht springen.

Heiner Müller: Das fand ich auch immer so schön, wie erschreckend das auch klingt. Ein Beispiel dazu. Wenn die Callas in Mailand ausgepfiffen wurde, weil die Stimme aussetzte, dann wurde ihr überall, wenn sie nach Hause ging, Hure nachgeschrien, und an ihrem Haus stand dann noch einmal Hure. Das ist etwas ganz Elementares. Eigentlich hat das mit wirklichem Theater mehr zu tun als höfliches Desinteresse. Man hat sich durch die Stimme und durch das, was sie machte, aus seiner Existenz herausreißen lassen, und plötzlich klappt das nicht mehr. Da muß man sich rächen.

Ruth Berghaus: Singen ist eine Existenzfrage und eine Existenzweise. Das spürt man auch.

Heiner Müller: Sänger sind noch die Gladiatoren, und das Publikum ist die bestia nera, die schwarze Bestie. Schauspieler haben das nicht mehr.

Ruth Berghaus: Und Tänzer haben das auch noch. Doch ich habe die Hoffnung, daß es auch im Schauspiel wieder möglich wird. Mich interessiert Schauspiel sehr, ich möchte es wieder machen. Aber man braucht ein Theater, und man braucht ein Ensemble.

Sigrid Neef: Das ist ein entscheidender Punkt. Euer beider Weg war voller Widerstände, nicht leicht, eher schwer. Heute hat euer Name »Gewicht«, man rechnet mit euch, wie auch immer, ihr seid ein »strategischer Faktor«. Wie fühlt man sich als »strategischer Faktor«?

Heiner Müller: Zunächst einmal sehr gut, würde ich sagen.

Ruth Berghaus: Es geht uns ja nicht schlecht.

Heiner Müller: Trotzdem wäre es manchmal ganz schön, wenn jemand mit einem offen reden würde über das, was gegen einen vorliegt, was ich seit fast zwanzig Jahren nicht erlebt habe.

Ruth Berghaus: Anderes und Vergleichbares widerfährt mir. Zum Beispiel: Meine Inszenierung der »Fledermaus« an der Deutschen Staatsoper Berlin, ein Stück gegen verlogene bürgerliche Ehen und als solches inszeniert, wurde nach sechs Vorstellungen ohne Begründung abgesetzt. Ebenso »Rheingold«. »Leonce und Lena« ging trotz Anfragen aus dem Ausland nicht auf Tournee. Mit »Elektra«, »Freischütz« und »Barbier« hatte der Intendant Hans Pischner auch Kämpfe, aber er hat sich noch durchgesetzt.

Oder die 10 Jahre Frankfurter Arbeit werden jetzt verklärt. Doch es war auch eine schlimme, schwere Zeit. So wurde zum Beispiel nach der »Entführung« der gesamte Mozart-Zyklus abgebrochen. Allerdings hatte Michael Gielen das Durchsetzungsvermögen, sie wieder aufzunehmen in alter Besetzung, und es wurde ein grandioser Erfolg. Offene Auseinandersetzungen sind schwer. Aber sie sind nötig.

Heiner Müller: Es gibt für diese »Strategische Faktor«-Situation eine sehr freundliche und schöne Formulierung von Roman Jacobson über den sowjetischen Umgang in der Bürgerkriegszeit und danach, aufgehängt am Selbstmord Majakowskis. Er sagte, das war die Epoche des verschwenderischen Umgangs mit Talenten. Und in dieser Epoche leben wir allseitig.

Der Kern dabei ist, daß es eine ungeheure Angst vor Beschleunigung in den Gesellschaften gibt, in denen wir zu tun haben, eine Angst vor Dynamisierung und davor, daß Kunst und besonders Theater, ob nun Oper oder Schauspiel, ein Beschleunigungsfaktor werden oder sein könnte. Aus einem etwas oberflächlichen Verantwortungsgefühl von Politikern entsteht das Bedürfnis, daß alles so bleiben soll, wie es ist. Und natürlich hat Kunst, hat Theater nur einen Sinn, wenn es darauf besteht, daß nichts so bleibt, wie es ist. Das ist der Grundsatzkonflikt. Das ist auch verständlich, man hat immer Angst, wenn es schneller geht, dann ist man schneller in der Katastrophe.

Ruth Berghaus: Das glaube ich nicht, denn das wäre doch dann immer schon so gewesen.

Heiner Müller: Das war auch immer so. Man weiß doch, was man hat, aber man weiß nicht, was man kriegt. Und Kunst hat nie mit dem zu tun, was man hat, sondern zweifelt an, was man hat, und will etwas anderes. Und in diesem utopischen Moment von Kunst oder Theater liegt jetzt auch ein Risiko.

Sigrid Neef: Auch das Verhältnis zwischen Regisseur und Theaterdirektor ist kein ruhiges und hat Risiken. Welche Erfahrungen habt ihr miteinander gemacht?

Ruth Berghaus: Heiner Müller ist für mich eine Art »letzte Instanz«, wenn er zum Beispiel etwas zu einer Aufführung sagt. Was ich an Heiner bewundere ist, daß er sich überhaupt nicht einmischt, wenn bei seinen Stücken ein anderer Regie führt. Es ist hier wohl eher so, daß sich bei dir die Momente von Unzufriedenheit häufen und dann machst du es selbst einmal.

Heiner Müller: Was keine Garantie ist, daß es authentisch wird.

Ruth Berghaus: Nein, aber ihr seht, ihr hört anders. Das weiß ich durch Dessau, Henze und auch Nono. Was dich interessiert, sind Regisseure, die deinen Stoffen zuliefern. Wenn ich an Robert Wilson denke, er ist doch eigentlich ein Autor, auch als Regisseur. Das bin ich ja nun überhaupt nicht.

Heiner Müller: Er versteht sich nicht als Autor, und wenn er schreibt, dann collagiert er. Er verwendet Texte und mischt sie. Er sagt von sich, er wäre gern ein guter Maler. Das ist er nicht. Deswegen benutzt er das Theater, die Bühne, um Bilder herzustellen, z. B. ein Drittel der ganzen Probenzeit zum Beleuchten.

Ruth Berghaus: Es interessiert mich, wie er zum Beispiel in der »Hamlet«-Maschine verschiedene Schichten übereinandergelagert hat.

Heiner Müller: Ja, er schichtet Text, Choreographie und Licht. So ist auch der Probenprozeß. Eine Woche Choreographie ohne Text, eine Woche Choreographie mit Text und eine Woche Choreographie, Text und Licht.

Ruth Berghaus: Dichter und Schauspieler sind Zulieferer.

Heiner Müller: Genau. Man kann mit Recht einwenden, daß der Text dann auswechselbar ist. Aber das ist nicht ganz richtig, glaube ich. Er hat sich schon auseinandergesetzt mit dem Text bei der »Hamletmaschine«, aber er hat nie versucht, ihn zu interpretieren, hat auch nie versucht, zu verstehen, was ihm fremd ist. Das Fremde läßt er als Fremdes gelten. Das ist ein Ausgangspunkt. Es bleibt ein Rest, der Text wird nicht aufgebrochen oder zerbrochen und neu zusammengesetzt in einem Probenprozeß.

Ruth Berghaus: Der Text bleibt rein.

Heiner Müller: Ja, das ist eine andere Tradition vom Theater, dem Text wird sein Recht belassen.

Ruth Berghaus: Wenn du eine Sache verwirklichst, denkst du daran, wie wirkt das auf diese Leute?

Heiner Müller: Nein, das ist nicht mein Problem, es ist vielmehr das, was du vorhin meintest, wie man hier mit den Schauspielern umgeht, wie man sie zu dem bekommt, was man will – und, wie sehr kann man überhaupt noch wissen, was man will, wenn man mit diesen Schauspielern umgeht. Etwas ganz Primitives, ein Beispiel. Im »Lohndrücker« wird Bier getrunken. Bei Wilson wäre das kein Problem, da machten sie die Bewegung des Biertrinkens. Ich glaube, daß dieses in dem Falle nicht geht, oder ich wage es nicht. Aber es erfordert eine Ebene von Zeichensystemen, die hier wahrscheinlich fremd wäre, zumindest in solch einem Stück. Ich weiß es nicht, vielleicht ist es meine Feigheit, aber es ist ein Problem.

Ruth Berghaus: Ich glaube, da unterschätzt du die Leute. Der Verfall des Schauspiels ist so weit gekommen, weil es erst einmal diese Realismus-Diskussion gegeben hat, in der Realismus mit Naturalismus verwechselt wurde.

Ich habe in Dresden die Oper von Siegfried Matthus nach dem Rilke-Text mit sehr jungen Tänzern, Schülern der Palucca-Schule gemacht. Es ist ganz erstaunlich, was sie wissen, von Formen, Situationen, Gefühlen. Da ist eine Fülle vorhanden. Ich glaube, daß der einzelne hier eine große Eigenwelt hat, sie sich auch schafft. Und hier muß man rein, muß man selbst offen sein.

Heiner Müller: Ja, das ist ein Problem. Es fängt zum Beispiel schon bei den frühen Stücken von Schiller an. Wenn du als Regisseur die Regieanweisungen beachtest und das machst, was Schiller anweist, bist du ziemlich verloren. Man muß sehr oft das Gegenteil von dem machen, was er da schreibt, damit es stimmt. Wenn zum Beispiel dort steht »Friedrich (sehr bestialisch)«, muß das heute gerade freundlich kommen. Genau dasselbe passiert mir, wenn ich jetzt »Lohndrücker« inszeniere und die Regieanweisungen lese, dann weiß ich genau, diese Regieanweisungen sind der Versuch, auf ein Theater einzugehen mit einem Text, der für ein ganz anderes Theater geschrieben ist. Mit den Regieanweisungen aber gehe ich auf das Theater ein, das im Moment existiert.

Ruth Berghaus: Das ist wie bei Arnold Schönberg in »Moses und Aron«.

Heiner Müller: Und heute kann man diese Regieanweisungen nur noch streichen und vergessen, sonst ist das Stück verloren, und man bekommt nicht mehr mit, daß der Text eine Übersetzung von Wirklichkeit ist und keine Abbildung.

Ruth Berghaus: Und das ist er auch bei Richard Wagner. Wenn man die Regieanweisungen genau liest. Ich komme immer wieder mit dem Beispiel: »Der Rhein fließt von rechts nach links.« Dann weiß ich, wo und wann das Werk komponiert wurde, weiß, daß Wagner von Frankreich nach Deutschland gesehen hat, und das heißt: Er hatte eine Distanz. Daraus folgt, daß ich Wagners Äußerungen zu politischen und kulturellen Fragen nicht blind vertrauen kann. Oder: Wenn ich ein Stück von dir inszeniere, kann ich nicht alles lesen, was du über Kulturpolitik in Zeitungen und so weiter gesagt hast, ich muß das Stück lesen. Und Wagner hat, glaube ich, mit seinen Schriften abgelenkt, er hat mit diesen Schriften seine Existenz gegründet und bewahrt.

Heiner Müller: Ich ja auch, zu großen Teilen. Diese Interviews und Erklärungen sind ja zum großen Teil auch Selbstverteidigung oder auch in bestimmten Zwangslagen abgegeben. Eine Öffentlichkeit ist immer eine Zwangslage, man muß sich nach vielen Seiten hin verhalten, und da entsteht eine Art Diplomatensprache. Am besten wird es dann, wenn man es schriftlich macht, wenn man auf dem Drahtseil formulieren kann. Dieser Punkt von Genauigkeit ist aber auf dem Theater ungeheuer wichtig.

Bleiben wir einmal bei diesem Biertrinken auf dem Theater. Ich habe Angst davor. Es würde völlig genügen, den Schauspielern zu sagen, jetzt Biertrinken. Sobald man aber Bierflaschen hinstellt, ist das Bühnenbild von Erich Wonder zerstört.

Ruth Berghaus: Du kannst es natürlich nicht auf die Pantomime bringen.

Heiner Müller: Das ist das Problem. Im nächsten Bild geht es um die HO, und da wird Butter für 160 Mark angeboten. Und die Butter muß man sehen, sonst geht die Szene nicht.

Ruth Berghaus: Ich überlege in einem solchen Fall, was ist das *Wesen* des Biertrinkens. Sie müssen nicht Biertrinken, sondern spielen, was Biertrinken ist. Ich würde versuchen, mit den Schauspielern herauszubekommen, was beim Biertrinken im Unterschied zum Weintrinken vor sich geht. Du mußt die Schauspieler improvisieren lassen. Deswegen poche ich so auf dem Improvisieren.

Heiner Müller: Das nächste Problem kommt, wenn es in dem Stück um eine Zigarette geht.

Ruth Berghaus: Wenn es um materielle Werte geht in diesem »Lohndrücker«, muß eine Stecknadel zu einem Goldklumpen werden. Du mußt den *Wert* der Zigarette übersetzen. Achim Freyer hat in der Inszenierung des »Guten Menschen von Sezuan« damit angefangen, diesen Schritt der Übersetzung zu gehen.

Heiner Müller: Es geht mir auch gar nicht um das Gelingen im Moment, sondern darum, daß man etwas extrem versucht.

Ruth Berghaus: Das finde ich ganz wichtig.

Heiner Müller: Du verstehst sicher auch, daß man manchmal vor der Möglichkeit von Einfällen zurückweicht. Ich habe mir immer, wenn mir was Absurdes einfiel, gesagt, daß es eigentlich richtig ist, ertappe mich aber schon dabei, zu sagen: Entschuldigt, es ist schwachsinnig, aber probiert es einmal. Das Problem ist: Man entschuldigt sich für Einfälle, wenn man vor diesem Apparat steht, der ganz andere Zwänge hat.

Ruth Berghaus: Ich habe selbst Angst.

Heiner Müller: Ich meine jetzt die Schauspieler.

Ruth Berghaus: Aber du befreist sie auch, sie durchbrechen eine Art Wand oder Hülle, die sie sich selbst auferlegen.

Heiner Müller: Das ist schon ein Problem. Niemand, der hier lebt und über fünfzig ist, hat so etwas wie individuelle Freiheit gekannt. Der einzige Bereich von Freiheit ist bei mir das Schreiben. Da gibt es überhaupt keine Hemmung. Aber sobald ich inszeniere, brauche ich die doppelte Anstrengung, um dahin zu kommen. Das macht den Unterschied zwischen Drama und Theater. Für das Schreiben brauche ich die Schreibmaschine, im Theater ist viel mehr Material und daher auch mehr Materialwiderstand. Und Neuerungen durchzusetzen ist viel schwerer und dauert viel länger als beim Schreiben.

Ruth Berghaus: Was mich interessiert ist, daß du dich nicht einmischst, wenn Stücke von dir inszeniert werden. Das hat Dessau auch nicht gemacht, obgleich er sicher Bilder und Vorstellungen hatte.

Heiner Müller: Was du da von Paul Dessau beschreibst, gilt ähnlich auch für mich. Man komponiert oder schreibt einen Text, und dann geht das in eine ganz andere Situation. Es entstehen neue Bedingungen, es gehen bestimmte Leute für bestimmte Leute damit um. Hier hat der Autor nichts mehr zu bestimmen. Wenn du dich da einmischst, ohne wirklich von Anfang an dabei zu sein, auch mit diesen Leuten, die es machen, für die es gemacht wird, keinen Kontakt hast, dann kannst du eigentlich nur stören, was da entsteht. Ob es nun falsch oder richtig ist, was du denkst: Du kannst nur stören. Ich habe mich ein paarmal eingemischt, sicher mit richtigen Überlegungen und Argumenten, und mußte aber hinterher feststellen: durch den Versuch, etwas richtig zu stellen, beschädigst du alles andere. Auch wenn im ganzen vielleicht nicht gut ist, was raus kommt, du kannst es nur beschädigen.

Ruth Berghaus: Ich habe dich bei »Zement« unheimlich bewundert. Auf der einen Seite hätte ich deine Überlegungen und Argumente gebraucht, auf der anderen Seite aber hast du recht, das hätte den ganzen Apparat durcheinandergewirbelt. Wenn du etwas gesagt hättest, hätte ich es ja bis zur Sprengung der Situation geführt.

Heiner Müller: Ich wäre auch aus einer ganz anderen Realität gekommen. Und was ich immer wieder und überall in der Welt erzähle, ist der für mich zentrale Punkt: Es hätte keinen Intendanten in Berlin gegeben damals, und auch nicht woanders in der DDR, der in dieser Situation dieses Stück noch durchgekriegt hätte. Und mit einer Haltung für das Stück. Und das war das Allerwichtigste.

Ruth Berghaus: Na, da war aber auch der VIII. Parteitag und eine große Öffnung. Das darfst du nicht vergessen.

Heiner Müller: Auf diese objektiven Möglichkeiten allein kannst du dich nicht berufen. Denn die galten für alle. Wer aber hat sie genutzt? Und darauf kommt es an. Ich war ein paar Wochen vor der Premiere ins Ministerium für Kultur bestellt, und da war die Sache ganz klar. Da saßen zwei Beamte, und einer davon sagte zu mir, in *der* Partei, die du da beschreibst, möchte ich nicht sein. Und da sagte der andere: da mußt du austreten.

Ruth Berghaus: Nein, da hast du gesagt: Sie sind aber drin. So ist es mit Anekdoten.

Heiner Müller: Wie auch immer, das Gespräch fand nur statt, um mir mitzuteilen, daß das Stück so natürlich nicht geht. Das hast du auch schriftlich bekommen und ich auch. Und ohne dich wäre es nicht herausgekommen.

Ruth Berghaus: Ich wäre auch weggegangen. Mich interessierte ein Programm für das Berliner Ensemble, das ich als Intendantin hätte durchsetzen mögen. Der Stuhl allein war es wirklich nicht. Ich wollte ein Autorentheater, weil das Theater für einen und von einem Autoren gegründet war.

Heiner Müller: Ist klar, aber finde mal jemanden mit dieser Haltung. Das gibt es immer weniger, obgleich es immer leichter geworden ist nach dem VIII. Parteitag. Insofern hast du recht. Aber immer weniger Leute haben eine solche Haltung.

Ruth Berghaus: Nun darfst du auch nicht vergessen, daß die Zeit reif war, die Administration mußte nicht mehr eingreifen, weil die Leute bereits erzogen waren durch den Apparat. Und der Apparat setzt natürlich auch die Leute ein, die gehorsam sind.

Heiner Müller: Es gibt bei Lenin einen Satz: Je mehr ihr die Unbequemen und die Widerborstigen aus der Partei raushaltet, desto sicherer werdet ihr die Partei ruinieren. Das ist eine ganz alte Sache.

Sigrid Neef: Wie stellt ihr euch selbst aber zu Texten, die unbequem und widerborstig sind?

Ruth Berghaus: Es gibt bei Brecht den Satz, wenn eine Szene nicht funktioniert, so muß man das Nichtfunktionieren der Szene belassen. Und man muß die nächste Szene machen, keine falsche Logik hineinbringen, nichts angleichen. So ist es mit Texten generell auch in bezug auf ihren revolutionären Sinn, der ja auch eine Art Widerborstigkeit gegenüber der Realität ist. Das betrifft besonders Verdi. Ich glaube, bei ihm wird gegenwärtig und weltweit der revolutionäre Sinn durch Verlogenheit und Beschönigung herausgetrieben. Mit einer Ausnahme: Hans Neuenfels. Man macht sich schuldig, wenn man nichts dagegen tut.

Heiner Müller: Das ist ein ganz zentraler Punkt. Es gibt einen Satz von Gottfried Benn: »Wenn die Dichter tot sind./Das Werk ist zur Ruhe gekommen/und leuchtet in der Vollendung.« Es ist ein ambivalenter Satz. Einerseits ist es richtig, man übersieht das Werk nur vom Tod des Urhebers her, aber diese Übersicht ist dann auch eine Art Sargdeckel, es wird dann abgerundet, wird eine runde Sache, die man nun durch die Zeiten rollen kann. Und lebendig wird es nur, wenn es immer wieder zerbrochen wird in seine Teile. Die Teile setzen sich, wenn das Werk gut war, immer wieder neu und anders zusammen.

Ruth Berghaus: Das ist genau der Punkt bei Verdi.

Heiner Müller: Seine Werke sind ungeheuer lebendig, wenn man sie zerbricht und ausprobiert, wie sich die zerbrochenen Teile in dieser Situation jetzt neu zusammensetzen. Das einfachste Beispiel für das Zerbrechen einer Hülle ist noch immer der Orpheus-Mythos: Orpheus wird zerrissen, und die einzelnen Glieder – nach dem schönen lateinischen Spruch die »disjecta membrana poetas« – schwimmen im Fluß und jedes Teil singt weiter. Der Gesang ist nicht zu Ende, aber er ist ein anderer geworden.

Jedes neue Kunstwerk, wenn es eins ist, also auch jede neue Inszenierung verändert den Blick auf alle vorhergehenden Inszenierungen, verändert also auch die Sicht auf das Werk, das inszeniert wird. Und natürlich verstört das die meisten.

Ruth Berghaus: Das ist der Schmerz, die Angst vor der Veränderung.

Heiner Müller: Daher gibt es die Differenz zwischen Erfolg und Wirkung. Der Erfolg tritt ein, wenn die Wirkung vorbei ist. Und Wirkung besteht darin, daß kein Erfolg zustande kommt, ich meine jetzt Erfolg als eine allgemeine Harmonie des Publikums, die sich in einem Erlösungsapplaus entlädt.

Sigrid Neef: Insofern müßte man die Frage nach Erfolg und Wirkung bei Inszenierung relativ neuerer unbekannter Werke, wie zum Beispiel »Moses und Aron«, stellen und fragen, welcher Diskurs im Sinne von Michel Foucault damit aktiviert werden soll.

Abb. 208
Ruth Berghaus, Heiner Müller, Kulturminister Hans-Joachim Hoffmann, Premierenfeier »Zement« 1973 im Berliner Ensemble
Foto: Maria Steinfeldt

Heiner Müller: Das Problem hier ist, es geht um Prophetie und Politik. Die primitive Übersetzung für die DDR wäre: Müntzer und Luther, wie Moses und Aron. Ich weiß, daß das nicht stimmt, aber es trifft den Punkt: Prophetie, Utopie und Staat. Der Staat reduziert aus Existenzgründen automatisch jede Utopie. Der Staat ist keine moralische und keine vernünftige, er ist eine beschränkende Kategorie und insofern eine pragmatische im Sinne einer niederen Vernunft. Michel Foucaults These ist, daß das problematische Verhältnis zwischen Utopie und Staat durch zwei Diskurse – den jüdisch-christlichen und den römisch-staatlichen – immer wieder zur Sprache gebracht wird. Jede revolutionäre Bewegung verbindet sich zunächst mit dem jüdisch-christlichen Diskurs, er ist der revolutionäre, der prophetische. Doch dann, wenn die Bewegung gesiegt hat, geht sie über in den römisch-staatlichen Diskurs. Das einzige Modell von Staat in Europa ist nach wie vor Rom. Wenn du davon ausgehst, daß die einzige Methode, wie Kunst mit Geschichte umgehen kann, die archäologische ist, dann mußt du eine Schicht nach der anderen freilegen oder abtragen. Wenn du die eine Schicht abgetragen hast, fallen die Reste von der vorhergehenden herab, und je mehr Schichten du abträgst, desto mehr fällt von der oberen in die nächstfolgende. Du gräbst in einer Staubwolke. Es ist eine unendliche Beschäftigung, und du erhältst – das ist vielleicht der Vorteil von Kunst gegenüber Wissenschaft – nie eine reine Schicht. Der Vorgang des Ausgrabens ist immer mit anwesend. Nur dadurch hast du die Verbindung zwischen heute und damals, dem alten Stoff und dem heutigen Umgang.

Ruth Berghaus: Das ist schon klar, mich interessiert viel mehr, schon in bezug auf deine Arbeit mit »Lohndrücker«, denkst du daran, wie begreifen die Leute das?

Heiner Müller: Das muß mich doch zunächst überhaupt nicht interessieren. Was du begreifst, können auch Leute begreifen. Du bist doch kein Mensch außerhalb menschlicher Gemeinschaften. Mir fällt vielmehr schwer, beim Inszenieren genauso verantwortungslos und rücksichtslos zu handeln wie beim Schreiben.

Ruth Berghaus: Und wie funktioniert das beim Schreiben?

Heiner Müller: Beim Schreiben ist das eine absolut verantwortungslose Tätigkeit, der erste Satz erzwingt den letzten. Es ist ein Material da, in dem und mit dem ich mich bewege und das mich bewegt. Im Theater ist das schwerer. Das Störfeld ist hier sehr groß. Hier ist es schwierig, in den Wahnsinn zu kommen, in dem du produzieren kannst. Es gibt verschiedene Methoden, dieses Störfeld auszuschalten, aber es beginnt schon, wenn du siehst, daß einer etwas nicht versteht.

Ruth Berghaus: Wie macht es Robert Wilson?

Heiner Müller: Bei ihm ist es einfacher, weil er jede Inszenierung zeichnet. Die Schauspieler oder Sänger werden genau an den Platz gestellt, der ihnen in seinen Zeichnungen bestimmt ist.

Ruth Berghaus: Und wo hat er die Autorität her, daß die Schauspieler oder Sänger ihm in der Weise gehorchen?

Heiner Müller: Bekannt geworden ist Wilson durch ein Gastspiel in Paris und Aragons Brief an den toten André Breton, in dem er ihm mitteilt, hier habe sich der Traum von surrealistischem Theater, dem Theater als Maschine der Freiheit, erfüllt. Das ist übrigens ein schöner Begriff: Maschine und Freiheit, und wichtig, weil die Mechanisierung der Bewegung und Abläufe die Leute frei macht vom Detail. Das konnte Wilson nur entwickeln, weil er vom Tanz und von einer Theatertradition herkam, die die Widerstände gar nicht kennt, die wir haben.

Sigrid Neef: Keine Bebilderung von Texten, hingegen verschiedene Möglichkeiten, eine eigene Kunstwirklichkeit auf dem Theater zu schaffen. Erscheint da die Oper »Moses und Aron« nicht als ein exemplarisches Beispiel, fordert sie nicht geradezu auf, eine »neue Dimension« zu erfinden, daß der zentrale Gedanke, das zentrale Bild, Gott, abwesend anwesend ist und diese Abwesenheit Bewegung hervorbringt?

Ruth Berghaus: Dieses durch Abwesenheit mächtige Prinzip zu fassen, diese abstrakten, aber tätig wirkenden Gedanken, das könnte mit Tänzern gelingen. Sie sind immer um die Leute herum, beruhigen, berühren, beeinflussen, Tanz als eine dauernde Bewegung, die Verfestigung, Ordnung, Gleichmaß, Ruhe ständig stört und verhindert. So daß eine Sehnsucht entsteht nach diesen Wesen in Bewegung, daß sie dadurch auch dann anwesend sind, wenn sie auf der Bühne nicht präsent sind.

Heiner Müller: Das ist ganz wichtig. Es läßt sich keine Aufführung herstellen ohne die Kategorie der Abwesenheit. Das ist völlig in Vergessenheit geraten. Die vollständige Abdeckung der Welt mit Bildern ist eine Gewöhnung von verkommenen Fernsehsendungen und Filmen. Das Bilderverbot, ein Thema von »Moses und Aron«, ist hier ungeheuer interessant. Ein Ergebnis von Postmoderne ist: Vorwärts zum letzten Design. Die Welt wird ersetzbar durch Abbildung. Die Fotografie ist das Ende der Welt, Fotografie wird ein Ersatz für Wirklichkeit.

Man fährt nur nach Indien, um zu Hause die Dias zu zeigen. Das klingt ganz trivial, aber es hat mit diesem Bilderverbot zu tun. Die Abwesenheit Gottes ist seine Macht.

Ruth Berghaus: Nun ist eine solche Abwesenheit von Erfahrbarem wirklich in der Welt vorhanden.

Heiner Müller: Moses, Marx, Freud, Einstein – das sind vier Pioniere der Abwesenheit. Moses – die Abwesenheit Gottes durch das Bilderverbot, Marx – die Abwesenheit eines gesellschaftlichen Endzustandes durch die Utopie des Kommunismus, Freud – die Abwesenheit des Wesentlichen, des Unbewußten, des Verdrängten und Einstein – die Relativitätstheorie, die Abwesenheit der eigentlichen Raum-Zeit-Relation. Das sind vier Formulierungen des Bilderverbots. Damit hängt es zusammen, daß es unmöglich war, die Oper zu vollenden. Sie hätte dann einen Rahmen bekommen, wäre zum Bild geworden. Auch bei Schönberg gibt es diese Hemmung vor dem Bild, dem Bild als Beerdigung von Wirklichkeit und Prozeßhaftem. Auch bei Picasso ist dieser Widerstand gegen das Bild, vor allem gegen den Rahmen zu beobachten.

Was man von dir erwartet, ist, daß du der Sache einen Rahmen gibst, damit jeder weiß, was er davon zu halten hat. Aber genau das geht nicht.

Ruth Berghaus: Man müßte mit den Mitteln wuchern.

Heiner Müller: Ja, du kannst den Rahmen vermeiden, wenn du anfängst, ein Bild zu entwerfen, und bevor das wirklich gesehen wird, bringst du das nächste, als Übermalung, so kommt nie ein Bild zu Ende, das einen Rahmen bekommt. Das meinst du doch mit Inflation der Mittel. Das Modell dafür – das ist jetzt nicht von mir, das haben kluge Leute darüber befunden – ist »Bildbeschreibung«. Deswegen heißt es auch so. Da wird immer ein Bild angefangen und dann kommt ein anderes, was das alte auflöst oder in Frage stellt. Es kommt nie ein Bild zustande, das du wirklich mit nach Hause nehmen kannst.

Sigrid Neef: Aber das ist genau die Erwartung, es mit nach Hause nehmen zu können.

Heiner Müller: Ja, das ist die erkennungsdienstliche Behandlung von Kunst, das ist die Erwartung. Es hat etwas mit Wirkung zu tun. Erfolg ist, wenn die Leute sich zurücklehnen und sagen: Jetzt haben wir etwas erfahren, jetzt wissen wir, was gemeint war, und es war schön.

Sigrid Neef: Das ist klar, aber was ist Wirkung?

Heiner Müller: Wenn sie nicht wissen, was los war.

Sigrid Neef: Man könnte denken, das sei zynisch gemeint.

Heiner Müller: Nein, nicht ganz. Wenn sie nach Hause gehen, und wenn sie dann noch nach 14 Tagen, in der Straßenbahn zum Beispiel, plötzlich denken: Was war denn da, das habe ich nicht kapiert. Wirkung bedeutet Langzeitwirkung anstelle dieser kurzzeitigen Übereinstimmung, die Erfolg heißt. Wirkung ist es insofern, weil es dann wirklich ins Leben eingreift, weil es die Leute länger beschäftigt.

Sigrid Neef: Dieses Inszenieren in mehreren Schichten ist dann auch eine Übersetzung des Bilderverbotes.

Heiner Müller: Ja, ein Bild ist auch immer eine Verdrängung von anderen Bildern, ein Zudecken der anderen. Wieso habe ich das Recht, gerade dieses Bild auszuwählen und damit ein anderes zuzudecken? Das hat auch etwas mit Selektion zu tun. Die Judenverfolgung ist die Gegenbewegung zum Bilderverbot. Auschwitz wäre nicht möglich, ohne ein Bild vom Juden. Man muß ein Bild von etwas haben, bevor man es zerstören kann.

Ruth Berghaus: Ja, ein Bild ist zerstörbar.

Heiner Müller: Musik ist kein Bild, Musik ist Denken über Bilder.

Zeuthen, 4. 10. 1987

Abb. 209
»Moses und Aron«
Ruth Berghaus mit den Bühnentechnikern der Deutschen Staatsoper Berlin, 1987
(Striemer, Hoffmann, Worm, Jurmann, Pohl, Henze, Münster, Porsch, Schulzig, Schwarz, Konopatzki, Wetzel, Glas, Achtenberg, Haase, Schatta, Schniegler, Fischer, Marauts, Finke, Biesecke, Mühlhause)
Foto: Maria Steinfeldt

Abb. 210
»Moses und Aron«
Deutsche Staatsoper Berlin, 1987
Aron: Reiner Goldberg, Chor der Deutschen Staatsoper Berlin
Foto: Marion Schöne

Abb. 211
»Die Trojaner«
I. Akt
Kassandra: Anja Silja,
Choroebus, ihr Verlobter:
Barry Mora
Foto: Mara Eggert

Abb. 212
II. Akt
Kassandra: Anja Silja, r.
Foto: Mara Eggert

Abb. 213
»Die Verurteilung des Lukullus«
Deutsche Staatsoper Berlin, 1983
Lukullus: Reiner Goldberg,
Totenrichter: Konrad Rupf,
König: Fritz Hübner,
Bauer: Peter Olesch,
Bäcker: Peter Menzel,
Fischweib: Uta Priew,
Kinderchor der Deutschen
Staatsoper Berlin
Foto: Marion Schöne

Abb. 214, 215
»Fierrabras«
Theater an der Wien, 1988
Arnold-Schönberg-Chor
Fotos: Doris Demmer

Abb. 216–218
»Orpheus«
Staatsoper Wien, 1986
Orpheus: Christian Tichy,
Apollo: Harald Kern,
Hades: Heinz Heidenreich,
Persephone: Jolantha Seyfried
Fotos: Axel Zeininger

Abb. 219–221
»Orpheus«
Staatsoper Wien, 1986
Orpheus: Christian Tichy,
Apollo: Harald Kern,
Hades: Heinz Heidenreich,
Persephone: Jolantha Seyfried
Fotos: Axel Zeininger

Abb. 222
»Parsifal«
Oper Frankfurt, 1982
I. Akt
Gurnemanz: Manfred Schenk,
Parsifal: Walter Raffeiner
Kundry: Gail Gilmore, v. l. n. r.
Abb. 223
II. Akt
Kundry: Gail Gilmore,
Parsifal: Walter Raffeiner
Fotos: Maria Steinfeldt

Abb. 224
»Die Sache Makropulos«
Oper Frankfurt, 1982
Emilia Marty: Anja Silja
Foto: Mara Eggert

Abb. 225
»Die Entführung aus dem Serail«
Oper Frankfurt, 1981
Bassa Selim: Edgar M. Böhlke,
Konstanze: Faye Robinson,
Chor der Oper Frankfurt
Foto: Mara Eggert

Abb. 226
»Das Rheingold«
Deutsche Staatsoper Berlin, 1979
Wotan: Siegfried Vogel,
Fricka: Ute Trekel-Burckhardt
Foto: Marion Schöne

# Anhang

## Biographischer Abriß

Ruth Berghaus wurde am 2. Juli 1927 in Dresden geboren. Der Vater starb ein Vierteljahr nach ihrer Geburt.

Sie studierte nach dem Abitur Tanzregie und Tanzpädagogik bei Gret Palucca (Aufnahme des Studiums im April 1947, Juli 1950 Abschluß als Tanzregisseurin, laut Prüfungszeugnis »eine einfallsreiche Tanzregisseurin von großer Eigenwilligkeit [...] mit einer Neigung zum Experimentieren, die ihren Willen zum neuartigen Gestalten ausdrückt«).

1950 begann ihre praktische Theaterarbeit mit der Choreographie in einer Inszenierung von Richard Mohaupts »Die Bremer Stadtmusikanten« am Kleinen Haus der Staatstheater Dresden. 1951 verpflichtete sie Hans Rodenberg ans Theater der Freundschaft in Berlin.

Von 1951 bis 1953 war sie Meisterschülerin von Gret Palucca und Wolfgang Langhoff an der Akademie der Künste in Berlin. 1952 engagierte sie Wolfgang Langhoff ans Deutsche Theater.

Als Choreographin arbeitete sie in Schauspiel, Oper, Film und Kabarett – an der Palucca-Schule, dem Deutschen Theater, der Komischen Oper und der Deutschen Staatsoper Berlin. Sie lernte in dieser Zeit die Inszenierungen von Walter Felsenstein und Bertolt Brecht an der Komischen Oper Berlin beziehungsweise am Berliner Ensemble kennen. Für ihre weitere Entwicklung wurde die Begegnung mit Brechts Werk und Theaterarbeit entscheidend.

1954 heiratete sie Paul Dessau und wurde beider Sohn Maxim geboren.

Zwischen 1958 und 1963 entstanden für die Palucca-Schule vier Choreographien, zu denen sie auch selbst die Szenarien geschrieben hatte. Paul Dessau vertonte drei davon: »Die den Himmel verdunkeln, sind unsere Feinde« 1958, »Flug zur Sonne« 1959 und »Hände weg!« 1962. »Das Katzenhaus« 1963 wurde von Reiner Bredemeyer in Musik gesetzt.

1964 eroberte die junge Dresdnerin quasi über Nacht die Berliner Theaterszene, wurde ihr Name mit der Einstudierung der Schlacht-Szenen in der »Coriolan«-Inszenierung am Berliner Ensemble national wie international bekannt.

1964 erfolgte ein Engagement als Regieassistentin und Choreographin, 1967 als Regisseurin ans Berliner Ensemble. Hier inszenierte sie 1968 den »Viet-Nam-Diskurs« von Peter Weiss. 1970 wurde sie Stellvertretende Intendantin und im gleichen Jahr als Außerordentliches Mitglied in die Akademie der Künste der DDR aufgenommen. Im April 1971 starb Helene Weigel. Zur Nachfolgerin hatte sie Ruth Berghaus bestimmt.

Mit Ruth Berghaus' Intendanz begann ein neuer Abschnitt des Berliner Ensembles. Ihr Programm: Ein vielseitiges Repertoire weltliterarisch bedeutender Stücke. Das schloß die Aufführung neuer Werke, die Förderung zeitgenössischer Autoren und junger Regisseure ebenso ein wie die kontinuierliche Brecht-Pflege, damit die Erprobung neuer ästhetischer Prinzipien und die Erweiterung der alten Methoden. Als Regisseurin brachte Ruth Berghaus unter anderem Heiner Müllers Schauspiel »Zement« 1973 zur Uraufführung, inszenierte sie als DDR-Erstaufführung Brechts frühes Stück »Im Dickicht der Städte« 1971 und die Erstfassung »Die Mutter« 1974.

Ruth Berghaus' Arbeiten in Oper und Schauspiel wirkten anregend für beide Gattungen. Es bedeutete für Schauspieler stärkere rhythmische wie musikalische Präzisierung der Kunstmittel und für Sänger stärkere Differenzierung und bewußt unterschiedliche Handhabung der an Oper beteiligten Kunstmittel.

Die Intendanz von Ruth Berghaus endete 1977. Sie wurde von Manfred Wekwerth abgelöst.

Seit 1977 an der Deutschen Staatsoper engagiert, kamen hier in ihrer Regie, bis auf »Die Verurteilung des Lukullus«, alle Opern Paul Dessaus zur Uraufführung: »Puntila« 1966, »Lanzelot« 1969, »Einstein« 1974 sowie »Leonce und Lena« 1979.

Ruth Berghaus' Arbeiten brachten der Kunstform Oper eine Erweiterung der Mittel, die Auseinandersetzung zwischen Bühne und Publikum, fand doch hier der groß angelegte Versuch statt, Prinzipien eines epischen Theaters für die Opernbühne zu erproben.

Seit 1972 Ordentliches Mitglied der Akademie der Künste der DDR, gehörte Ruth Berghaus von 1978 bis 1982 als Sekretär der Sektion Darstellende Kunst dem Präsidium der Akademie an. Sie ist Redaktionsmitglied bei *Sinn und Form*.

Das Wort »Szenische Metapher« wurde auf die Regie von Ruth Berghaus Mitte der 70er Jahre das erste Mal angewandt. Es war in den Diskussionen um die Inszenierungen von Brechts »Die Mutter« und Dessaus Oper »Einstein« geprägt worden. Doch ist die Metapherntechnik bereits früher, so in den Inszenierungen der »Elektra« 1967, des »Barbiers von Sevilla« 1968 und des »Freischütz'« 1974 an der Deutschen Staatsoper Berlin, ausgebildet worden. Der Begriff Szenische Metapher erhellte, daß an Brechts Prinzip der Trennung und Selbständigkeit der Elemente angeknüpft worden war und zugleich eine Weiterführung stattgefunden hatte.

Eine langjährige intensive Beschäftigung mit den Werken Mozarts und Wagners begann mit den Inszenierungen von »La clemenza di Tito« 1978 und »Das Rheingold« 1979 an der Deutschen Staatsoper Berlin.

Die Einstudierungen von »Die Entführung aus dem Serail« (hierfür schuf die Regisseurin auch das Bühnenbild) 1981, »Parsifal« 1982, »Die Trojaner« 1984, sowie der Ring-Tetralogie 1985 bis 1987 an der Oper Frankfurt am Main, aber auch »Don Giovanni« in Cardiff 1984 und Berlin 1985 zählen zu den herausragenden Neuentdeckungen dieser Opernwerke.

Seit 1980 arbeitete die Regisseurin kontinuierlich mit dem Dirigenten und Komponisten Michael Gielen an der Oper Frankfurt zusammen.

Michael Gielen leitete die Frankfurter Oper zehn Jahre lang. Zu den gemeinsamen Arbeiten beider zählen, außer den genannten, »Die Zauberflöte« 1980, »Die Sache Makropulos« 1982 und »Die Trojaner« 1984 sowie »Der Ring des Nibelungen« 1985–1987.

Im Juni 1987 verabschiedete sich das Team mit einer Vorstellung der »Götterdämmerung« von seiner zehnjährigen Frankfurter Arbeit und wurde vom Frankfurter sowie einem internationalen Publikum mit siebzigminütigen Ovationen gefeiert.

Das Besondere dieser Frankfurter Arbeiten war: Bekannte und unbekannte Opernwerke wurden ohne Rück-Sicht auf Vor-Urteile befragt, erkannt und dargestellt.

1986 kehrte Ruth Berghaus mit der Choreographie von Hans Werner Henzes Ballett »Orpheus« an der Staatsoper Wien gleichsam zu den Ursprüngen ihrer künstlerischen Existenz zurück, und mit der Uraufführung von Siegfried Matthus' »Die Weise von Liebe und Tod des Cornets Christoph Rilke« 1985 zur Eröffnung der Semperoper in ihre Heimatstadt Dresden. Seither inszeniert sie hier regelmäßig gastweise, zuletzt die »Elektra« 1986.

Zu den Mitarbeitern, die längere Zeit mit ihr zusammenarbeiteten und die visuelle Seite ihrer Inszenierungen mit bestimmten, gehören als Bühnenbildner Achim Freyer, Andreas Reinhardt, Hans Dieter Schaal, Erich Wonder und Axel Manthey. Marie-Luise Strandt arbeitet seit 1978 kontinuierlich als Kostümbildnerin, zeitweilig auch als Bühnenbildnerin, für Ruth Berghaus. An Dirigenten sind neben Michael Gielen, Otmar Suitner, Christoph von Dohnányi und Claudio Abbado für das musikalische Profil wesentlich geworden.

An dramaturgischen Mitarbeitern bezieht sie seit ihrer Intendanz am Berliner Ensemble immer wieder den Dichter Karl Mickel ein, konsultierte sie den Philosophen Wolfgang Heise, arbeitete sie mit dem Frankfurter Chefdramaturgen Klaus Zehelein, seit 1979 mit der Berliner Musikwissenschaftlerin und Staatsoperndramaturgin Sigrid Neef zusammen.

Sänger wie Theo Adam oder Peter Schreier haben bereits in den ersten Operneinstudierungen an der Lindenoper, so in der »Elektra« 1967 und im »Barbier von Sevilla« 1968, gesungen und waren seither immer wieder in ihren Inszenierungen präsent. So sang Peter Schreier den Almaviva im »Barbier«, die Titelpartie im »Titus« 1978, dirigierte er den »Idomeneo« 1981. Theo Adam wurde der erste Interpret des Einstein in Paul Dessaus gleichnamiger Oper 1974, und er gab in der Berliner und Dresdner Einstudierung der »Elektra« 1967 und 1986 den Orest, 1987 den Moses in der Staatsoperneinstudierung von Arnold Schönbergs Werk. Zwei Heldentenöre, auf die Ruth Berghaus setzt und mit denen sie außerordentlich gern zusammenarbeitet, sind Reiner Goldberg und William Cochran, die bei den Einstudierungen mit Ruth Berghaus entgegen verbreiteten anderslautenden Meinungen als Sänger wie als Darsteller brillieren.

Mit Catarina Ligendza als Brünnhilde, Anja Silja als Emilia Marty, Kassandra und Marie (»Wozzeck«), Ute Vinzing als Elektra oder Teresa Stratas als Lulu ergaben sich enge künstlerische Kontakte, kam es zu herausragenden Kunstleistungen und Figurengestaltungen.

Ein Sänger wie Eberhard Büchner hat von Beginn seiner Opernlaufbahn an, noch als Mitglied des Opernstudios, mit Ruth Berghaus zusammengearbeitet und in den meisten ihrer Staatsoperninszenierungen mitgewirkt. Ähnliches gilt für Carola Nossek und auf internationaler Ebene für June Carde. Alle drei sind Sänger einer jüngeren Generation, deren Qualitäten nicht nur im Sängerischen und Darstellerischen liegen, die auch mit ihrer Aufgeschlossenheit den Prinzipien von Ruth Berghaus' Regiearbeit gegenüber in die jeweiligen Ensembles hineingewirkt haben.

Enge Kontakte verbinden Ruth Berghaus von jeher mit dem Staatsopernchor, dessen legendär gewordenen sängerischen und darstellerischen Fähigkeiten sie zu nutzen und von Anfang an herauszufordern verstand.

Ähnliches gilt auch für ihre Beziehungen zu den Musikern der Staatskapelle Berlin, die sich seit der »Elektra«-Inszenierung, vor allem aber mit den Dessau-Uraufführungen für die Regisseurin Berghaus engagierten, allen voran der Konzertmeister Egon Morbitzer, aber auch einzelne Musiker, wie die Cellisten Karl Heinz Schröter und Horst Krause, die Mitglieder der Bläservereinigung Berlin, Hermann Wolfframm und Dieter Hänchen, allesamt Musiker, die für die Neue Musik eintreten.

Ruth Berghaus war in den letzten zwanzig Jahren, sieht man von ihren Berliner Inszenierungen am Theater im Palast (1977: »Heines letzte Liebe«, 1980: »Stella«) einmal ab, vorwiegend als Opernregisseurin tätig. Sie hat in dieser Zeit das Profil der Gattung auf den Bühnen der Welt wesentlich mitbestimmt. Dazu gehört nicht zuletzt der triumphale Erfolg der »Wozzeck«-Einstudierung 1985 an der Grand Opéra Paris.

Charakteristisch wurden die starke diskursive Qualität ihrer Fabelfindungen, das Herausarbeiten vorantreibender Widersprüche und der entfaltete Beziehungsreichtum aller an Theater beteiligten Künstler und Künste.

## Auszeichnungen, Preise, Mitgliedschaften

Friedensmedaille der Stadt Dresden für das Ballett »Die den Himmel verdunkeln, sind unsere Feinde« 1959 und Kunstpreis der FDJ/Erich-Weinert-Medaille 1960; Ehrennadel des Ministeriums für Kultur für die Inszenierungen »Der Jasager und Der Neinsager« 1966 und für »Die Horatier und die Kuriatier« 1969; Kritikerpreise der Berliner Zeitung für die Inszenierungen »Lanzelot« (Deutsche Staatsoper Berlin) 1970, »Im Dickicht der Städte« 1971 und »Zement« 1972 am Berliner Ensemble, »Einstein« 1974, »La clemenza di Tito« 1978 (beide Deutsche Staatsoper Berlin); Feliks-Dzierzynski-Preis für »Wolokolamsker Chaussee« am Berliner Ensemble 1972; Vaterländischer Verdienstorden in Silber 1973; Nationalpreis II. Klasse 1974; Ehrennadel des Ministeriums für Volksbildung der DDR 1974; mehrere Male Aktivist der sozialistischen Arbeit bzw. Medaille für ausgezeichnete Leistungen an der Deutschen Staatsoper Berlin; Goethe-Preis der Hauptstadt der DDR Berlin 1977 und 1980; Preis der Dresdner Musikfestspiele für die Inszenierung und das Gastspiel »La clemenza di Tito« 1979; Johannes-R.-Becher-Medaille in Gold 1980; Kollektivpreis im Hans-Otto-Wettbewerb 1980 für »Leonce und Lena«; Kollektivpreis und Einzelpreis im Hans-Otto-Wettbewerb 1984 für »Die Verurteilung des Lukullus«; Berufung zum Außerordentlichen Professor 1986; Nationalpreis I. Klasse 1987; Konrad-Wolf-Preis der Akademie der Künste der DDR 1988

Mitglied der SED seit 1962; 1978–1982 Sekretär der Sektion Darstellende Kunst der Akademie der Künste der DDR; Mitglied des Vorstandes des Verbandes der Theaterschaffenden der DDR; Mitglied des Direktoriums des Zentrums der DDR des ITI

## Choreographien und Inszenierungen

6.12.1950
Die Bremer Stadtmusikanten
von Richard Mohaupt
Staatliche Akademie für Musik und Theater im Kleinen Haus der Staatstheater Dresden
D: Siegfried Kurz
R: Joachim Herz
A: Volker Steinmüller
Ch: Ruth Berghaus

29.9.1951
Rigoletto
von Giuseppe Verdi
Landesbühnen Sachsen
D: Günther Schubert
R: Joachim Herz
B: Volker Steinmüller
Ch: Ruth Berghaus

26.10.1953
Die Hochzeit des Jobs
von Joseph Haas
Komische Oper Berlin
D: Meinhard von Zallinger
R: Joachim Herz
A: Sandberg-Kollektiv
Ch: Ruth Berghaus

5.5.1956
Mann und Frau im Essigkrug
Kinderoper in 6 Bildern
von Joachim-Dietrich Link
Theater der Freundschaft Berlin
D: Fritz Steinmann
R: Hans-Dieter Schmidt
A: Paul Pilowski
Ch: Ruth Berghaus

16.9.1956
Das Tierhäuschen
Märchenspiel von Samuel Marschak
Musik von Fritz Steinmann
Theater der Freundschaft Berlin
D: Reiner Bredemeyer
R: Hans-Dieter Schmidt
B: Hans-Dieter Schmidt und Horst Landowski
Ch: Ruth Berghaus

29.9.1956
Schwanda, der Dudelsackpfeifer
Volksstück von Josef Kajetan Tyl
Theater der Freundschaft Berlin
R: Josef Stauder
A: Jan Sladek
Tanzregie: Ruth Berghaus

15.9.1957
Der Lügner
Komödie von Carlo Goldoni
Theater der Freundschaft Berlin
R: Rudolf Wessely
Tanzregie: Ruth Berghaus

26.3.1958
Cavalleria rusticana/Pietro Mascagni
Der Bajazzo/Ruggiero Leoncavallo
Städtische Theater Leipzig/Opernhaus Dreilinden
D: Heinz Fricke
R: Joachim Herz
A: Max Elten
Ch: Ruth Berghaus

1958
Die den Himmel verdunkeln, sind unsere Feinde
Tanzszenen
Musik Paul Dessau (in Zusammenarbeit mit Reiner Bredemeyer)
Szenarium von Ruth Berghaus, Jens Gerlach, Joachim Tenschert
Uraufführung Palucca-Schule Dresden
Choreographie und Ausstattung: Ruth Berghaus

1959
Flug zur Sonne
Tanzszenen
Musik Paul Dessau (in Zusammenarbeit mit Reiner Bredemeyer)
Szenarium von Ruth Berghaus
Uraufführung Palucca-Schule Dresden
Ch: Ruth Berghaus
A: Achim Freyer

10.2.1960
Die Verurteilung des Lukullus
Oper von Paul Dessau
Deutsche Staatsoper Berlin
D: Hans Löwlein
R: Ruth Berghaus/Erhard Fischer
B: Hainer Hill
K: Christine Stromberg

6.10.1960
Die Verurteilung des Lukullus
Oper von Paul Dessau
Städtische Bühnen Mainz
D: Albert Grünes
A: Hermann Scherr

8.7.1961
Die Verurteilung des Lukullus
Oper von Paul Dessau
Volkstheater Rostock
D: Günter Lang
B: Willi Schröder
K: Waltraut Damm

1962
Hände weg!
Tanz-Essay
Musik Paul Dessau
Szenarium Ruth Berghaus
Uraufführung Palucca-Schule Dresden
Ch: Ruth Berghaus
A: Achim Freyer

15.9.1964
Coriolan
von William Shakespeare in der
Bearbeitung von Bertolt Brecht/Bühnenfassung des BE
Musik Paul Dessau
R: Manfred Wekwerth/Joachim Tenschert
A: Karl von Appen
Einstudierung der Schlacht-Szenen: Ruth Berghaus

1964
Das Katzenhaus
Tanzszenen nach Jewgeni Schwarz
Musik Reiner Bredemeyer
Szenarium Ruth Berghaus
Uraufführung Palucca-Schule Dresden
Ch: Ruth Berghaus
A: Achim Freyer

25.12.1964
Der fliegende Holländer
von Richard Wagner
DEFA-Film
Db: Joachim Herz, Harald Horn
Kam: Erich Gusko
D: Rolf Reuter
Ch: Ruth Berghaus

13.9.1965
Die Verurteilung des Lukullus
Oper von Paul Dessau
Deutsche Staatsoper Berlin
D: Herbert Kegel
B: Gustav Hoffmann
K: Christine Stromberg

18.4.1966
Der Jasager und Der Neinsager
Schulopern von Bertolt Brecht und Kurt Weill
Maxim-Gorki-Theater mit der 2. Erweiterten
Oberschule Berlin-Mitte
D: Oberlehrer Gerhardt Plüschke

15.11.1966
Puntila
Oper von Paul Dessau
Uraufführung
Deutsche Staatsoper Berlin
D: Otmar Suitner
A: Andreas Reinhardt

17.2.1967
Elektra
Oper von Richard Strauss
Deutsche Staatsoper Berlin
D: Otmar Suitner
A: Andreas Reinhardt

10.4.1968
Viet-Nam-Diskurs
Schauspiel von Peter Weiss
Musik Paul Dessau
Berliner Ensemble
A: Andreas Reinhardt

21.11.1968
Der Barbier von Sevilla
Komische Oper von Gioacchino Rossini
Deutsche Staatsoper Berlin
D: Otmar Suitner
A: Achim Freyer

19.12.1969
Lanzelot
Oper von Paul Dessau
Uraufführung
Deutsche Staatsoper Berlin
D: Herbert Kegel
A: Andreas Reinhardt

4.7.1970
Der Freischütz
Romantische Oper von Carl Maria von Weber
Deutsche Staatsoper Berlin
D: Otmar Suitner
A: Andreas Reinhardt

28.1.1971
Im Dickicht der Städte
von Bertolt Brecht
DDR-EA
Berliner Ensemble
A: Andreas Reinhardt

15.6.1971
Die Gewehre der Frau Carrar
von Bertolt Brecht
Berliner Ensemble
A: Ilona Freyer

1.2.1972
Wolokolamsker Chaussee
nach Alexander Bek
von Karl Mickel
Uraufführung
Berliner Ensemble
Co-Regie: Andreas Reinhardt
A: Andreas Reinhardt

3.10.1972
Omphale
Komödie von Peter Hacks
Berliner Ensemble
A: Andreas Reinhardt

12.10.1972
Zement
von Heiner Müller
Musik Paul Dessau
Uraufführung
Berliner Ensemble
A: Andreas Reinhardt

20.6.1973
Brecht Abend Nr. 7
Mutter-Kantate
Berliner Ensemble

16.2.1974
Einstein
Oper von Paul Dessau
Uraufführung
Deutsche Staatsoper Berlin
D: Otmar Suitner
A: Andreas Reinhardt

18.10.1974
Die Mutter
Leben der Revolutionärin Pelageja Wlassowa von Bertolt Brecht
Musik Hanns Eisler
Berliner Ensemble
A: Andreas Reinhardt

26.11.1974
Der Barbier von Sevilla
Komische Oper von Gioacchino Rossini
Bayerische Staatsoper München
D: Silvio Varviso
A: Andreas Reinhardt

13.7.1975
Die Fledermaus
Komische Operette von Johann Strauß
Deutsche Staatsoper Berlin
D: Otmar Suitner
A: Andreas Reinhardt

12.3.1976
Der Sommerbürger
Komödie von Helmut Baierl
Uraufführung
Berliner Ensemble
A: Lothar Scharsich

11.10.1977
Heines letzte Liebe
Stück von Günter Kaltofen und Hans Pfeiffer
Uraufführung
Theater im Palast
A: Wolf R. Eisentraut/Eva Sagert

28.5.1978
La clemenza di Tito
Dramma per musica von Wolfgang Amadeus Mozart
Deutsche Staatsoper Berlin
D: Wolfgang Rennert
A: Marie-Luise Strandt

23.9.1979
Das Rheingold
Vorabend zum Bühnenweihfestspiel »Der Ring des Nibelungen«
von Richard Wagner
Deutsche Staatsoper Berlin
D: Otmar Suitner
A: Marie-Luise Strandt

24.11.1979
Leonce und Lena
Oper von Paul Dessau
Uraufführung
Deutsche Staatsoper Berlin
D: Otmar Suitner
A: Marie-Luise Strandt

4.5.1980
Die Zauberflöte
Eine deutsche Oper von Wolfgang Amadeus Mozart
Oper Frankfurt
D: Michael Gielen
A: Marie-Luise Strandt

5.10.1980
Elektra
Oper von Richard Strauss
Nationaltheater Mannheim
D: Wolfgang Rennert
A: Marie-Luise Strandt

14.12.1980
Stella
von Johann Wolfgang von Goethe
Theater im Palast
A: Marie-Luise Strandt/Hans Hedström

5.5.1981
Idomeneo
Dramma per musica von Wolfgang Amadeus Mozart
Deutsche Staatsoper Berlin
D: Peter Schreier
A: Marie-Luise Strandt

5.7.1981
La clemenza di Tito
Dramma per musica von Wolfgang Amadeus Mozart
Nationaltheater Mannheim
D: Wolfgang Rennert
A: Marie-Luise Strandt

2.12.1981
Die Entführung aus dem Serail
Singspiel von Wolfgang Amadeus Mozart
Oper Frankfurt
D: Michael Gielen
B: Ruth Berghaus/Max von Vequel
K: Marie-Luise Strandt

28.3.1982
Die Sache Makropulos
Oper von Leoš Janáček
Oper Frankfurt
D: Michael Gielen
B: Erich Wonder
K: Nina Ritter

30.5.1982
Salome
Musikdrama von Richard Strauss
Nationaltheater Mannheim
D: Wolfgang Rennert
A: Marie-Luise Strandt

28.11.1982
Parsifal
Ein Bühnenweihfestspiel von Richard Wagner
Oper Frankfurt
D: Michael Gielen
A: Axel Manthey

5.2.1983
Cenerentola/Aschenputtel
Dramma giocoso von Gioacchino Rossini
Deutsche Staatsoper Berlin
D: Ernst Märzendorfer
A: Marie-Luise Strandt

11.9.1983
Die Verurteilung des Lukullus
Oper von Paul Dessau
Deutsche Staatsoper Berlin
D: Hartmut Haenchen
B: Hans-Joachim Schlieker
K: Marie-Luise Strandt

18.12.1982
Die Trojaner
Große Oper in fünf Akten von Hector Berlioz
Oper Frankfurt
D: Michael Gielen
B: Hans Dieter Schaal
K: Nina Ritter

15.9.1984
Wozzeck
Oper von Alban Berg
Deutsche Staatsoper Berlin
D: Siegfried Kurz
B: Hans Dieter Schaal
K: Marie-Luise Strandt

27.10.1984
Don Giovanni
Dramma giocoso von Wolfgang Amadeus Mozart
Welsh National Opera Cardiff
D: Charles Mackerras
A: Marie-Luise Strandt

16.2.1985
Die Weise von Liebe und Tod des Cornets Christoph Rilke
Eine Opernvision von Siegfried Matthus
Uraufführung
Semperoper Dresden
D: Hartmut Haenchen
A: Hans-Joachim Schlieker
K: Marie-Luise Strandt

27.3.1985
Wozzeck
Oper von Alban Berg
Grand Opéra Paris
D: Christoph von Dohnanyi
B: Hans Dieter Schaal
K: Marie-Luise Strandt

23.5.1985
Cosi fan tutte
Dramma giocoso von Wolfgang Amadeus Mozart
Freiburger Theater
D: Eberhard Kloke
B: Ruth Berghaus/Max von Vequel
K: Marie-Luise Strandt

13.10.1985
Don Giovanni
Dramma giocoso von Wolfgang Amadeus Mozart
Deutsche Staatsoper Berlin
D: Otmar Suitner
A: Marie-Luise Strandt

7.12.1985
Das Rheingold
Vorabend zum Bühnenfestspiel »Der Ring des Nibelungen«
von Richard Wagner
Oper Frankfurt
D: Michael Gielen
A: Axel Manthey

1.5.1986
Die Walküre
von Richard Wagner
Oper Frankfurt
D: Michael Gielen
A: Axel Manthey

20. 6. 1986
Orpheus
Ballett von Hans Werner Henze
Österreichische Erstaufführung
Staatsoper Wien
D: Ulf Schirmer
B: Hans Dieter Schaal
K: Marie-Luise Strandt

15. 7. 1986
Elektra
Oper von Richard Strauss
Semperoper Dresden
D: Hartmut Haenchen
B: Hans Dieter Schaal
K: Marie-Luise Strandt

9. 11. 1986
Siegfried
Zweiter Tag der Tetralogie
von Richard Wagner
Oper Frankfurt
D: Michael Gielen
A: Axel Manthey

8. 3. 1987
Götterdämmerung
Dritter Tag der Tetralogie
von Richard Wagner
Oper Frankfurt
D: Michael Gielen
A: Axel Manthey

13. 12. 1987
Moses und Aron
Oper in drei Akten von Arnold Schönberg
Deutsche Staatsoper Berlin
D: Friedrich Goldmann
B: Hans Dieter Schaal
K: Marie-Luise Strandt

30. 1. 1988
Lulu
Oper von Alban Berg
National Opéra Théâtre de la Monnaie Bruxelles
D: Sylvain Cambreling
B: Hans Dieter Schaal
K: Marie-Luise Strandt
Film: Maxim Dessau

13. 3. 1988
Tristan und Isolde
Musikdrama von Richard Wagner
Staatsoper Hamburg
D: Zoltan Pesco
B: Hans Dieter Schaal
K: Marie-Luise Strandt

8. 5. 1988
Fierrabras
Heroisch-romantische Oper von Franz Schubert
Eröffnung der Wiener Festwochen 1988
Theater an der Wien
D: Claudio Abbado
B: Hans Dieter Schaal
K: Marie-Luise Strandt

23. 8. 1988
Histoire du soldat
von Igor Strawinsky
Konzertsaal des Hotels »Laudinella« St. Moritz
D: Claudio Abbado
A: Marie-Luise Strandt

23. 5. 1989
Così fan tutte
Dramma giocoso von Wolfgang Amadeus Mozart
Staatsoper Berlin
D: Olaf Henzold
A: Peter Schubert

# Ruth Berghaus zu ihren Inszenierungen und zu ihrer Ästhetik

Auswahl

Ruth Berghaus: Wie die Tanzszenen »Zugvögel« entstanden. In: Sonntag (Berlin) 9/1958

Regiekonzeption zu »Die Verurteilung des Lukullus«. Oper von Paul Dessau. In: Oper im Bild, hrsg. von der Deutschen Staatsoper Berlin, Berlin 5/1965

Regiekonzeption zu »Puntila«. Oper von Paul Dessau. Berlin 1966 (nicht publiziert)

Stichworte zur Regiekonzeption »Elektra« von Richard Strauss. In: Programmheft »Elektra«, hrsg. von der Deutschen Staatsoper Berlin, Berlin 1968

Diskussionsbeitrag. Brecht-Dialog 1968. Politik auf dem Theater. 9.–16. Februar 1968, Dokumentation, Berlin 1968

Zur Regiekonzeption »Der Barbier von Sevilla« von Gioacchino Rossini. Berlin 1968 (nicht publiziert)

Bemerkungen zu »Im Dickicht der Städte« von Bertolt Brecht vom 22.10.1969. In: Material zur Inszenierung. Archiv des Berliner Ensembles

Regiekonzeption zu »Der Freischütz« von Carl Maria von Weber. Berlin 1970 (nicht publiziert)

Diskussionsbeitrag während des »Dialogs am Abend« am 12.2.1971 in der Akademie der Künste der DDR zum Thema »Klassikerrezeption und epische Spielweise auf der Musikbühne«. Protokoll des Referats (Joachim Herz) und der Diskussion. Manuskript. Archiv der Sektion Darstellende Kunst der Akademie der Künste der DDR

»Brecht – warum – Kennzeichen und Aktualität von Brecht-Aufführungen heute.« Diskussionsgrundlage zur Convegna der 7. Rassegna Internazionale dei teatri stabili vom 16.–18. April 1971 in Florenz. In: Studien zur Theorie und Praxis des sozialistischen Theaters 2/1971. Beilage zu Theater der Zeit (Berlin), 8/1971

Das Berliner Ensemble an Helene Weigel. In: Theater der Zeit (Berlin), 8/1971

Regisseure antworten (Wir fragten 11 Regisseure unserer Republik nach ihrem Verhältnis zu Bertolt Brecht und zu seinem Werk.) Theater der Zeit (Berlin), 2/1973

Diskussionsbeitrag zur Brecht-Woche 1973. In: Brecht 73. Brecht-Woche der DDR. 9.–15. Februar 1973. Dokumentation, hrsg. von Werner Hecht. Berlin 1973

Zur Arbeit des Berliner Ensembles. Wir sind nicht denkbar ohne die DDR. Zum 25jährigen Bestehen des BE. In: Neues Deutschland (Berlin), 10.9.1974

Sieben Fragen an Ruth Berghaus. In: Berliner Ensemble 1949 bis 1971. Hefte der Dramaturgie Nr. 1, hrsg. vom Berliner Ensemble, Berlin 1974

Diskussionsbeitrag zum III. Kongreß des Verbandes der Theaterschaffenden der DDR 1975. In: Theater der Zeit, Berlin 2/1976 und in: Material zum Theater (Berlin), Nr. 73/1976

Der Ring des Nibelungen ist Wagners Weltbild. In: Programmheft »Das Rheingold«, hrsg. von der Deutschen Staatsoper Berlin, Berlin 1979

Stillstand ist unproduktiv. SONNTAG-Gespräch mit der Regisseurin/Von Karsten Bartels. Sonntag (Berlin), 4.3.1979

Zu »Idomeneo« von Wolfgang Amadeus Mozart. In: Programmheft »Idomeneo«, hrsg. von der Deutschen Staatsoper Berlin, Berlin 1981

Im Gespräch zu »Die Entführung aus dem Serail« mit Klaus Zehelein und Dorothea Glatt. In: Musiktheater-Hinweise Oper Frankfurt, Dezember/Januar 1981/82

Zum 80. Geburtstag von Gret Palucca. In: Neues Deutschland (Berlin), 8.1.1982

Im Gespräch zu »Die Sache Makropulos« von Leoš Janáček mit Nina Ritter, Michael Gielen und Klaus Zehelein. In: Musiktheater-Hinweise Oper Frankfurt, März/April 1982

Das Theater ist nicht die Wirklichkeit. Ein Gespräch mit Ruth Berghaus/Von Wolfgang Schreiber. In: Theater heute (Zürich), 12/1982

Ruth Berghaus/Sigrid Neef/Marie-Luise Strandt: Aschenputtel, Rossinis Dramma giocoso, ist ein Märchen, eine Traumwelt, ein Gesellschaftsspiel, ein Stück Geschichte. In: Programmheft »Cenerentola«, hrsg. von der Deutschen Staatsoper Berlin, Berlin 1983

Regisseure im Gespräch. Ein Gespräch mit Ruth Berghaus/Von Sigrid Neef. In: Theater der Zeit (Berlin), 6/1983

Werkstattgespräch der Akademie der Künste der DDR zur Inszenierung von »Die Verurteilung des Lukullus« am 2. Mai 1984. In: Mitteilungen der Akademie der Künste der DDR, Nr. 5/1984 und in: Theater der Zeit (Berlin), 8/1984

Werkstattgespräch der Akademie der Künste der DDR zu »Die Weise von Liebe und Tod des Cornets Christoph Rilke« am 21. September 1985. In: Mitteilungen der Akademie der Künste der DDR, Nr. 1/1986

Gespräch mit Ruth Berghaus zur Inszenierung »Don Giovanni« an der Deutschen Staatsoper Berlin/Von Günter Görtz. In: Neues Deutschland (Berlin), 26.9.1985

Im Gespräch zu »Die Trojaner« von Hector Berlioz mit Michael Gielen und Klaus Zehelein. In: Musiktheater-Hinweise Oper Frankfurt, September/Oktober 1985

Zu Hector Berlioz' Großer Oper »Die Trojaner«. In: Musiktheater-Hinweise Oper Frankfurt, September/Oktober 1985

Kunst ist ordnen und zum Punkt führen. Ruth Berghaus über ihre Opern-Inszenierungen im Gespräch mit Georg Friedrich Kühn. In: Frankfurter Rundschau, Feuilleton, 2.11.1985

Werkstattgespräch: Erinnerungen an »Rheingold«. Im Gespräch mit Michael Gielen, Axel Manthey, Helga Neelmeyer, Klaus Zehelein. In: Musiktheater-Hinweise Oper Frankfurt, Mai 1986

Im Gespräch zu »Elektra«/Von Peter Zacher, Union Dresden 16.6.1986

Ruth Berghaus zu »Orpheus« von Hans Werner Henze/Von Wilhelm Sinkovicz. In: Die Weltwoche (Zürich) 8.6.1986

Ruth Berghaus im Gespräch: »Figuren in ihren Widersprüchen zeigen«./Von Helmut Deisinger. In: Neue Zeitschrift für Musik (Mainz) 5/1986

»... zeigen, daß, wenn Menschen in Bewegung sind, sie sich auch in sich selbst bewegen ...«. Das Musiktheater der Ruth Berghaus. Betrachtungen und ein Gespräch./Von Georg Friedrich Kühn. In: Musiktheater (Musikalische Zeitfragen, 17). Hrsg. von Hans-Klaus Jungheinrich. Kassel, Basel. London 1986

Im Gespräch zu »Siegfried« von Richard Wagner mit Michael Gielen, Axel Manthey und Helga Neelmeyer. In: Musiktheater-Hinweise Oper Frankfurt, November 1986

Wagner für Linke. Ein Interview in zwei Teilen mit der Regisseurin Ruth Berghaus von Hanno Parmentier und Ulrich Rügner. In: Frankfurter Stadtanzeiger, Zeitung der Deutschen Kommunistischen Partei für Frankfurt. Oktoberausgabe sowie November/Dezember-Ausgabe 1986, Nr. 55 bzw. 56

Werkstattgespräch der Akademie der Künste der DDR zur Choreographie »Orpheus« von Hans Werner Henze am 27. März 1987. In: Mitteilungen der Akademie der Künste der DDR, Nr. 4/1987

Über Probenarbeit. In: Musiktheater-Hinweise Oper Frankfurt, März 1987

Widerspruch gehört dazu. Gespräch mit Ruth Berghaus/Von Annemarie Görne. In: Wochenpost (Berlin), 3.7.1987

Ruth Berghaus und Michael Gielen gefragt nach den Möglichkeiten von Oper in dieser Zeit/Von Sigrid Neef. In: Sinn und Form (Berlin), H. 4, 1987

Zum Thema Improvisation. Während eines Gespräches in der Akademie der Künste der DDR. In: Theater der Zeit (Berlin), 11/1987

# Arbeiten über Ruth Berghaus, einzelne Inszenierungen und ihr Theater

Auswahl

Ilse Kobán
Der Hinweis auf die Notwendigkeit größerer Veränderungen. Aufzeichnungen von einem »Freischütz«-Kolloqium des Verbandes der Theaterschaffenden im Juni 1971. In: Theater der Zeit (Berlin), 10/1971

Karsten Bartels
Die Oper »Lanzelot« von Heiner Müller und Paul Dessau und ihre szenische Realisierung an der Deutschen Staatsoper Berlin durch Ruth Berghaus und Andreas Reinhardt. Diplomarbeit, Theaterhochschule Leipzig, 1971

Agnes Meyer
Inszenierungsanalyse des »Barbier von Sevilla« von Gioacchino Rossini in der Deutschen Staatsoper Berlin durch Ruth Berghaus und Achim Freyer. Diplomarbeit, Humboldt-Universität Berlin, Bereich Theaterwissenschaft

Heinz Klunker
Zeitstücke – Zeitgenossen. Gegenwartstheater in der DDR, Hannover 1972. Darin zu: Ruth Berghaus und »Die Verurteilung des Lukullus«

Matthias Otto
Verständigung tut not. Episches Theater und Musiktheater. Zum Regieseminar von Ruth Berghaus. In: Theater der Zeit (Berlin), 3/1975

Eberhard Büchner
Darsteller im Gespräch. Aufgezeichnet von Sigrid Neef. In: Theater der Zeit (Berlin), 2/1976

Angelika Kuberski
Gespräch mit Karl Mickel. In: Regisseure der DDR inszenieren Brecht, hrsg. vom Verband der Theaterschaffenden der DDR, Berlin 1977

Karsten Bartels
»Einstein« – Dokumentation eines Inszenierungsprozesses. In: Material zum Theater. Beiträge zur Theorie und Praxis des sozialistischen Theaters Nr. 97, Reihe Musiktheater, H. 21, Berlin 1977

Karl Mickel
»Der Freischütz« und die Bauern. In: Sinn und Form, Berlin 5/1979 und in: Arbeiten mit der Romantik heute. Arbeitsheft der Akademie der Künste der DDR Nr. 26, hrsg. von Heide Hess und Peter Liebers, Berlin 1978

Ruth Berghaus. Webers »Freischütz« (1970). In: Theatre in the GDR. German Classics on the Stage. Hrsg. von Dieter Kranz, Dresden 1978

Karl Mickel
Gespräch über die Inszenierung »Die Mutter« am BE. Schauspielerisches Detail und Regiekonzeption. In: Material zum Theater. Revolution und Geschichte auf dem Theater. Beiträge vom Erich-Engel-Seminar 1977. Beiträge zur Theorie und Praxis des sozialistischen Theaters Nr. 100, Reihe Schauspiel, H. 28, Berlin 1978

Peter Schreier
Darsteller im Gespräch. Aufgezeichnet von Sigrid Neef. In: Sonntag (Berlin), 19/1981

Ruth Berghaus, die unbequemste – sie ist die bedeutendste Regisseurin des deutschsprachigen Theaters. Portrait von Wolfgang Schreiber. In: Theater heute (Zürich), 12/1982

Sigrid Neef
Das Theater der Ruth Berghaus. In: Sonntag (Berlin), 83/1982

Joachim Herz
Wagner und kein Ende. (Hier zum Verhältnis Szene–Musik anhand der »Parsifal«-Inszenierung von Ruth Berghaus) In: Theater der Zeit (Berlin), 6/1983

Hans Dieter Schaal
Bühnenbild für »Die Trojaner« Oper Frankfurt. In: Bauwelt (Berlin), 8/1984

Friedrich Dieckmann
Befragte Prüfungen. Ruth Berghaus inszeniert »Parsifal« und »Die Zauberflöte«. In: Oper heute. Ein Almanach der Musikbühne 7, Berlin 1984

Karsten Bartels
Opernregie als szenisch-räumliche Umsetzung der Partitur. Zur Arbeit von Ruth Berghaus. In: Musikhören als Kommunikations-Prozeß, VII. Tagung der Musikwissenschaftler der DDR (Arbeitsmaterial des Verbandes der Komponisten und Musikwissenschaftler der DDR, Bereich Musikwissenschaft), Berlin 1985

Hans Werner Henze
Auszüge aus der »Englischen Katze«. Tagebuchaufzeichnungen. (Hier Bemerkungen zum Verhältnis Musik und Szene bei Ruth Berghaus) In: Sinn und Form (Berlin), 2/1985

Sigrid Neef
Das Theater der Ruth Berghaus. In: Oper heute: Ein Almanach der Musikbühne 8, Berlin 1985

Hans Dieter Schaal
»Wozzeck«-Bühnenbild. In: Programmheft »Wozzeck« der Grand Opéra Paris 1985

Musikalische Zeitfragen 17 – Musiktheater, hrsg. von Hans-Klaus Jungheinrich, Bärenreiter, Kassel/Basel/London 1986, darin: Georg-Friedrich Kühn: ... zeigen, daß, wenn Menschen in Bewegung sind, sie sich auch in sich selbst bewegen. Das Musiktheater der Ruth Berghaus, Beobachtungen und ein Gespräch. – Wolfgang Schreiber: Bitten um Mozart-Verstörung. Zu radikalen szenischen Befragungen seiner Opern in den letzten Jahren.

Ruth Berghaus inszeniert »Die Verurteilung des Lukullus« von Paul Dessau an der Deutschen Staatsoper Berlin 1983. In: Theaterarbeit in der DDR 14, hrsg. von Sigrid Neef, Berlin 1986

Hans Dieter Schaal
»Orpheus«-Bühne. In: Jahrbuch Ballett 1986, hrsg. von Hartmut Regitz, Berlin 1986

Auswahlbibliographie zu den Publikationen anläßlich des 60. Geburtstages:

Grußadresse des ZK der SED In: Neues Deutschland (Berlin), 2.7.1987

Ihre Handschrift: Klarheit des Gedankens und reiche Phantasie. Von Hansjürgen Schaefer. In: Neues Deutschland (Berlin), 2.7.1987

Sigrid Neef: Widerspruch ist Bewegung. Nachdenken über Ruth Berghaus. In: Theater der Zeit, 6/1987; Laboratorium sozialer Phantasie. Die politische Ästhetik der Ruth Berghaus. In: Sonntag (Berlin), 27/1987

Gerd Rienäcker: Ruth Berghaus zum »Sechzigsten«. In: Musik und Gesellschaft (Berlin), 7/1987

Matthias Frede: Totales, zeichenhaftes Theater. In: Der Morgen (Berlin), 2.7.1987

Dieter Kranz: Üppige Phantasie und verblüffende Mittel. In: Tribüne, (Berlin), 2.7.1987

Mieke Kolk
Das Frau-Mann-Verhältnis aus feministischer Sicht. Analyse von Ruth Berghaus' Inszenierungen. In: Tonelle theatrale Amsterdam 1987

Antje von Gravenitz
Ruth Berghaus' Zitate und Zeichen aus der Bildenden Kunst. Amsterdam 1987

Kühne Künstlerin. Die Arbeiten der DDR-Opernregisseurin spalten Publikum und Kritik/Von Viola Roggenkamp. In: Die Zeit (Hamburg), 4.9.1987

Die Oper Frankfurt. Mara Eggert und Hans-Klaus Jungheinrich: Durchbrüche. 10 Jahre Musiktheater mit Michael Gielen. Berlin 1987

Michael Gielen: Ich glaube, daß wir das erreicht haben, was ich mir am Anfang vorgestellt hatte. Ein Gespräch mit Michael Gielen über seine Frankfurter Arbeit/Von Andrew Clark. In: Opernwelt (Zürich), 8/1987

Sigrid Neef: Zur Inszenierung von Ruth Berghaus. Fierrabras – Musik und Szene. In: Programmheft »Fierrabras«, hrsg. von den Wiener Festwochen. Wien 1988

Hans-Christoph Zimmermann: Das Musiktheater der Ruth Berghaus. Dargestellt an »Die Entführung aus dem Serail« und »Parsifal«. Magisterarbeit an der Universität Köln 1988/89

Roman Brotbeck: Die Regisseurin Ruth Berghaus. In: Musik & Theater (Zürich/Chur) 2/1989

Karl Mickel: Theater-Rede. Laudatio für Ruth Berghaus (anläßlich der Verleihung des Konrad-Wolf-Preises 1988). In: Sinn und Form (Berlin) 2/1989

# Film- und Fernsehsendungen
Auswahl

Kulturmagazin des Fernsehens der DDR:
Interview mit Ruth Berghaus zu Fragen der Regie am Berliner Ensemble
22.10.1976

Bericht von der »Elektra«-Inszenierung an der Semperoper Dresden von Harald Quist
17.7.1986

PHON-Sendungen zur Kultur im II. Programm des Fernsehens der DDR:
Bericht zur Uraufführung von »Leonce und Lena« an der Deutschen Staatsoper Berlin von Werner Thonke
22.12.1979

ASPEKTE-Sendungen (ZDF):
Redaktion Wolfgang Kabisch
»Die Sache Makropulos«
Oper Frankfurt am Main
2.4.1982
»Die Trojaner«
Oper Frankfurt am Main
16.12.1983
»Götterdämmerung«
Oper Frankfurt am Main
6.3.1987
»Lulu«
National Opéra Théâtre de la Monnaie Bruxelles
29.1.1988

Weitere Sendungen:

Die aktuelle Inszenierung
»Parsifal«
Hessischer Rundfunk
Andrea Pandelea
14.12.1982

»Die Trojaner«
Hessischer Rundfunk
Andrea Pandelea
14.12.1983

»Das Rheingold«
Titel, Thesen, Temperamente, ARD
5.12.1985

»Das Rheingold«
heute journal, ZDF
6.12.1985

Ruth Berghaus inszeniert »Cosi fan tutte«
Musik-Film von Nobert Beilharz, ARD
13.8.1985

Modellfall Musiktheater
(Ausschnitte aus dem »Ring des Nibelungen«)
Sendung von Dietmar N. Schmidt, Hessischer Rundfunk
2.5.1987

Kulturweltspiegel: »Tristan und Isolde« Hamburg NDR III
24.3.1988

Bei Ruth Berghaus zu Gast. Fernsehen der DDR 1, 25.9.1988

Inszenierungsaufzeichnungen:

»Die Verurteilung des Lukullus«
(Inszenierung an der Deutschen Staatsoper Berlin von 1965)
Fernsehen der DDR

»Der Barbier von Sevilla«
(Inszenierung an der Deutschen Staatsoper Berlin, Fernsehregie Georg A. Mielke)
Fernsehen der DDR

»Die Weise von Liebe und Tod des Cornets Christoph Rilke«
(Inszenierung an der Semperoper Dresden, Fernsehregie Frank Schleinstein)
Fernsehen der DDR

»Fierrabras«
(Inszenierung anläßlich der Wiener Festwochen 1988 am Theater an der Wien)
Österreichische Rundfunk- und Fernsehanstalt

# Rundfunksendungen

Radio-DDR-Musikklub, Leitung Otto Zengel, DDR II

Die Oper – eine heutige Kunstgattung?
Von »Lukullus« bis »Lanzelot«
30.9.1972
Paul Dessau, Ruth Berghaus, Heiner Müller, Ginka Tscholakowa, Gerd Rienäcker, Hans-Jochen Irmer

»Einstein«
13.4.1974
Paul Dessau, Ruth Berghaus, Karl Mickel, Gerd Rienäcker

Am Anfang stand der »Lukullus«
11.4.1984
Ruth Berghaus, Sigrid Neef, Gerd Rienäcker, Frank Schneider

»Die Weise von Liebe und Tod des Cornets Christoph Rilke«
1.3.1985
Siegfried Matthus, Ruth Berghaus, Hartmut Haenchen, Sigrid Neef

Es ging mir um Politik
Der Opernkomponist Paul Dessau
24.4.1987
Ruth Berghaus, Karl Mickel, Sigrid Neef, Gerd Rienäcker, Reiner Bredemeyer

Berlin – Weltstadt des Theaters. Sendung von Dieter Kranz
Berliner Rundfunk

»Der Freischütz«
30.8.1970
Ruth Berghaus, Andreas Reinhardt

»Der Barbier von Sevilla«
26.12.1968
Ruth Berghaus, Achim Freyer

»La clemenza di Tito«
12.7.1978
Ruth Berghaus, Marie-Luise Strandt, Peter Schreier

»Rheingold«
3.10.1979
Ruth Berghaus, Marie-Luise Strandt, Sigrid Neef

»Wozzeck«
21.11.1984
Ruth Berghaus, Marie-Luise Strandt, Sigrid Neef, Hans Dieter Schaal, Gerd Rienäcker

Gespräch zu »Der Ring des Nibelungen« und 10 Jahre Frankfurt mit Michael Gielen, Ruth Berghaus, Klaus Zehelein, Klaus Haase, Gesprächsleitung Norbert Eli
RIAS I, 18.6.1987

Vom insistenten Befragen der Werke.
Richard Wagners »Ring des Nibelungen«,
von Ruth Berghaus,
dirigiert von Michael Gielen
in einer Dokumentation von Paul Fiebig
Südwestfunk Stuttgart, 21.6.1987

TABULARASA. Ruth Berghaus inszeniert Musiktheater der Wiener Schule. Roman Brotbeck und Walter Lewin diskutieren mit Ruth Berghaus. Radio und Fernsehen der deutschen und rätoromanischen Schweiz (DRS 2) 22.5.1988

# Personenregister

TANTALOS·
KÖNIG
IN PHRYGIEN·RAUBT
DIE SPEISE DER GÖTTER·SCHLACHTET
PELOPS·SEINEN SOHN·SETZT IHN DEN GÖTTERN
VOR·DIE GÖTTER ERKENNEN DIE MAHLZEIT·NUR
DEMETER ISST VON EINER SCHULTER·SO BESTRAFEN SIE DEN
RAUB·TANTALOS HÄNGT AN EINEM OBSTBAUM·
DER UNTER EINEM SCHWEBENDEN FELSEN IN DER
DREIFACH UMMAUERTEN MITTE DES HADES AUS EINEM TEICH
WÄCHST·IN EWIGEM HUNGER ZWISCHEN DEN FRÜCHTEN·DURST
ÜBER DEM WASSER·ANGST UNTER DEM STEIN·DIE GÖTTER
VERFLUCHEN SEIN GESCHLECHT·NIOBE·TOCHTER DES TANTALOS·HAT
ZWÖLF KINDER·SIE PRAHLT VOR DEN GÖTTERN MIT IHRER FRUCHTBARKEIT·
APOLLON UND ARTEMIS TÖTEN DIE ZWÖLF KINDER MIT ZWÖLF PFEILEN·ZEUS
VERWANDELT DIE SCHREIENDE MUTTER IN IHR EIGENES STANDBILD·IM
FRÜHSOMMER WEINT DER STEIN·THYESTES·SOHN DES PELOPS·BRICHT
DIE EHE SEINES BRUDERS ATREUS·ATREUS ERSCHLÄGT DIE SÖHNE SEINES
BRUDERS UND BEWIRTET IHN MIT IHREM BLUT UND
FLEISCH·THYESTES TUT SEINER EIGENEN TOCHTER GEWALT AN·IHR SOHN
AIGISTHOS TÖTET ATREUS·AGAMEMNON·SOHN DES ATREUS·NIMMT
KLYTAIMNESTRA ZUR FRAU·SEIN BRUDER MENELAOS IHRE SCHWESTER HELENA
HELENA WIRD VON PARIS VERFÜHRT·FOLGT IHM NACH TROJA·DER TROJANISCHE
KRIEG BEGINNT·ZUM ERSTEN KRIEGSOPFER BESTIMMT EIN SEHERSPRUCH
IPHIGENIE·TOCHTER AGAMEMNONS UND DER KLYTAIMNESTRA·KLYTAIMNESTRA
WIDERSETZT SICH·AGAMEMNON GEHORCHT·IPHIGENIE LEGT IHREN HALS
UNTER DAS BEIL·KLYTAIMNESTRA TEILT MIT AIGISTHOS·DEM SOHN DES THYESTE
UND MÖRDER DES ATREUS·MACHT UND BETT·KLYTAIMNESTRA UND AIGISTHOS
TÖTEN AGAMEMNON·NACH SEINER HEIMKEHR AUS ZEHN JAHREN KRIEG·IM
BAD MIT NETZ·SCHWERT·BEIL·ELEKTRA·ZWEITE TOCHTER AGAMEMNONS·RETTET
ORESTES·IHREN BRUDER·VOR DEM SCHWERT DES AIGISTHOS UND SCHICKT IHN NACH
PHOKIS·ZWANZIG JAHRE LANG·MAGD UNTER MÄGDEN IM PALAST DER MUTTER·
WARTET SIE AUF SEINE HEIMKEHR·ZWANZIG JAHRE LANG TRÄUMT KLYTAIMN
DEN GLEICHEN TRAUM EINE SCHLANGE SAUGT MILCH UND BLUT AUS IHREN BRÜ-
STEN·IM ZWANZIGS[illegible] JAHR KEHRT ORESTES HEIM NACH MYKENE·ERSCHLÄGT
AIGISTOS MIT DEM OPFERBEIL·NACH IHM SEINE MUTTER·DIE MIT ENTBLÖSSTEN BRÜ
STEN VOR IHM STEHT UND UM IHR LEBEN [illegible]